Narratori

MASSIMO PICOZZI

Odio

Storie di crimini efferati
nati dal pregiudizio

SOLFERINO

Ringrazio Antonio Gurrado per le preziose ricerche storiche e la collaborazione.

SOLFERINO

www.solferinolibri.it

ISBN 978-88-282-1458-8
Prima edizione: aprile 2024

A Rosi…

1
L'odio

Un sentimento oscuro

Cosa significa odiare?

E che cos'è l'odio?

Sappiamo che vanta una stretta parentela con la rabbia, da cui si discosta per durata, più che per intensità.

La rabbia è infatti un'emozione, l'odio un sentimento.

La prima s'impone alla coscienza all'improvviso, in risposta a qualche stimolo inatteso; non c'è bisogno di riflettere per sentirsi tristi o impauriti, sorpresi o disgustati.

All'odio occorre invece del tempo; nasce da pregiudizi, spesso vecchi quanto il mondo, ma poi necessita della «ragione» per prendere forma e senso.

Chi odia prova una forte avversione verso l'oggetto detestato, però non basta: vuole distruggerlo, annientarlo, convincendosi d'essere nel giusto, al di là di ogni legge scritta e di ogni codice morale.

Il problema è che il rigetto dell'altro poggia sul rifiuto di sé: il cattivo, il mostro, ce l'abbiamo dentro, cosa intollerabile; meglio proiettarlo lontano, viverlo nello «straniero», nel «diverso».

Odiamo le nostre fragilità; vorremmo essere più forti, più determinati, più certi dei nostri obiettivi, e invece ci scopriamo deboli, in balia di un futuro che non sappiamo come affrontare e governare.

Così esportiamo il male in un nemico innocente.

I crimini dell'odio

Il concetto è semplice.

I crimini dell'odio sono reati «abituali», come aggressioni, omicidi o vandalismi. Ciò che li rende tali è l'aggravante del pregiudizio. Il movente degli *hate crimes* è infatti legato a caratteristiche specifiche della vittima, come l'etnia, la fede religiosa, l'orientamento sessuale, il genere, l'identità di genere o la disabilità.

Ma il potere distruttivo dell'odio lo possiamo vedere all'opera in tante altre storie, quando i bersagli diventano i compagni di classe o gli insegnanti.

O i colleghi di lavoro.

Come è successo in California, nel 2013.

La storia di Christopher Dorner

Il lago di Big Bear sta nella contea di San Bernardino, a duemila metri d'altezza; il posto è bellissimo, circondato da foreste di conifere, e poi non è lontano da Los Angeles, bastano solo un paio d'ore per arrivarci.

Proprio lì, in una delle baite nascoste tra i pini, il 12 febbraio 2013 Christopher Dorner ha deciso di fermarsi.

Non è una gran scelta, ma non può fare altrimenti, perché la polizia gli ha messo sulla testa una taglia da un milione di dollari, e così l'hanno riconosciuto mentre guidava un'auto rubata.

Gli stanno addosso, e lui sa che quella mattina sarà l'ultima della sua vita; tuttavia non ha alcuna intenzione di arrendersi, e dalle finestre del suo rifugio apre il fuoco contro due agenti che si stanno avvicinando, uccidendo il detective Jeremiah MacKay.

È la sua quarta vittima, per non parlare dei feriti, perciò non si aspetta un trattamento di riguardo: vogliono solo neutralizzarlo, poco importa se vivo o morto.

Peccato che, forse, dentro la baita non c'è solo lui, quindi è il caso di ragionare con calma, di sentire il parere di un negoziatore.

Ma cos'ha trasformato Dorner da poliziotto a killer?

Sì, perché fino a cinque anni prima, Christopher era in forza al LAPD, il prestigioso Police Department di Los Angeles.

Nato a New York nel settembre 1979, il piccolo Dorner si trasferisce con la famiglia nel distretto di Orange, nel Sud della California. È uno studente in gamba, tanto da prendersi una laurea e un paio di specializzazioni, però il fatto di essere uno dei pochissimi afroamericani fa di lui la vittima di tanti episodi di bullismo.

Probabilmente è per questo che decide di entrare nella Riserva della US Navy, e nel 2005 di fare domanda di ammissione nell'Accademia di Polizia.

Nel luglio 2007 affronta il periodo di addestramento pratico, affidato alla supervisione dell'agente Teresa Evans.

Pochi giorni e, durante il servizio di pattuglia, arriva una chiamata urgente: c'è un ragazzo che ha perso il controllo, ha dei problemi mentali e bisogna calmarlo.

Due settimane dopo, nel suo rapporto, Teresa Evans scrive che Dorner non è ancora pronto per entrare in servizio.

Per Christopher è un pugno nello stomaco, e allora pensa che non c'è ragione di tacere, di coprire le spalle alla sua istruttrice, che quel ragazzo con le allucinazioni lei l'ha preso a calci in faccia.

La denuncia arriva subito agli Affari Interni, che raccoglie le testimonianze, mentre Teresa finisce dietro a una scrivania fino al termine delle indagini.

Ci vogliono mesi, e la conclusione è che probabilmente le accuse della matricola hanno un fondo di verità, ma non ci sono prove certe.

Nonostante la difesa di Randall Quan, ex ufficiale del LAPD e suo avvocato, Dorner viene licenziato per aver calunniato un superiore.

Basta!

Anni di battaglie e di appelli non cambiano la sentenza, minando l'equilibrio di Christopher, che all'inizio del 2013 decide di aver sopportato abbastanza, e che solo un gesto eclatante può restituirgli dignità e giustizia.

Così, il 1° febbraio la redazione della CNN riceve un pacco con dentro tutta la storia, e due giorni dopo Dorner spara a Monica Quan, la figlia dell'avvocato, e al suo fidanzato Keith, uccidendoli.

Il 4 febbraio, sul proprio profilo social, Christopher pubblica i motivi che l'hanno spinto all'omicidio, e aggiunge un elenco di possibili bersagli della sua vendetta. È proprio mentre sorvegliano una potenziale vittima che due agenti intercettano l'assassino e aprono il fuoco.

Dorner riesce a fuggire, ma venti minuti dopo si imbatte in una seconda volante, ferma a un semaforo.

Questa volta i poliziotti non hanno nemmeno il tempo di reagire.

Uno muore sul colpo, l'altro finisce in coma.

Da lì parte la caccia all'uomo, che si conclude il 12 febbraio in una baita accanto al lago di Big Bear, nella contea di San Bernardino; dove non c'è bisogno di aspettare un negoziatore, perché ostaggi non ce ne sono, e allora si stringono i tempi.

Che i lacrimogeni possano incendiare il rifugio non sembra essere un gran problema. Peggio per Dorner se decide di non uscire con le mani alzate e di finire bruciato tra le fiamme.

Comunque prendono un megafono e gli gridano di arrendersi, e per tutta risposta sentono il rumore di uno sparo.

Un solo colpo.

Ma la tragica storia di Christopher Dorner non finisce qui.

Nei giorni successivi alla sua morte, riemergono tutti i dubbi sulla vicenda, le denunce, il licenziamento.

E che dire dei disastri combinati dalle forze di polizia impegnate nella sua cattura?

Come succede a Emma, settantun anni, e a sua figlia Margie, quarantasette, la cui vettura viene crivellata da un centinaio di colpi la mattina dell'assedio fatale.

Sono le 5.30, e come ogni giorno a quell'ora le donne distribuiscono i giornali, fino a quando un gruppo di agenti scambia la loro auto per quella del killer.

La scampano solo per un miracolo.

La stessa cosa capita a David, gettato fuori strada mentre è diretto verso la costa, per surfare qualche ora prima del lavoro.

Con loro non ci sono dubbi, e la dimostrazione sta nei sei milioni di dollari pagati per risarcirli.

Tornando a Christopher, Dorner ha ucciso perché avvelenato dall'odio.

Non si fosse tolto la vita, avrebbe ricevuto in carcere la visita di uno psichiatra, incaricato di stabilire se al momento dei crimini commessi fosse capace di intendere e volere.

Per riuscirci si sarebbe fatto raccontare la storia della sua vita, a partire dagli atti di bullismo subiti a scuola, tragicamente rivissuti sul posto di lavoro.

Difficilmente l'esperto avrebbe concluso per la presenza

di un vizio di mente, ma ci sono casi in cui l'odio omicida appare più gratuito e insensato, e basta apparire diversi per trasformarsi in prede da massacrare.

A casa nostra, poco tempo fa

Ha diciassette anni e la passione per tatuaggi e piercing, che non si preoccupa di nascondere, anzi; ognuno ha per lui un significato particolare, gli ricorda una storia, un sogno.

E in quel pomeriggio di aprile 2023 non s'immagina certo che qualcuno possa odiarlo per le sue scelte al punto da aggredirlo.

Sa che non a tutti piace il suo aspetto, ma su quel treno diretto in città non dà fastidio a nessuno, e poi sta con la sua ragazza.

Tutto fila liscio fino a quando una signora, seduta poco lontano, non inizia a insultarlo. E non smette, così lui cerca di replicare.

Un grave errore.

Perché ad aiutare la donna arriva un gruppo di ragazzi della sua età, che prima lo prendono a schiaffi, poi lo gettano a terra riempiendolo di pugni e calci mentre gli urlano in faccia che è un «punkabbestia», anche se non c'entra niente.

Come non c'entra niente prendersela con la fidanzata, che prova a intervenire, ma viene spintonata con violenza dalle ragazzine del gruppo.

Arrivato in stazione, col volto tumefatto e una spalla lussata, chiede aiuto al posto di polizia, indicando agli agenti alcuni dei suoi aggressori che ancora non si sono allontanati. E che vengono subito fermati.

Una volta medicato, il ragazzo dice a tutti che continuerà a salire sul treno, a vestirsi come gli pare, a mostrare tatuaggi e piercing, perché nessuno ha il diritto di impedirglielo.

Lo farà di sicuro.
Cercando di tenere a bada il ricordo di ciò che ha subito.
Di quello che la sua ragazza ha subito.
Qualcosa di sbagliato, imprevedibile e vigliacco.
Nulla di paragonabile, però, alla storia di Sophie e Robert.

La storia di Sophie e Robert

Sorride Sophie, sembra felice nella foto che la ritrae con le sue treccine di un rosso acceso, i piercing alle labbra e al naso. Sorride, perché è giovane e innamorata della vita e del suo Rob.

Per conoscere la sua storia basta aprire qualunque motore di ricerca, digitare il suo nome, e prepararsi ad affrontare un racconto dell'orrore.

Perché c'è un sito, che si chiama sophielancasterfoundation.com, dove una donna disperata racconta ciò che è accaduto a sua figlia, una ragazza di appena vent'anni che amava il *goth*, il gotico, tanto nella musica che nei racconti, negli abiti e nel trucco.

E solo per questo gliel'hanno ammazzata.

Bacup, Lancashire, Inghilterra

Quel venerdì 10 agosto 2007 è ormai notte quando Sophie e Rob lasciano la casa del loro amico Jonathan Smethurst, dopo una piacevole serata di televisione e chiacchiere, accompagnata da qualche bicchiere di birra.

Nel momento in cui viene sentito dalla polizia, Jonathan ci tiene a sottolinearlo: i due ragazzi non erano per nulla ubriachi, e poi non aveva senso parlare di categorie; erano due brave persone, ciascuna con i propri gusti e opinioni.

Sì, è vero, erano *goth*, ma non fanatici, tanto che all'ultimo festival, mentre tutti indossavano abiti e trucchi vittoriani, loro si erano presentati con un giubbotto sportivo.

Sophie e Robert stanno insieme da tre anni, e condividono un appartamento distante un paio di chilometri dalla casa di Jonathan.

Salutato l'amico, non si dirigono subito verso casa, perché sono rimasti senza sigarette, per cui s'incamminano in direzione dello Stubbylee Park, in cerca di un tabaccaio aperto anche la notte.

Prendono la Park Road, passano accanto alla Fudge Factory, ed è allora che incrociano un gruppo di ragazzi, cinque in tutto, molto giovani, tra i quattordici e i sedici anni.

Se di giorno il posto è affollato di ciclisti e skateboarder, a quell'ora della notte sono comunque tanti gli adolescenti in cerca di uno spazio dove chiacchierare, farsi una birra, una canna, e magari appartarsi.

In fondo è una calda notte d'estate.

L'attacco è rapido e brutale.

Un testimone racconterà d'aver ricevuto una telefonata; non fa in tempo a rispondere e a voltarsi che i cinque avevano gettato a terra il povero Robert, prendendolo a calci e pugni.

Quando Sophie cerca di fermarli, due di loro si staccano e iniziano a pestarla a sangue.

Pochi minuti e tutto è finito, il branco si allontana, gridando che li avevano sistemati, quei due *mosher*, quei rockettari pervertiti.

Sophie e Robert sono a terra, non rispondono ai ragazzi che accorrono, che gli chiedono come stanno, se ce la fanno ad alzarsi.

I soccorritori chiamano allora la polizia e insieme un'ambulanza, che li carica e li porta d'urgenza in ospedale, dove i medici faticano a distinguere chi sia il ragazzo e chi la sua compagna, tanto i loro volti sono tumefatti.

Quello dei colpi in faccia è un dettaglio importante per capire la psicologia degli aggressori; i profiler la chiamano *wound pattern analysis*, l'analisi delle ferite legate a un uso volontario della forza.

Se ne possono distinguere tre grandi categorie, fondate sul movente: *defensive*, *precautionary* ed *experimental.*

La forza «difensiva» è quella che serve per proteggersi da un'aggressione o da un pericolo; la forza è invece «precauzionale» quando ostacola il riconoscimento di tracce incriminanti, sviando così le indagini. Da ultimo c'è la forza «sperimentale», dove il comportamento non soddisfa soltanto un impulso aggressivo, ma risponde a qualcosa di più profondo.

Succede con le mutilazioni post mortem, o con il bisogno di sfigurare l'altro, di cancellare i suoi lineamenti, che poi significa negare la sua stessa esistenza, riducendolo a un oggetto da prendere e gettare via.

Le indagini

Robert Maltby è in coma, con emorragie interne che lo portano in sala operatoria.

Alla fine se la cava, anche se nella sua memoria non rimarrà traccia dell'aggressione. E forse è un bene.

Sophie è messa peggio.

C'è bisogno di trasferirla all'ospedale di Salford, perché non reagisce agli stimoli; non è nemmeno in grado di respirare senza l'aiuto delle macchine.

La storia colpisce l'opinione pubblica, accende dibattiti televisivi, dove i politici si ritrovano compatti a condannare il degrado individuale e sociale che ha preso un gruppo di ragazzini e li ha trasformati in una banda criminale.

La pressione sugli investigatori è forte, e se da un lato la polizia può contare su parecchi testimoni, dall'altro deve accertare le responsabilità di chiunque sia stato presente nella zona.

Interrogano decine di persone, incrociando le dichiarazioni, e alla fine sono certi d'avere identificato i colpevoli, tutti minorenni: c'è Ryan Herbert, quindici anni come Brendan Harris e Danny Hulme, il cui fratello Joseph ha solo un anno in più; e infine il più grande, Daniel Mallett, diciassette anni.

Tra loro emerge la figura di Ryan, membro di spicco di una gang chiamata «Bacup Terror Group» e soprannominato *Peanut*, per via della testa a forma di arachide. Cresciuto da una madre single come Brendan Harris, condivide con l'amico i modi violenti e la fama di bullo.

Anche Joseph Hulme è noto per essere un prepotente, nonché leader di un gruppo all'interno della sua scuola, il Myerscough College.

Quanto a suo fratello Danny, lo segue ovunque, anche se non è convinto.

La stessa cosa vale per Daniel Mallett, che non proviene da un ambiente difficile, e vive nella zona residenziale di Bacup.

Sono minorenni, per questo i loro nomi non sono resi pubblici, e all'inizio solo per due di loro il magistrato ordina la custodia cautelare, mentre gli altri restano liberi, in attesa d'essere processati per lesioni personali.

Ma tutto cambia dopo tredici giorni dal massacro.

Perché Sophie non ce la fa.

Muore senza aver mai ripreso conoscenza, e allora il capo d'imputazione diventa «omicidio volontario».

Durante i loro interrogatori, Daniel Mallett, Danny e Joseph Hulme dichiarano che la colpa è stata tutta di Ryan e Brendan: sono stati loro ad aggredire i due *goth*. Hanno fatto tutto Ryan Herbert e Brendan Harris, sono loro gli assassini.

Herbert preferisce non rispondere agli investigatori, a differenza di Harris, che per non sbagliare ha preparato una dichiarazione in cui racconta di non aver nemmeno sfiorato Sophie.

Forse perché danno retta ai loro avvocati, ma Danny, Joseph e Daniel ci ripensano e cambiano strategia. Si dichiarano colpevoli, però solo dell'aggressione a Robert, così Mallett viene condannato a quattro anni e quattro mesi, mentre ai fratelli Hulme toccano poco più di cinque anni di carcere.

Quanto ad Harris ed Herbert, la sentenza parla di carcere a vita, che in realtà non esiste, così la Corte raccomanda che il primo resti in prigione almeno diciott'anni, il secondo sedici.

Al momento di leggere la sentenza, il giudice Anthony Russell fatica a trattenersi, perché ciò che è accaduto è stato un atto di «teppismo selvaggio»; e rivolgendosi agli imputati, dice: «Almeno gli animali selvatici, quando cacciano in branco, hanno una ragione legittima per farlo, per ottenere cibo. Voi non ne avevate nessuna, e il vostro comportamento in quella notte degrada l'umanità stessa».

In risposta allo sdegno del magistrato, tutti i condannati fanno appello, però solo a Herbert viene riconosciuto uno sconto di pochi mesi.

Passato qualche anno, restano solo in due a pagare per il delitto; ma non è che stiano tranquilli. Herbert, per esempio, viene sorpreso con un cellulare, con cui pubblica su un falso profilo social immagini che lo ritraggono nella palestra del carcere. Poi però si mette a studiare, prende un diploma, si iscrive all'università, e allora gli abbuonano un altro anno.

Ad Harris va decisamente peggio, perché gli viene diagnosticata una schizofrenia paranoide e bisogna trasferirlo al Guild Lodge, il manicomio criminale di Whittingham, dove minaccia lo staff e aggredisce un infermiere, rompendogli il naso.

Dall'omicidio di Sophie, morta a vent'anni perché amava vestirsi e truccarsi da *goth*, sono ormai trascorsi più di quindici anni, ma sua madre non vuole sia dimenticata.

Per questo ha creato una fondazione.

Perché cose come quelle successe a sua figlia non capitino più; e la stessa cosa vale per Brian Deneke.

La storia di Brian Deneke

Brian Theodore Deneke nasce il 9 marzo 1978 a Wichita, in Kansas, secondo dei figli di Mike ed Elizabeth.

Tre anni più tardi la famiglia si sposta ad Amarillo, città di duecentomila abitanti, e lì, nel Nord del Texas, Brian vivrà per sedici anni.

A scuola non va malissimo, ma decide comunque di mollare all'ultimo anno; sente che sta perdendo tempo perché lui è un artista, collabora alle installazioni di Stanley Marsh 3, e poi è il cantante di un gruppo punk, i White Slave Traders, i trafficanti di schiavi bianchi.

Brian è un tipo socievole, e lo riconosci da lontano, con i tatuaggi, il giubbotto di pelle nera e i capelli tagliati come un mohicano, con la cresta nel mezzo.

Non è che le sue scelte entusiasmino mamma Elizabeth e papà Mike; gliel'hanno anche detto di stare attento alla gente di Amarillo, alla mentalità poco tollerante di parecchi di loro.

Ma Brian si è ormai abituato a chi l'insulta per il modo in cui va in giro, a chi gli garantisce che lui e i suoi amici punk avrebbero fatto una brutta fine.

Era chiaro che lo odiassero, però Brian non capiva perché; e poi erano solo dei bulli, per giunta nemmeno troppo intelligenti.

La situazione precipita il 6 dicembre 1997, vicino al Western Crossing, il centro commerciale più grande della città; di fronte c'è un posto dove i ragazzi si ritrovano, un locale dall'ambizioso nome di International House of Pancakes.

Difficile dire chi accenda la miccia; sta di fatto che Dustin Camp, un ragazzo di diciassette anni, giocatore di football della Tascosa High School, viene alle mani con John King, membro della comunità punk rock di Amarillo.

Volano calci e pugni, e la storia sembra finire lì.

Ma non per Dustin.

Dopo pochi giorni trascorsi a bere e a caricarsi d'odio, verso le 11 di sera di venerdì 12 il ragazzo e i suoi compagni tornano al centro commerciale di Western Plaza, pronti a dare una lezione a quei bastardi dei punk.

Lo scontro si trasforma in battaglia, e Dustin a un certo punto sale in macchina e si allontana. Però dopo un po' ci ripensa: inverte la marcia e punta dritto su Deneke, investendolo, e poi passando sul suo corpo, mentre grida dal finestrino che lui è un ninja sulla sua «Caddy», la Cadillac che guida.

Brian non sopravvive all'impatto, e Dustin Camp viene accusato di omicidio di primo grado.

Una storia che divide la gente di Amarillo, ma pure il Texas e gli altri Stati d'America, perché l'assassino viene liberato dietro una cauzione di soli centomila dollari, cifra del tutto abbordabile per gente della media borghesia come la famiglia Camp.

Poi, e questa a molti pare una provocazione, gli viene permesso di partecipare alla festa di consegna dei diplomi della sua scuola.

È incredibile pensare che ciò sia accaduto alla fine degli

anni Novanta, ma durante il processo Warren Clarke, l'avvocato dell'assassino, dedica tutti i suoi sforzi a screditare Brian, il ragazzo che non può più difendersi.

Dustin Camp, sostiene, non ha ucciso per paura o per rabbia, bensì per difendere un suo amico, aggredito dalla vittima.

Poco importa che non ci sia nemmeno un testimone pronto ad appoggiare quella versione: per il legale conta insinuare nella testa dei giurati il maggior numero possibile di dubbi.

Così prosegue, e si mette a parlare del suo cliente come di un ragazzo pulito, un buon cristiano, senza altri pensieri che lo studio e lo sport, il tipico esempio della sana gioventù americana.

Se ha una colpa, è stata quella di cedere alle provocazioni di un gruppo di delinquenti, primo fra tutti quel teppista di Brian Deneke, con i suoi tatuaggi e i capelli alla mohicano.

In buona sostanza: è stato lui a cercarsela.

Invita inoltre la giuria a non badare troppo alle dichiarazioni dei suoi amici, perché gente come i punk non ha problemi a mentire, anche sotto giuramento.

Fatica a spiegare come mai un amico di Dustin, seduto sulla sua auto durante il delitto, dia ragione alla pubblica accusa, ma lo liquida come un fatto trascurabile; in fondo può capitare di dimenticarsi le cose se ti trovi in mezzo a una battaglia.

La sentenza

Dare addosso alla vittima per giustificare un criminale non è certo una novità; l'ha già fatto Cicerone nel 66 a.C., quando ha preso le difese di Aulo Cluenzio, accusato di aver avvelenato il patrigno, Stazio Oppianico.

E con successo.

Ma non può certo accadere più di duemila anni dopo, pensano i familiari e gli amici di Brian.

E invece è proprio quello che avviene, segno che l'avvocato Clarke non è uno sprovveduto, e ha ben capito come toccare i tasti giusti.

Così Dustin Camp, entrato in aula con l'accusa di un crimine volontario, nel 1998 ne esce con un verdetto di omicidio colposo, un'ammenda di diecimila dollari e la condanna a dieci anni di libertà vigilata.

Nessuno dei giurati rilascia dichiarazioni, sostenendo di voler rispettare il dolore di due famiglie già provate, e ai Camp la cosa va bene. Non si può dire lo stesso dei Deneke, i quali si sentono due volte feriti e vorrebbero capire le ragioni della sentenza. Perché non può bastare il fatto che Dustin sia un minorenne.

Anche il sindaco della città interviene, sostenendo che rispetta i giurati, ma che si tratta pur sempre di dodici persone, non dell'intera comunità di Amarillo.

Passano tre anni, durante i quali Dustin se ne va tranquillamente a spasso; lui è il bravo ragazzo, non come i punk, che continuano a prendersi minacce e insulti.

Un bravo ragazzo che la polizia ferma nel giugno 2001 perché in possesso di alcolici, cosa che negli Stati Uniti è proibita se ancora non hai compiuto ventun anni. Così facendo ha pure violato i termini della libertà vigilata, e pochi mesi dopo gli arriva la condanna a otto anni, da scontare in galera.

Questo nonostante l'intervento del fratello e del padre, che cercano di coprirlo. Il primo, David, viene condannato a un anno di carcere per avere passato gli alcolici a Dustin, mentre a papà Michael va ancora meglio: per via delle false dichiarazioni rilasciate agli agenti, patteggia sessanta giorni con la condizionale e una multa di cento dollari.

Il 31 luglio 2006, all'età di ventisei anni, l'assassino di Brian Deneke ottiene la libertà sulla parola, e tre anni più tardi termina di scontare la sua pena.

Come accadrà con la morte di Sophie, la vicenda di Dustin e Brian suscita clamore, obbligando a una riflessione sulla necessità di espandere la definizione di crimine dell'odio oltre i consueti confini dei gruppi religiosi, sessuali e razziali.

Nel 2018 ci pensa il regista Jameson Brooks a riprendere la storia, in un film dal titolo *Bomb City*, uno dei soprannomi della città di Amarillo, per via delle sue centrali nucleari. Ma al box office ha poca fortuna, con un incasso totale che non arriva a sessantamila dollari.

2
Odiare chi è diverso

I tre capretti furbetti

Come tutte le fiabe, anche questa comincia con «C'era una volta...».

Anzi, con «C'erano una volta...», perché racconta la storia di tre fratelli, tre capretti che una mattina s'erano svegliati con una gran fame, e in testa un verde prato dove soddisfarla.

Tuttavia c'era un problema: per arrivare al pascolo dovevano attraversare un ponte, sotto il quale viveva un orco, un terribile gigante dai grandi occhi, i denti lunghi e affilati e un naso smisurato.

Il primo a provarci fu il capretto più giovane. Aveva appena iniziato a trotterellare sul ponte che l'orco tuonò con una voce da far paura: «Chi attraversa il mio ponte?».

«Sono solo io, il più piccolo dei capretti» rispose con una vocina sottile «e devo andare al pascolo per diventare grasso.»

«Ora vengo e ti mangio in un boccone» lo minacciò il gigante.

«Ma no, non farlo: sono troppo piccolo. Aspetta che passi mio fratello, che è molto più grasso di me!»

«D'accordo; allora sparisci» disse l'orco.

Dopo un po', il secondo dei capretti prese ad attraversare il ponte.

«Chi cammina sul mio ponte?» ruggì il gigante.

«Sono io, il secondo dei capretti; devo andare al pascolo per diventare grasso» rispose il capretto con una voce più energica.

«Ora arrivo e ti mangio in due bocconi!» replicò il gigante.

«Ma no, non farlo! Aspetta che venga mio fratello maggiore, che è grande almeno il doppio di me.»

«Va bene, vattene pure» replicò l'orco.

Per ultimo arrivò il maggiore dei fratelli; era così grasso che il ponte ondeggiava e scricchiolava sotto il suo peso.

«Chi attraversa il mio ponte?»

«Sono io, il più grosso dei capretti» rispose con voce robusta.

«Ora vengo e ti mangio in tre bocconi!» urlò il gigante.

Per nulla intimorito, il capretto lo sfidò: «Ho sulla fronte due corna forti. / Ti caverò quegli occhi storti! / Vieni mio caro, con i miei zoccoli / ti ridurrò tutto bernoccoli!».

Detto fatto. Appena l'orco mise un piede sopra il ponte il capretto lo caricò a testa bassa, scaraventandolo nel fiume. Poi, tranquillo, raggiunse i suoi fratelli.

Al pascolo i tre capretti diventarono così grassi che non poterono più tornare a casa.

E ancora sono lì, il vero ritratto della felicità!

Una fiaba... suggestiva

Quella dei capretti è una storia semplice, una fiaba che somiglia a quella del lupo e dei tre porcellini, e dove la morale è chiara: basta un poco d'astuzia per avere la meglio sulla forza bruta.

Chiara per tutti, ma non per Stephen King, il re del terrore, che nel 1980 si era trasferito con tutta la famiglia a Bangor, città del Maine che nella seconda metà dell'Ottocento vantava d'essere la capitale mondiale del legno.

A Bangor, King aveva comprato una villa all'italiana eretta nel 1856, con ventitré stanze, per poi costruirci intorno un muro di cinta e due cancelli in ferro battuto, ornati di ragni e pipistrelli.

Ma torniamo alla storia dei capretti.

Un giorno di un paio d'anni prima, mentre si trovava nella città di Boulder, l'auto di King lo piantò in mezzo alla strada, così, mentre aspettava che il meccanico la sistemasse, lo scrittore decise di farsi due passi, fino ad attraversare un ponticello in legno.

Era bastato il risuonare dei tacchi sulle assi perché si ricordasse della fiaba, e soprattutto dell'orribile orco che se ne stava nascosto nell'acqua torbida.

In un attimo gli apparve la trama di un nuovo libro.

Ci avrebbe messo dentro il male, qualcosa di terribile che impregnava un'intera città, capace di risvegliarsi ogni ventisette anni e pretendere un tributo di sangue.

Un male pronto a prendere forme diverse, a cominciare dalle prime fattezze, quelle di un pagliaccio.

Perché, aveva pensato, i clown fanno paura: c'è qualcosa di strano nella loro faccia, nel modo in cui sono vestiti, in cui si muovono. Sorridono, ma solo con la bocca; gli occhi sono esagerati, i colori troppo accesi.

E poi, perché continuano a gioire anche se vengono sbeffeggiati, spinti e presi a calci?

Tutti stimoli che il cervello non riesce a organizzare, lasciandoci addosso un senso di straniamento e di disagio.

Così è nato *It*, iniziato nel settembre 1981 e terminato nel dicembre 1985; quattro anni di scrittura, frustrazioni, colpi di genio e la capacità unica di prendere brutte storie e trasformarle in pagine impressionanti.

Brutte storie come quella di John Wayne Gacy.

Il serial killer che amava i pagliacci

Il male vive tra noi.

E nessuno potrebbe incarnarlo meglio di lui.

Quando alla fine lo arrestano e lo portano davanti a una giuria, a John Wayne Gacy non resta che giocarsi la carta della follia.

Non è vero quel che dicono gli psichiatri, che abbia solo un disturbo della personalità con l'aggiunta di una buona dose di sadismo.

In lui, sostiene, convivono quattro nature diverse: c'è il John commerciante, l'attivista politico, il volontario che rallegra i piccoli malati e poi l'ultimo, che lui chiama Jack Hanley: è lui, è Jack il killer.

Per questo Gacy non ritiene giusto che gli addossino la colpa per tutti quegli omicidi.

Ma non funziona, e il 13 marzo 1980 lo condannano a morte.

John Wayne Gacy nasce a Chicago il 17 marzo 1942, e la sua infanzia è segnata da un padre alcolizzato e violento, con un viscerale odio omofobico.

Ha solo undici anni quando un trauma cranico gli procura crisi improvvise in cui perde i sensi; lascia così la scuola prima del diploma e inizia a lavorare come commesso. È abile a convincere i clienti, con la sua faccia da bravo ragazzo, tanto che a ventidue anni apre un suo negozio a Waterloo, nell'Iowa, e sposa una collega.

In quattro anni di matrimonio diventa padre per due volte, e assicura alla famiglia un buon tenore di vita, ma getta tutto al vento quando aggredisce sessualmente un dipendente, e per questo viene condannato a dieci anni di carcere.

Sconvolta, la moglie lo lascia immediatamente, prendendosi i due figli, che Gacy non rivedrà mai più.

È un brutto colpo, che gli lascia addosso una gran rabbia.

Ma l'uomo sa che è meglio non mostrarla, e comportandosi da detenuto modello convince tutti d'essere pentito e cambiato.

Così sconta solo diciotto mesi dietro le sbarre, e in capo ad altri diciotto mesi inizia la sua carriera da serial killer.

Trova lavoro in un ristorante di Chicago, dove incontra Carol Hofgren, che nel giugno 1972 diventa la sua seconda moglie. Carol non sa che suo marito ha già iniziato a uccidere, che pochi mesi prima ha attirato in casa con l'inganno un ragazzino di quindici anni, Timothy McCoy, per poi accoltellarlo e seppellire il suo corpo in cantina.

Ciò che però Gacy non riesce a nascondere alla moglie è la propria omosessualità, e nel 1975 la coppia si separa. Un trauma che libera i perversi istinti del killer, che uccide quasi tutte le sue trentatré vittime dal 1976 al 1978.

Nella maggior parte dei casi si tratta di giovani fuggiti di casa e dediti alla prostituzione, ma non mancano poveri sfortunati che si sono trovati nel posto sbagliato al momento sbagliato.

Gacy li attira con l'inganno; dice che mostrerà loro un trucco, il trucco di «Pogo il Clown», perché quello è il nome che ha scelto quando fa il volontario in ospedale con la faccia dipinta e gli abiti da pagliaccio.

La vittima inconsapevole deve solo indossare un paio di false manette, ed ecco la sorpresa!

Le manette non sono per nulla false, e ora il giovane è nelle sue mani.

Alcuni cadaveri li scarica in un fiume poco lontano, con altri usa prodotti chimici per accelerarne la decomposizione, e li accatasta in fosse scavate nel terreno sotto casa.

Pochi giorni prima del Natale 1978, Gacy commette un errore fatale. La polizia sta investigando sulla scomparsa di Robert Piest, quindici anni, e qualcuno dichiara di aver visto il ragazzo insieme a John Wayne davanti a una farmacia di Des Plaines.

Basta una breve indagine per scoprire la precedente condanna di Gacy e chiedere un mandato di perquisizione: saltano fuori così orologi, bracciali e documenti appartenuti ai ragazzi scomparsi.

E poi i loro cadaveri sotterrati.

A decine.

John Wayne Gacy viene arrestato, e subito confessa.

Ci vogliono più di quattordici anni prima che venga giustiziato, il 10 maggio 1994, quattordici anni passati in una cella di sicurezza, a dipingere volti di pagliacci.

Dalla realtà alla fantasia

L'orco dei tre capretti, Pogo, ovvero il clown serial killer, ma anche Bozo e Roland McDonald.

Bozo il clown nasce nel 1946 dalla penna di Alan Livingston, che ne fa il protagonista di un audiolibro di fiabe. Mascotte della Capitol Records, esordisce in televisione nel 1949, e negli anni Cinquanta e Sessanta ha un gran successo come personaggio principale di cartoni animati e di show per bambini.

Indossa un abito azzurro e ha un grosso naso rotondo e rosso, come la gran bocca dipinta sulla faccia bianca. È praticamente calvo, non fosse per i due ciuffi di capelli che gli spuntano dai lati della testa. Ovviamente rossi.

A partire dalla metà degli anni Sessanta si impone un personaggio del tutto simile: è la mascotte della catena di fast food McDonald's, e prende il nome di Ronald McDonald.

C'è un pezzo di ciascuno di loro in Pennywise, il male incarnato da un pagliaccio che compare dallo scarico di un marciapiede.

Ma Stephen King prende dalla realtà anche un'altra storia, per dedicarle un capitolo di *It*, il secondo per esser precisi, che si apre con la testimonianza di Don Hagarty sulla morte del suo ragazzo, Adrian Mellon.

A ucciderlo gettandolo giù da un ponte – racconta Don – sono stati Steve Dubay, diciassette anni, Webby Garton, diciotto, e Chris Unwin, che di anni ne aveva solo quindici.

È Chris l'anello debole, quello su cui puntano gli investigatori per ricostruire la dinamica del delitto.

Tuttavia, durante l'interrogatorio il ragazzo continua a ripetere che non volevano ammazzarlo, ma solo spaventarlo. L'hanno fatto perché loro li odiano, «quei froci».

E aggiunge che non erano soli: c'era anche un tizio sotto il ponte, vestito da clown e con in mano dei palloncini.

Tutto era cominciato col Festival del Canale, a Derry, che era durato dal 15 al 21 luglio ed era stato un gran successo. A vedere Adrian Mellon mano nella mano col suo amichetto Don era stato Webby, e subito erano volati insulti e minacce, cui Adrian aveva risposto scherzando. Per fortuna, l'intervento di un poliziotto aveva impedito che la cosa degenerasse.

Ma era stata solo questione di tempo, prima che le loro strade si incrociassero nuovamente.

Questa volta Adrian aveva capito che era in grossi guai, e non ci aveva provato proprio a provocarli. Lui e Don volevano soltanto andarsene da lì.

I teppisti l'avevano picchiato, gli avevano strappato i vestiti mentre ridevano, e infine l'avevano buttato giù dal ponte, nonostante lui gridasse disperato che non sapeva nuotare.

Alla fine Chris Unwin si era affacciato al parapetto, ed era stato allora che aveva notato il clown.

Anche Don Hagarty l'aveva visto.

Teneva il corpo del suo ragazzo tra le braccia, poi l'aveva stretto così forte da spezzargli le costole, mentre migliaia di palloncini si erano alzati a oscurare il cielo.

La storia di Charles Howard

Stephen King aveva appena iniziato ad ambientarsi a Bangor, quando era successo.

Ne era rimasto profondamente colpito, così come tutta la comunità.

Anche se c'era chi la pensava diversamente, sulla fine del ragazzo, che in fondo... se l'era cercata.

Perché nel 1984 essere omosessuali era un problema, e non solo a Bangor.

Tutti sapevano che era gay, ma Charles Howard andava oltre: si vestiva con abiti attillati e sgargianti, si truccava, indossava orecchini e parrucche, cantando in falsetto la sua canzone preferita, *I Am What I Am*, sono ciò che sono, uno dei pezzi del musical *La Cage aux folles*, poi diventato un film, *Il vizietto*, con Michel Serrault e Ugo Tognazzi.

Ma Charles non lo faceva per provocare la gente: in quell'estate dell'84 era finalmente felice, felice come un bambino davanti al sorriso di un pagliaccio, prima che al clown spuntassero le zanne.

Aveva ventitré anni quando lo ammazzarono.

La vita con lui era stata dura. Nato a Portsmouth, nel New Hampshire, era cresciuto piccolo e gracile, tanto che a scuola era stato la vittima preferita dei bulli della classe; non bastasse, doveva sempre portarsi il suo inalatore per l'asma per non mettersi ad ansimare.

Già al liceo aveva scoperto che gli piacevano i ragazzi, e che la scuola non faceva per lui. Nemmeno la madre e il compagno riuscivano ad accettarlo, così se n'era andato a Ellsworth, nel Maine, e nel gennaio 1984 era arrivato a Bangor.

D'inverno fa veramente freddo nel Maine, e Charles non aveva un soldo in tasca, né un lavoro o un tetto sulla testa.

Per fortuna aveva fatto amicizia con due ragazzi, Scott e Paul, che gli avevano aperto la porta della loro casa; però, dopo un mese trascorso senza che a Charles capitasse un'occasione, era stato costretto a ritornare a Portsmouth.

Aveva resistito una settimana.

Difficile dire cosa fosse successo nella sua mente, ma il ragazzo che si presentò di nuovo a Scott e Paul era pieno di vita, allegro e determinato. Si era messo a frequentare la Chiesa Unitaria e un gruppo di sostegno, dove finalmente si era sentito accettato.

Aveva anche trovato un lavoro, preso in affitto un appartamento e adottato un gattino.

Una creatura dolce e affettuosa, che non meritava d'essere strangolata e gettata sulla soglia di casa per far capire a Charles che comunque rimaneva una maledetta checca.

L'omicidio

Sabato 7 luglio 1984.

Quella sera Charles era stato a cena col suo ragazzo, Roy Ogden.

Usciti dal ristorante, si erano incamminati sulla State Street, poi avevano raggiunto il ponte sul fiume Kenduskeag, quando alle loro spalle un'auto li aveva raggiunti.

A bordo Shawn Mabry, sedici anni, Jim Baines di quindici, Daniel Ness di diciassette, e due ragazze.

Arrivavano da una festa e avevano bevuto, non tanto da essere ubriachi, ma eccitati sì, e non appena avevano visto Charles erano scesi dalla macchina e l'avevano rincorso.

Non c'era voluto molto per raggiungerlo, perché al povero Howard era venuto un attacco d'asma così forte da impedirgli di respirare.

Lo avevano preso a calci e pugni, mentre gli gridavano i peggiori insulti.

Roy li osservava da lontano, impotente.

Era stato Baines ad avere per primo l'idea di gettarlo dal ponte.

Charles li aveva implorati di non farlo, perché non sapeva nuotare. Si era aggrappato alla ringhiera con le mani, con le unghie. Ma non riusciva nemmeno a respirare, e alla fine era toccato a Shawn Mabry dargli la spinta finale.

Esausti, avevano minacciato Roy di non dire nulla a nessuno, e la stessa cosa avevano fatto con le ragazze, che non avevano mai lasciato l'auto.

Appena si erano allontanati, Roy Ogden aveva cercato aiuto, attivando l'allarme antincendio più vicino.

Il cadavere di Charles Howard l'avevano ripescato poche ore dopo, e l'autopsia aveva concluso che il ragazzo era morto per il combinarsi dell'annegamento e di un gravissimo attacco d'asma.

Gli assassini erano poi tornati alla festa, come se nulla fosse.

Tuttavia nei giorni seguenti avevano deciso di costituirsi.

Probabilmente non l'avevano fatto per un senso di colpa, bensì dietro consiglio dei loro avvocati, che ben sapevano difendere tre minorenni.

Spietati assassini, ma comunque minorenni.

Il processo e l'eredità di Charles

Il 9 luglio 1984 Shawn Mabry, Jim Baines e Daniel Ness vengono arrestati con l'accusa di omicidio, e dopo una notte in carcere, affidati alle loro famiglie.

Il 1° ottobre si dichiarano colpevoli di omicidio colposo, e vengono condannati a trascorrere un periodo indeterminato al Maine Youth Center di South Portland.

Indeterminato sì, ma che non doveva superare comunque il loro ventunesimo compleanno!

Di Daniel Ness non ci sono notizie, mentre Shawn Mabry viene rilasciato dopo ventidue mesi, e Jim Baines dopo due anni.

Nel 2009, venticinque anni dopo la morte di Charles Howard, il quotidiano «Bangor Daily News» ha cercato di rintracciare i tre assassini, per capire se avessero fatto i conti con un delitto tanto stupido e feroce.

Di Ness e Mabry non si è più saputo nulla; quel che è certo è che il loro nome non compariva tra le persone decedute o fermate per infrazioni o crimini. Come a dimostrare che probabilmente avevano rigato dritto.

Altra storia è quella di Jim Baines, che non aveva mai lasciato Bangor, e anzi aveva deciso di dedicare parte della sua vita a raccontare a tutti il male che possono fare il pregiudizio e l'intolleranza.

Quanto all'eredità di Charles, il suo corpo riposa nel cimitero di Orchard Grove, a Kittery, nel Maine.

A lui, il consiglio comunale di Bangor e i membri della comunità LGBT hanno eretto un monumento.

Quando nel 2011 un gruppo di idioti lo ha imbrattato con scritte omofobe, i familiari e gli amici l'hanno subito ripulito e risistemato.

Dieci anni dopo, la città di Portsmouth gli ha dedicato una panchina in marmo, con sopra un'iscrizione: I AM WHAT I AM, io sono ciò che sono... la sua canzone preferita.

Un'ultima cosa, prima di lasciare Charles e la sua drammatica fine: accendete il vostro computer e inserite il suo nome in qualsiasi motore di ricerca. Vi apparirà l'immagine di un ragazzo con i capelli biondi tagliati a caschetto, il volto dolce e malinconico di chi ne ha passate troppe, e che forse ha smesso di sognare.

Ma noi sappiamo che non è andata così, che nell'estate del 1984 Charles era felice, felice e innamorato del suo ragazzo, Roy Ogden.

Finalmente poteva ridere e cantare.

Per questo è stato ucciso.

Perché era gay, e non gli importava che tutti lo sapessero.

La storia di Matthew Shepard

L'omicidio di Bangor ha occupato le pagine dei giornali locali per mesi, ma certo non ha avuto la risonanza nazionale del caso Shepard.

Nato il 1° dicembre 1976 a Casper, nel Wyoming, Matthew Shepard era stato un bambino allegro e socievole, con il solo cruccio di non essere un gigante, per forza e statura.

Questo non gli aveva impedito di guardare al mondo con ottimismo, di appassionarsi alla politica e alle scienze sociali, e di vivere senza tanti problemi la propria omosessualità.

Tutto era andato bene fino al 1995, quando, durante una gita scolastica in Marocco, era stato picchiato e violentato. Il trauma aveva sconvolto il ragazzo, in uno stato di profonda depressione, tanto da essere più volte ricoverato.

Matthew però aveva combattuto, si era iscritto all'università, e pian piano era riuscito a risollevarsi.

Ha ventidue anni quando, la sera del 6 ottobre 1998, la sua strada incrocia quella di Aaron McKinney e Russell Henderson. Succede in un locale di Laramie, e dopo aver bevuto qualcosa insieme, i due chiedono a Matthew se vuole un passaggio.

Ma una volta caricato in auto, lo portano in una zona periferica e isolata, dove lo massacrano di botte, abbandonandolo legato a un cancello con del filo spinato.

Lì Matthew rimane rantolante per diciotto ore, prima di venire notato per caso da un passante.

Con il cranio sfondato, sopravvive in coma per sei giorni, prima di esalare l'ultimo respiro.

Quanto agli assassini, una volta lasciato Matthew tornano in città, tuttavia si imbattono in una gang ispanica con la quale si scatena una rissa.

La pattuglia arrivata sul posto si occupa di dividere i contendenti, ma dando un'occhiata all'auto di Aaron e Russell, gli agenti notano macchie di sangue ancora fresco, insieme a un paio di scarpe e a una carta di credito intestata a un tale Matthew Shepard.

Abbastanza per trattenere i due amici in cella e scoprire che quel tale, Matthew Shepard, era stato ricoverato il giorno dopo in rianimazione, con poche speranze di sopravvivenza.

Al processo, Henderson si dichiara colpevole di sequestro e omicidio, e accetta di testimoniare contro McKinney.

Per la Procura si tratta di un omicidio di primo grado, mentre la difesa di McKinney sostiene una tesi incredibile: al momento di colpire, torturare e uccidere, Aaron era del tutto incapace di intendere e volere, tirando in ballo la *gay panic defense*, la difesa da panico gay.

In parole povere, Matthew avrebbe detto o fatto qualcosa che McKinney aveva interpretato come un'avance, restandone totalmente sconvolto, senza nemmeno rendersi conto della propria reazione spropositata.

Sconvolto perché profondamente omofobo, magari per un'inconscia inclinazione omosessuale.

È abbastanza raro che gli avvocati ricorrano alla difesa da panico gay nella loro arringa, e il loro scopo è quello di chiedere l'infermità per accontentarsi di qualche attenuante che mitighi la pena.

Ma, saggiamente, il giudice rigetta la tesi dei legali, e alla fine entrambi gli imputati vengono condannati all'ergastolo, senza possibilità di libertà anticipata.

In ogni caso, ad Aaron McKinney e a Russell Henderson non viene contestata l'aggravante di aver commesso un crimine sostenuto dall'odio omofobico, perché al momento della sentenza la legge del Wyoming non contemplava gli omosessuali fra i gruppi sociali da tutelare.

Il 28 ottobre 2009, undici anni dopo l'omicidio, il presidente Barack Obama ha convertito in legge il *Matthew Shepard Act*, ampliando le disposizioni del 1969 sui crimini dell'odio ed estendendole a tutti i delitti motivati dal genere, dall'orientamento sessuale e dalla disabilità delle vittime.

Come spesso accade negli Stati Uniti – e non solo – occorre una tragedia per accorgersi delle ingiustizie.

La storia di Fred Phelps

Fin qui abbiamo parlato di fiabe, mostri, vittime e carnefici.

Sinceramente non è facile decidere a quale categoria sia appartenuto Fred Waldron Phelps, morto per cause naturali il 19 marzo 2014, all'età di ottantaquattro anni.

Giovane ministro battista, finisce sulle pagine del «Times», nell'edizione del giugno 1951, per i toni violenti e il piglio da inquisitore con cui attacca quella che ritiene una diffusa degradazione dei costumi sessuali.

Quattro anni più tardi fonda a Topeka, nel Kansas, la sua Westboro Baptist Church.

Poco gl'importa che le sue posizioni radicali lo allontanino dalle altre comunità, e che, col passare degli anni, la sua chiesa finisca per contare qualche decina di fedeli, per lo più parenti naturali e acquisiti.

Dai primi anni Novanta inizia una battaglia omofobica particolarmente squallida: con i suoi sostenitori si presenta alle cerimonie pubbliche ma anche a quelle private, come i funerali, e perfino alle esequie dei soldati morti al fronte, forma picchetti e manifesta mostrando cartelli e urlando slogan di assoluta bassezza, come DIO ODIA I FROCI!

Nel mirino del predicatore finiscono tutti, da Ronald Reagan ai musulmani, dalla principessa Diana agli ebrei, gli australiani e i cattolici, Heath Ledger e Lady Gaga.

Quando i media parlano dell'efferato omicidio di Matthew Shepard, Fred Phelps capisce subito che si tratta di un'occasione da sfruttare. In fondo, tra Topeka a Laramie c'è solo un migliaio di chilometri. Ed eccolo lì, insieme ai suoi, il giorno dei funerali del povero Matthew, a sventolare cartelli con scritto MATT ALL'INFERNO e il solito DIO ODIA I FROCI!

Lui e la sua Westboro Baptist Church vanno avanti per anni, e nel marzo 2006 ottengono ancora una volta la pubblicità che cercavano: l'occasione sono le esequie del marine Matthew Snyder, ucciso in combattimento in Iraq la settimana prima.

Questa volta Phelps non si accontenta dei soliti insulti, ma utilizza il web per diffamare la famiglia del soldato, colpevole di aver cresciuto il ragazzo per il demonio, di avergli insegnato a sfidare il Creatore divorziando e commettendo adulterio.

Siamo però negli Stati Uniti, con tutte le tipiche contraddizioni, e la vicenda si trasforma in un grottesco dibattito sulla libertà d'espressione. La decisione finale delle autorità è che se Phelps vuole manifestare durante un evento pubblico, basta che se ne stia a qualche metro di distanza.

Lui, il predicatore, canta vittoria, perché ha ottenuto la propaganda che voleva.

3
I nigeriani sono cannibali

La storia di Luca Traini

Un collegamento c'è, è indubbio; magari non si può parlare di causa ed effetto, al più di concausa, ma un ruolo lo ha giocato.

Parlo della storia di Pamela Mastropietro, diciotto anni, uccisa da Innocent Oseghale a Macerata il 30 gennaio 2018, che in seguito ha fatto a pezzi il suo corpo e lo ha abbandonato in due valigie.

Una vicenda sconvolgente, una crudeltà che lascia senza parole.

In realtà, qualcuno le parole le trova, rilasciando interviste in cui racconta un particolare scioccante: l'assassino e alcuni suoi amici, come lui nigeriani, hanno mangiato il cuore della ragazza.

Non ce n'è alcuna prova. Ma poi, perché lo avrebbero fatto? Semplice, perché è un rito comunissimo in Nigeria, soprattutto tra gli adepti dell'Ascia Nera, la potente organizzazione mafiosa.

Ci sono perfino dei ristoranti, a Lagos, dove si cucina carne umana proveniente da riti sacrificali.

Lo sanno tutti!

Lo sanno anche i magistrati che si occupano del caso,

però hanno deciso di star zitti, per evitare rivolte popolari contro chi sbarca sulle nostre spiagge, portandosi dietro una cultura violenta e primitiva.

Dichiarazioni incommentabili, ma che fanno breccia nella testa di un ragazzo, anzi, di un uomo, che si convince siano vere, e che a Pamela nessuno renderà giustizia.

Tocca allora a lui fare qualcosa; a lui, Luca Traini.

Il giustiziere

Sono le undici del mattino quando, nel centro di Macerata, da un'Alfa 157 di colore nero qualcuno si mette a sparare contro un gruppo di persone. Alcune di loro cadono a terra, raggiunte dai proiettili esplosi da una Glock 9 millimetri.

L'auto accelera, e di nuovo la semiautomatica fa fuoco. Succede a Piediripa, a Casette Verdini, in via Pancalducci e a Borgo San Giuliano.

Per fortuna nessuno resta ucciso, ma i feriti sono sei, tutti immigrati di origine sub-sahariana e d'età compresa tra i venti e i trentadue anni.

Quando lo arrestano, e il pubblico ministero lo interroga sul perché del suo gesto, Luca Traini è chiaro, e lo ribadisce più volte: lo ha fatto per via del terribile omicidio di Pamela Mastropietro. Ha deciso di colpire maschi di colore e di età simile a quella del presunto assassino.

Col proprio avvocato a fianco, Luca racconta la sua storia, i traumi, le delusioni, la fragilità; tutti argomenti ripresi dallo psichiatra assunto dalla difesa, il quale sostiene che, per lui, Luca Traini ha una capacità mentale ridotta, per via di un disturbo borderline e insieme di una forma bipolare.

Allora, stabilisce il giudice, è il caso di fare una perizia, in modo da scoprire se l'uomo meriti davvero le attenuanti di un vizio di mente.

E con gli esperti, Luca decide di collaborare, di raccontare tutto.

I fatti

Macerata, 3 febbraio 2018.

Da qualche tempo si sente inquieto e lontano da tutti. Gli è già successo, e quando capita Luca si ritira dal mondo, si isola, e non è una bella cosa.

Non legge i giornali, non guarda nemmeno la TV; la radio invece l'ascolta, e così sente della morte della ragazza, sente che il suo corpo è stato fatto a pezzi, sente che c'entrano gli spacciatori extracomunitari.

È allora che pensa: «Adesso basta!».

Ferma la macchina, torna a casa e recupera la pistola che tiene in cassaforte.

Minacciare spacciatori e denunciarli, come ha fatto nell'ultimo anno, non serve a nulla, e lui, come si dice, non ha più fiducia nelle istituzioni.

Armato, si dirige verso il centro di Macerata. Si ferma a far benzina, a comprare le sigarette; ed ecco anche lì i titoli a effetto sulle prime pagine dei giornali, con tutti i particolari del delitto. Qualcuno dice che hanno arrestato un uomo di colore, e Luca pensa di raggiungere il palazzo di Giustizia.

Ma poi riflette: «E una volta lì che faccio? Non conosco il posto... Dove entro? In che stanza vado?».

Si ritrova così davanti a un punto dove si spaccia, lo conosce perché in passato c'era andato con la sua prima ragazza, e lì esplode i primi colpi.

Poi si allontana, incrocia per strada una famiglia che gli sembra di origini pakistane, e gli viene da pensare che sono belli, una bella famiglia...

Perciò tira avanti.

Ha nella testa l'equazione spacciatore = africano, e scartata l'idea del tribunale si dirige nella zona dei giardinetti, dove si aspetta di trovare tossici e pusher.

Ma stranamente non c'è nessuno.

Mentre guida alla ricerca di bersagli, mette a tutto volume la musica dei suoi gruppi preferiti, i Disturbed, gli Zetazeroalfa, la band più amata da CasaPound, il cui nome ha tatuato sulla pelle da quando aveva diciott'anni.

Si muove come un automa, non ha nemmeno idea di che strade prenda, di dove rallenti per sparare, di quanti colpi esploda.

È sicuro di aver ucciso qualche spacciatore, e quando in caserma gli diranno invece che ha ferito una ragazza, ci resta male.

Dopo gli ultimi proiettili contro la sede del PD di Macerata si ritrova nel centro di Pollenza, teatro della sua lontana e rimpianta storia d'amore.

Ora si immagina una fine eroica, di cadere con il sorriso in volto, crivellato dai colpi dei carabinieri o della polizia.

Mentre fantastica, al cellulare lo chiama il fratello, e poi anche la madre; vogliono sapere se sia lui il pericoloso criminale di cui parlano in televisione. Luca nega, cerca di proteggerli, di non farli star male, come ha fatto per tutta la vita.

Toglie il CD e accende l'autoradio, che parla della caccia a un uomo che spara dai finestrini di una macchina, col sindaco che raccomanda ai cittadini di chiudersi in casa.

Se prima pensava di nascondersi, ora cambia idea: in fondo, perché dovrebbe?

Torna a Tolentino, la sua città d'origine, e parla un po' con la madre. Poi prende la bandiera tricolore, acquistata tanti anni prima e che per lui è sempre stata un simbolo.

Evita i posti di blocco, con in mente una destinazione precisa: il monumento ai Caduti di Macerata, il luogo della prima uscita con la sua prima ragazza, dove si sono seduti sulla scalinata a mangiare un gelato.

Lascia la pistola in auto, si avvolge nella bandiera, poi sfodera un saluto romano e grida: «L'Italia agli italiani, viva l'Italia!».

Non ha paura di morire.

E non si capisce perché dovrebbe averne, dato che alla vista della prima divisa alza le mani e si lascia portar via senza opporre resistenza.

L'adrenalina lo fa sentire onnipotente, e siccome l'hanno preso, non c'è più battaglia; rimane solo il gesto glorioso d'aver vendicato la morte di Pamela.

Non gli ci vuole molto per comprendere che non ha fatto nulla di eroico. Soprattutto quando in cella vede al telegiornale la ragazza che ha colpito con un proiettile all'addome: sta in un letto d'ospedale che la fa sembrare tanto piccola, e si vede che sta male.

Non assomiglia per nulla a un bersaglio, è soltanto una persona che soffre.

Sa di dover pagare per ciò che ha fatto, tuttavia dentro di lui è ancora presente una parte di narcisismo che gli fa pensare di concedere interviste, scrivere libri, fondare una onlus; così potrà riabilitare la propria immagine, rifondere le vittime, e soprattutto suo fratello, che si sta facendo carico delle spese legali.

Vuole poi approfittare degli anni di carcere per iscriversi all'università, alla facoltà di Storia o, ancor meglio, a quella di Psicologia.

Studiare è sempre stato un suo sogno, sostiene con orgoglio.

Intanto risponde a tutti quelli che gli scrivono esaltando il suo gesto; persino quelli del Ku Klux Klan gli hanno spedito una lettera dagli Stati Uniti. Si affretta ad aggiungere che non condivide il loro entusiasmo, che cerca di «tenerli a bada», ma si capisce quanto la cosa gli faccia piacere.

In fondo, prosegue, lui è un uomo d'altri tempi, legato ai concetti di lavoro e di famiglia; il problema è che oggi mancano i valori, soprattutto nei giovani.

Non c'è una persona in particolare che senta vicina, di cui si fidi. Gli piacerebbe fosse la ragazza di oggi, che va a trovarlo in carcere e non lo ha mai abbandonato.

Ma si vedrà.

Intanto può contare su sé stesso, come in fondo gli è sempre successo.

Così, esauriti i fatti, è il momento di conoscere meglio Luca Traini.

Chi è Luca

Luca, ventotto anni, nasce a Tolentino, in provincia di Macerata, e – per quanto racconta – cresce con un padre assente e un fratello maggiore che lo incolpa dei problemi della madre, perché senza un'altra gravidanza non le sarebbe mai venuto il diabete.

Una malattia che la donna rifiuta di curare, non chiedendo mai aiuto e minimizzando ogni malore.

Luca si trova così, ragazzino, a trascorrere le giornate su un divano, impegnato in videogiochi solitari, sbirciando il volto della mamma alla ricerca di una ruga in più, «riempito» non dall'affetto e dal calore, ma dal cibo.

E con i chili in eccesso arrivano i bulli della scuola, cui non sa opporsi, almeno fino ai quindici, sedici anni.

In contrapposizione al disordine familiare aderisce ai gruppi dell'estrema destra, con le loro regole facili da seguire perché ben definite, principi e valori che ritrova nei suoi film preferiti, come *American History X* e *300*, dove i protagonisti sacrificano la loro vita, non la coerenza e l'onore.

Contemporanea arriva la scelta di occuparsi del suo corpo, di trasformare i chili in eccesso in una corazza di muscoli da esibire.

Una volta presa la strada dell'ordine contro l'anarchia delle emozioni, Luca non accetta compromessi, scoprendo presto quanto siano distanti le parole dai fatti, gli ideali dalla realtà: chi combatte l'immigrato che spaccia è il primo a farsi di droghe e alcol.

Non che si ritiri del tutto, ma il suo bisogno di approvazione lo cerca ora nei rapporti sentimentali, in un legame unico e vincolante. Ottenendo anche qui grandi delusioni, un senso di sconfitta e solitudine.

Eppure qualche soddisfazione se la prende. Per esempio a scuola: nonostante non sia ammesso agli esami di quinta superiore, trova l'energia e la motivazione per riprovarci l'anno successivo e superare la maturità.

Non ha problemi a cercare e a trovare lavoro, iniziando a sedici anni in una ferramenta, e poi accettando tutto ciò che capita, da elettricista a muratore.

Per sei anni occupa un posto in un'azienda che fabbrica statuette, con buona continuità e soddisfazione. Inizia quindi a coltivare il sogno di farsi una famiglia, di sistemarsi in una casetta in periferia; per questo acquista l'arma con cui sparerà, per sentirsi al sicuro in una zona isolata.

Il lavoro prosegue fino al 2013, quando, per una questione di dazi sull'esportazione, la società va in crisi. Luca resiste ai tagli, alla cassa integrazione, e due anni dopo rimane l'unico dipendente, perché il proprietario si fida solo di lui.

Nel momento in cui l'attività chiude, nel 2015, trova lavoro come buttafuori, un impiego che gli piace, perché ogni giorno succede qualcosa di diverso, una nuova sfida, e a ogni fine turno, puntualmente, lo pagano.

Nella sua storia non ci sono importanti gesti impulsivi, non viene mai coinvolto in risse, e se gli capita un momento di crisi, riesce sempre a contenersi.

Fino a quando si accumulano un sacco di problemi: la situazione familiare, lo stress per il lavoro comunque precario, le difficoltà con la sua ragazza, le notizie sul degrado della vita a Macerata – tutta colpa degli extracomunitari –, la droga sempre più diffusa...

È da tempo che il problema della droga gli riempie la testa, perché nei locali dove fa il buttafuori ne vede di tutti i colori. E poi c'è la ragazza di cui è innamorato, la quale, nonostante il suo impegno, non riesce a tener lontano dalla «roba».

Stanno insieme da un anno, e lui vuole tirarla fuori da quel brutto vizio che la trasforma in una persona diversa, stupida e insopportabile, lei che è invece così dolce e intelligente.

Per questo inizia a pedinarla: per scoprire i suoi spacciatori, per impedirle di frequentare i rave party.

Gli ultimi momenti di rabbia prima di impugnare la pistola li ha proprio con la fidanzata: incapace di sfogarsi con lei, si mette a prendere a calci e pugni la sua auto.

Poi sente la storia di Pamela: la fine orribile di quella ragazza è la metafora del caos contro cui combatte da sempre.

Vede nel volto della vittima quello del suo primo amore, che non è riuscito a salvare, e quello della donna con cui sta, che ha paura non ce la faccia nemmeno lei.

Non sopporta più di stare a guardare, di patire l'ennesima ferita.

Se non ci pensa lo Stato a fare giustizia, allora tocca a lui.

L'ultimo incontro

È il 16 giugno 2018 quando gli psichiatri incontrano per l'ultima volta Luca Traini.

Sono passati tre mesi dalla tentata strage, e lui dice di essere cambiato: per via del fratello, che sente più vicino, e della ragazza che, se lo aspetterà, potrebbe anche sposare; perché ha un sogno, quello di avere un figlio, anzi una bimba, «una principessa da proteggere».

Come vicino di cella, racconta, gli hanno messo un senegalese che è «un pezzo di pane», tanto che gli ha persino regalato un paio di magliette, perché non è colpa sua se è finito in carcere, quanto del sistema che non funziona.

Poi ci sono i marocchini, gli albanesi, «Ma non è la razza che fa un criminale, è l'ambiente... in fondo ti accorgi che... siamo tutti poveracci...».

In sostanza, dice ai periti, l'hanno ingannato.

E lui ci è cascato.

È arrivato il momento di tirare le fila, di mettere per iscritto l'opinione dei consulenti su ciò che ha fatto e perché.

Quel che è certo è che nei colloqui Luca non ha mai mostrato grandi disturbi della memoria e della concentrazione, del pensiero e delle emozioni.

Nulla, nel racconto che ha fatto del 3 febbraio, parla di una rottura del rapporto di realtà, di uno stato confusionale, di un disturbo dissociativo.

Luca ha descritto gli antefatti e l'accaduto con coerenza e lucidità, e se alcuni punti non li ha ricordati con precisione è per via del contesto emotivo dell'intera vicenda.

Più volte durante i colloqui ha attribuito il proprio disagio alla famiglia, al bullismo, agli ormoni, alla caffeina; ma più che una strategia si è trattato di un meccanismo di difesa.

Insomma, Luca presenta aspetti narcisistici, sentimenti di vuoto, tratti istrionici, momenti disforici; però, appunto, di questo si parla: di aspetti, di tratti.

Così, alla fine nella perizia che arriva al giudice ecco le conclusioni:

> Luca Traini, al momento dei fatti per i quali è imputato, così come allo stato attuale, presenta tratti disarmonici di personalità che non si traducono in un quadro patologico capace di incidere sulla capacità di intendere e volere. Luca Traini è in grado di partecipare coscientemente al processo.

Tre anni dopo, il 24 marzo 2021, l'Agenzia ANSA batte questa notizia:

> È stata confermata dalla Cassazione la condanna a 12 anni di reclusione per il 31enne Luca Traini accusato di strage per aver sparato a sei migranti, ferendoli, il 3 febbraio 2018 a Macerata, con l'aggravante dell'odio razziale.
>
> La Suprema Corte ha anche confermato il diritto al risarcimento per le vittime e per le parti civili.

Era già successo

Sarebbe stato interessante, ma durante la perizia a nessuno è venuto in mente di chiedere a Luca se conoscesse la storia di Gianluca Casseri. Perché quel dramma aveva destato clamore, era successo solo sette anni prima, e c'erano parecchie analogie con quello che aveva combinato a Macerata, salvo l'epilogo finale.

La follia di Gianluca Casseri

Piazza Dalmazia, zona Rifredi, quartiere 5 di Firenze.

Sono le 12.30 del 13 dicembre 2011 quando Gianluca Casseri, cinquant'anni, punta la sua 357 magnum contro un gruppo di senegalesi, uccidendo Samb Modou, quarant'anni, e Diop Mor, cinquantaquattro.

Dopo aver sparato, l'assassino fugge a bordo della sua auto. Ma il suo piano di morte sembra non essersi ancora concluso, tanto che colpisce altre tre vittime, una delle quali rimane ferita in modo grave.

Verso le 15, braccato, finisce per rifugiarsi nel parcheggio sotterraneo del Mercato Centrale. Tuttavia non ha scampo, e allora preferisce tenere l'ultimo colpo per sé, piuttosto che arrendersi.

Casseri, nato a Pistoia il 3 febbraio 1961 e ragioniere di professione, era già conosciuto alle forze dell'ordine per via di reati di poco conto, legati alle sue simpatie per l'estrema destra.

Come accadrà con Luca Traini, anche per l'autore della strage di Firenze c'è chi parla di un legame con CasaPound, un rapporto che i vertici del movimento negano con forza. Certo, lo si poteva definire un simpatizzante, ma niente di più.

Polemica che lascia il tempo che trova, perché a parlare per lui sono gli articoli che ha scritto e affidato alla rete, sostenendo i valori del neonazismo e del neofascismo e negando che lo sterminio degli ebrei sia mai avvenuto.

Il resto è una conferma, come la passione per la cultura celtica e Tolkien, l'autore del *Signore degli Anelli*.

O per Howard Phillips Lovecraft, maestro dell'horror e della fantascienza.

Il pregiudizio e i suoi vantaggi

Le storie di Luca Traini e Gianluca Casseri parlano di pregiudizio, quello che lo psicologo americano Gordon Allport descrive come «un sentimento di antipatia, fondato su una generalizzazione falsa e inflessibile».

Nel suo capolavoro, pubblicato nel 1954 e intitolato *La natura del pregiudizio*, Allport prova a misurare quanto odio attraversi la società, e lo fa con una scala della discriminazione divisa in cinque livelli.

Il primo è quello della diffamazione, ricorrendo a stereotipi o immagini negative.

Al secondo posto c'è l'evitamento.

Nel terzo livello il gruppo più forte impedisce al più debole l'accesso alle opportunità, ai beni e ai servizi.

Il quarto passaggio è quello dell'aggressione fisica e, da ultimo, il quinto gradino è occupato dallo sterminio, dall'eliminazione fisica dell'intero gruppo discriminato.

Chi commette un crimine dell'odio è motivato e spinto dal pregiudizio, e il pregiudizio si alimenta dell'ignoranza, che mal sopporta ambiguità e incertezza, mentre l'informazione e la conoscenza si accompagnano a una maggiore flessibilità.

Ciò non significa che una laurea metta al riparo dall'intolleranza; semmai permette di mascherarla dietro il velo di una logica apparente.

Il problema è che stereotipi e pregiudizi sono difficili da sradicare, per via del guadagno che portano in dote. Prendiamo per esempio la spinta a favorire i membri della stessa compagnia. Dato che l'identità sociale si riflette su quella individuale, pensare che il proprio gruppo sia migliore si traduce in un aumento dell'autostima personale.

Altro beneficio nell'adottare i pregiudizi è che riducono l'incertezza, rendendo il mondo più facile da comprendere;

ecco spiegate stupide e pericolose generalizzazioni come «i neri sono pigri», «puoi fidarti di un bianco», «i latini sono sporchi», «gli ebrei sono gretti e strozzini» e «tutti i musulmani sono terroristi».

Tra i tanti pregiudizi, quello razziale è certo il più diffuso, giustificato da presunte differenze biologiche.

Essere razzisti significa essere convinti che la razza, il colore della pelle, la lingua, la religione, la nazionalità o l'origine nazionale o etnica giustifichino il disprezzo nei confronti di una persona o di un gruppo di persone.

Peccato che gli studi scientifici abbiano dimostrato come le differenze tra le razze umane riguardino l'immagine esteriore, legata al contesto ambientale, più che all'assetto genetico.

In fondo la cosa non sorprende, visto la nostra comune origine dall'*Homo sapiens*.

Analizzando il DNA, si è scoperto che ci sono più differenze nel patrimonio genetico tra soggetti della stessa razza che tra individui appartenenti a razze diverse.

Quanto alla storia, anche se le teorie razziste sono vecchie come il mondo, un grosso impulso al pregiudizio è arrivato in epoca coloniale, e per un motivo pratico: fornire una legittima, ancorché falsa ragione per ridurre in schiavitù intere popolazioni.

Il positivismo si è poi occupato della cornice pseudoscientifica, stabilendo chi fosse superiore e chi inferiore in base all'evoluzione e all'intelligenza.

Ciò che è sconfortante è la capacità del pregiudizio razziale di resistere mutando forma; succede oggi con il differenzialismo, che sostiene come siano le differenze culturali a ostacolare l'integrazione.

E la soluzione è semplice: basta impedire che etnie diverse si fondano, e far sì che ogni popolo rimanga nella sua terra d'origine.

Epilogo

È successo più di una volta, e lui non ne può più.

È vero, ha sbagliato, se l'è presa con dei poveracci senza colpa, ma non aveva intenzione di compiere una strage razzista.

Per cui la smettessero i giornalisti, che ogni volta che nel mondo capita un massacro tirano fuori il suo nome.

Certo, con la sua ultima e definitiva pronuncia, la Cassazione ha confermato la condanna a dodici anni, riconoscendogli l'aggravante dell'odio.

Luca però non ha mai smesso di dire che se ha sparato, se ha ferito degli innocenti, è per via di tanti fatti personali, che il colore della pelle non c'entrava.

Qualcuno gli crede.

Qualcun altro no.

In particolare i giudici.

E poi c'è Brenton Harrison Tarrant, ventotto anni, che il 15 marzo 2019 apre il fuoco in una moschea di Linwood, in Nuova Zelanda.

Quando termina i colpi si contano 51 morti.

E sulle armi che ha usato, chissà perché, ha scritto il nome dell'uomo di Tolentino, provincia di Macerata.

LUCA TRAINI.

4
La storia di Brenton Tarrant

Miti da emulare

Sono decine e riempiono ogni spazio sui proiettili, sul calcio dei fucili e delle pistole, sulla canna delle armi di Brenton Tarrant. Numeri e parole che l'uomo ha scritto con un pennarello bianco, sul fondo scuro dell'acciaio brunito.

Il nome di Luca Traini lo si legge sopra un caricatore, accanto a quello di Alexandre Bissonnette, che due anni prima ha fatto irruzione in una moschea di Québec City, in Canada, per sparare ai fedeli raccolti in preghiera, uccidendone sei e ferendone altri cinque.

Nelle settimane successive al 15 marzo 2019, il giorno della strage di Christchurch, sono in molti a sostenere che Brenton Harrison Tarrant si sia ispirato all'impresa criminale di Traini, ma l'italiano di Tolentino replica indignato che lui non ha mai odiato l'Islam, la sua cultura e la sua religione; anzi, lui non ha mai odiato nessuno. Voleva solo farla pagare a chi aveva ucciso una ragazzina indifesa, facendone a pezzi il corpo. I giudici hanno sbagliato a riconoscergli l'aggravante dei crimini dell'odio.

Fatto sta che per Tarrant, Traini merita un posto d'onore nella sua particolare Hall of Fame, accanto a Carlo Martello, che nel 732 a Poitiers è riuscito a respingere l'armata musulmana, e a Sebastiano Venier, ancora protagonista nella battaglia di Lepanto alla venerabile età di settantacinque anni, tanto abile nell'uso della balestra da far strage di infedeli.

Certo, c'era stato bisogno di un attendente per ricaricargli l'arma, uno sforzo eccessivo per un vecchio, ma in fondo quel che contava era la mira.

L'impero ottomano torna poi col nome di Miloš Obilić, il cavaliere serbo capace di ammazzare il sultano Murad I durante la battaglia del Kosovo nel 1389.

Le dediche di Tarrant si susseguono fitte: a Boemondo I, principe di Taranto, a Gastone IV di Béarn, a Novak Vujoševic, l'eroe della battaglia di Fundina, in Montenegro.

Tra i nomi di tanti paladini della «vera» fede, efficienti sterminatori di musulmani, ecco spiccare un numero, il 14, che per i suprematisti bianchi ha un significato preciso.

Quattordici sono infatti le parole che in lingua inglese compongono gli slogan più noti del gruppo neonazista «The Order», l'Ordine.

Tradotti, il primo recita: «Dobbiamo assicurare l'esistenza del nostro popolo e un futuro per i bambini bianchi», mentre il secondo, non meno assurdo, dice: «Poiché la bellezza della donna bianca ariana non deve sparire dalla Terra».

Punto di non ritorno

Il giorno in cui tutto cambia cade di martedì.

È l'11 settembre 2001 quando due aerei di linea vengono dirottati per schiantarsi contro le Torri Gemelle, che vacillano, e poi collassano.

Il primo impatto lo riprendono coi loro cellulari i tanti turisti che affollano le strade di Manhattan; il secondo lo mostrano in diretta le emittenti televisive di tutto il mondo, così come le immagini di un terzo aereo, che si abbatte sulle mura del Pentagono.

Nelle concitate ore che seguono la tragedia, giornalisti ed esperti concordano tutti su un punto: da quel momento gli equilibri internazionali non saranno più gli stessi.

A rivendicare l'azione è Osama Bin Laden, il leader di Al Qaida, che da tempo ha dichiarato guerra all'Occidente.

Con l'incubo d'essere dilaniati da una bomba, o colpiti a morte da un proiettile, dilaga l'islamofobia, un termine coniato negli anni Novanta per indicare un sentimento con caratteristiche ben precise.

Anzitutto, gli islamofobi tendono a fare di tutta l'erba un fascio, attribuendo ai musulmani in generale la responsabilità dei crimini commessi da un piccolo numero di estremisti.

A questo si aggiunge il diffondersi inarrestabile di stereotipi, che vedono nell'Islam una subcultura violenta, maschilista, ignorante e primitiva.

Il risultato è la discriminazione in ogni settore produttivo – dall'istruzione ai servizi – che implichi il lavorare insieme o comporti anche solo un contatto occasionale.

In sostanza, gli islamofobi considerano ogni musulmano parte indistinguibile di un unico gruppo, quando all'interno della stessa cultura convivono da secoli pratiche e opinioni differenti, anche in materia di fede; basti pensare alla divisione fra sciiti e sunniti, avvenuta non molto tempo dopo la scomparsa di Maometto.

A contribuire in modo decisivo al diffondersi dell'odio c'è poi la retorica aggressiva con cui vengono narrati e commentati i fatti, in particolare durante le campagne elettorali, e non solo per le presidenziali americane.

Nei dibattiti si assiste alla demonizzazione del musulmano, operazione efficace per chi intende conquistare un facile consenso.

L'effetto più eclatante dell'islamofobia è l'esplosione di

una violenza fisica di straordinaria gravità, il più delle volte motivata come un atto di ritorsione.

«Hanno iniziato loro»: questa la giustificazione.

Ogni aggressione non è altro che una risposta.

Un pensiero del tutto condiviso da Brenton Tarrant.

Brenton Tarrant

Brenton Harrison Tarrant ha ventotto anni e viene da Grafton, una cittadina come tante nel Sud dell'Australia, a tre ore di macchina da Brisbane; si trasferisce poi a Dunedin, in Nuova Zelanda, dove lavora per qualche anno come personal trainer, impegno che è costretto ad abbandonare a causa di un infortunio.

Per fortuna non ha problemi economici, perché il padre – nel togliersi la vita – gli ha lasciato in eredità un buon patrimonio, grazie al quale può coltivare la sua passione per i viaggi.

Si sposta dall'Asia all'Europa, e le sue mete sono curiose: non visita Parigi, Londra, Tokyo, ma la Corea del Nord, la Turchia, la Bulgaria.

Ne approfitta per stringere amicizia con membri dei gruppi nazionalisti balcanici, e per staccare qualche assegno – ora può permetterselo – in favore di un movimento ultraconservatore austriaco e di un sito web che informa sui pericoli dell'invasione dei migranti.

In Ucraina entra in contatto con gruppi organizzati di estrema destra, quindi torna in Nuova Zelanda.

La sua idea è di restarci per poco.

Vuole essere il protagonista di un'impresa memorabile nel Vecchio Mondo, o forse negli Stati Uniti, ma poi scopre che anche a casa sua ci sono tanti bersagli per attacchi terroristici, per rappresaglie antislamiche: in fondo, molte città neozelandesi possono vantare almeno un centro di preghiera.

Tarrant ha deciso: sarà in Nuova Zelanda che metterà in atto il suo piano.

Sono anni che dentro di sé cova una gran rabbia, forse legata al divorzio dei genitori, o più probabilmente per via del compagno della madre, che presto ha iniziato ad abusare di lui e della donna; senza dimenticare la brutta storia di quando lo hanno rapinato in Etiopia durante uno dei suoi viaggi, e lì ha veramente rischiato di morire.

In realtà, ad analizzarla bene, la vita di Tarrant è una lunga catena di frustrazioni, che il denaro e i viaggi non riescono a medicare.

Ma chi lo conosce, come spesso accade, non si accorge di nulla.

È un tipo solitario eppure sempre cordiale quando lo si incontra: il più classico dei «salutava sempre».

Sul web, però, Tarrant mostra il suo vero volto: rinsalda i legami che ha stretto nei suoi viaggi e sostiene aggressivamente i leader dell'estrema destra australiana.

Non dimentica gli amici serbi, per lui cristiani impegnati in una crociata per liberare l'Europa dagli invasori islamici.

Lascia intendere che vorrebbe poter agire allo stesso modo anche a casa sua. E siccome per fare una crociata ci vogliono le armi, Tarrant se le procura: diventa membro del Bruce Rifle Club del South Otago, e fra il dicembre 2017 e il marzo 2019 acquista due fucili AR-15, due fucili calibro 12, un Uberti 357 magnum e una carabina Predator marca Mossberg calibro 223.

Insieme, ovviamente, a centinaia di munizioni.

In pratica, raccoglie un arsenale sufficiente a equipaggiare un piccolo esercito.

Ma ancora più inquietante del numero, è il modo in cui

Tarrant decora i suoi strumenti di morte, con tutte le scritte fatte con il pennarello bianco, dove spicca il nome di Luca Traini.

C'è poi una cosa che lo rafforza nei suoi propositi di distruzione. Prima la legge sui siti, poi ci riflette, fino a quando capisce che è tutto vero: è in atto una macchinazione internazionale, che ha come scopo finale la sostituzione etnica.

La grande sostituzione

Quella della «sostituzione etnica» è una teoria molto semplice, e afferma l'esistenza di un complotto mondiale ai danni dei cristiani bianchi allo scopo di sostituirli con immigrati di colore e musulmani.

Le origini di questa tesi sono incerte, ma è curioso notare come uno dei suoi primi sostenitori sia stato Theodore G. Bilbo, senatore degli Stati Uniti in forza al Partito democratico. A lui si deve un libro il cui titolo, *Take Your Choice: Separation Or Mongrelization*, può essere tradotto con: *Decidetevi: o vi isolate o vi imbastardite*.

Il volume parla della superiorità della razza bianca ed esorta a contrastare l'integrazione degli immigrati in modo da non perdere la purezza e venire soppiantati. Al di là dei contenuti, a colpire è il fatto che sia stato pubblicato nel 1947: sono passati solo due anni dalla fine della Seconda guerra mondiale, con tutti i suoi orrori.

Se la paternità è dubbia, la teoria della «sostituzione etnica» si diffonde presto, e resiste al trascorrere del tempo.

Ne parla Anders Breivik, prima di compiere la strage sull'isola di Utøya.

Ne parla Robert Bowers alla vigilia del massacro nella sinagoga di Pittsburgh.

E, ovviamente, la nomina Brenton Tarrant, che il 15 marzo 2019, poco dopo le 13, spedisce alcune e-mail.

La prima la indirizza a una trentina di personaggi, incluso il primo ministro neozelandese, la giovane progressista Jacinda Ardern, che non la legge subito, perché di messaggi ne riceve decine al giorno, e ci pensa il suo ufficio a filtrarli.

L'avesse vista, avrebbe trovato in allegato un documento di oltre settanta pagine, un manifesto scritto da un certo Tarrant, il cui autore sosteneva l'etnonazionalismo, l'ecofascismo, la «rimozione dei kebab», e nel quale esaltava l'impresa criminale di Breivik e il genocidio dei musulmani durante la guerra in Bosnia.

Curiosamente, come modello politico, Tarrant citava una nazione comunista, la Repubblica Popolare Cinese, che ammirava perché monolitica dal punto di vista economico, e soprattutto etnico.

Aggiungeva che si dovevano eliminare tre figure politiche.

La prima era il presidente della Turchia, Recep Tayyip Erdoğan, che poco meno di un secolo dopo la laicizzazione voluta da Mustafa Kemal Atatürk aveva riportato il suo Paese all'islamismo di Stato.

Il secondo era Sadiq Khan, politico inglese di chiare origini pakistane, che nel 2016 era diventato sindaco di Londra, la città in cui Tarrant era nato.

Infine, doveva essere uccisa anche Angela Merkel, la cancelliera tedesca: bianca, cristiana evangelica, ma ai suoi occhi compromessa con l'Islam, perché nel 2015 aveva pubblicamente dichiarato che la Germania avrebbe accolto tutti i rifugiati in fuga dalla Siria.

Pochi minuti dopo, Tarrant manda la stessa e-mail al Parlamento di Wellington. Lì qualcuno se ne accorge: l'ufficio per la sicurezza scorre rapidamente le pagine del delirante pamphlet e subito avvisa la polizia.

Sono le 13.40.

Proprio in quel momento arriva una telefonata al centralino per le emergenze.

Qualcuno sta sparando all'impazzata nella moschea di Al Noor, a Christchurch.

Il massacro di Christchurch

Nel manifesto, Tarrant ha pianificato nei dettagli l'attentato che sta per compiere.

Vive a Dunedin, città con più di centomila abitanti che si affaccia sull'oceano Pacifico, e che ospita un luogo di culto dedicato ai musulmani, la moschea di Al Huda.

È questa che sceglie come primo bersaglio. Tuttavia nel 2015 ci ripensa, ricordandosi che a Christchurch c'è un'altra moschea ben più radicalizzata, anche se a trecento chilometri di distanza. Ne hanno parlato le cronache, quando si è scoperto che un membro della comunità faceva parte di una frangia dell'islamismo estremo.

Ma non è escluso che abbia preferito Christchurch per il nome della città, che letteralmente significa «Chiesa di Cristo», il luogo ideale, quindi, per un attacco agli infedeli.

In ogni caso, a rafforzare il progetto di Tarrant sono gli episodi che di lì a breve conquistano le prime pagine dei giornali.

Il 2016 inizia con l'attentato suicida di un kamikaze in un ristorante francese di Kabul, e finisce con un camion che a pochi giorni dal Natale irrompe nei mercatini di Berlino, falciando tredici persone.

L'anno successivo si apre con una strage in una discoteca di Istanbul, che un terrorista ritiene luogo di peccato, e si chiude con una sparatoria al Cairo, in un negozio proprietà di un egiziano di religione copta, quindi cristiano.

In mezzo, attacchi a Stoccolma, a New York, a Parigi, dove un estremista assalta con un fucile gli Champs-Élysées, mentre un altro entra in Notre-Dame impugnando un martello. E ancora a Londra, dove un uomo accoltella i passanti sul London Bridge inneggiando ad Allah.

Quindici persone muoiono a Barcellona, e due a Turku, in Finlandia.

Per Tarrant basta e avanza.

È chiaro che si tratta ormai di una guerra globale, e l'Occidente la sta perdendo.

Bisogna agire.

Per prima cosa si documenta sulla planimetria della moschea di Al Noor con quello che trova in rete ma anche di persona, mescolandosi alla folla di fedeli durante le celebrazioni.

Nel gennaio 2019, quando l'attacco è ormai quasi pronto, guida fino a Christchurch, parcheggia nei pressi della moschea e da lì fa decollare un drone, con cui riprende gli ultimi particolari che gli occorrono.

Sono le 13.40 di venerdì 15 marzo.

È il momento in cui i centralini della polizia impazziscono. Chiamano dagli uffici del Parlamento, perché temono che la minaccia sia concreta. Peccato sia ormai troppo tardi, con le richieste disperate d'aiuto che arrivano dalla moschea di Al Noor.

Tarrant ha indossato un casco con una piccola telecamera che riprende in soggettiva, e trasmette in diretta su Facebook.

Il video inizia con l'uomo che guida e il sottofondo di una musica a tutto volume; la canzone che sta ascoltando, manco a dirlo, si intitola *Remove Kebab*.

Tarrant entra nella moschea.

Un fedele, non avendolo mai visto, lo saluta con fare un po' perplesso. In risposta, Tarrant estrae il Mossberg e gli scarica addosso nove pallottole.

Quindi passa all'AR-15, uccidendo le tre persone che trova nel vestibolo. Si fa poi strada nella zona in cui i musulmani stanno pregando e inizia a far fuoco a distanza ravvicinata: ogni proiettile è un pezzo d'odio covato a lungo.

Compiuta la carneficina, Tarrant torna sui suoi passi e colpisce le vittime che stanno a terra, per essere certo di averle finite. Poi, guadagnata l'uscita, uccide una passante e si dirige verso il centro islamico di Linwood, ma quando arriva non riesce a distinguere l'entrata, allora fa fuoco attraverso le vetrate.

Muoiono così altre quattro vittime, e decine vengono ferite.

Non manca chi cerca di reagire, come fa Aziz Wahabzada, che però ha per le mani solo un POS, quello per i pagamenti col bancomat. Glielo tira addosso, senza grandi risultati; poi raccoglie un fucile, per scoprire che l'assassino lo ha lasciato in quanto scarico.

Stabilito che Aziz non rappresenta una minaccia, Tarrant lo ignora, anche perché ha finalmente capito come entrare e continuare a uccidere.

Nel momento in cui risale in auto, sono passati solo quindici minuti dall'attacco alla moschea di Al Noor, i quindici minuti più drammatici della storia della Nuova Zelanda.

Mentre guida, Tarrant sa che è solo questione di tempo prima che lo fermino, tuttavia è convinto di farcela a raggiungere il suo terzo e ultimo obiettivo, la moschea di Ashburton, a un centinaio di chilometri da Christchurch.

L'inseguimento, però, dura solo due minuti.

Lo intercettano a Sydenham, un sobborgo meridionale di Christchurch, circa cinque chilometri a sud del centro islamico. Un'auto della polizia lo sperona, buttandolo fuori strada.

L'incubo è finito.

Alla fine, si contano 51 morti e una quarantina di feriti. Nove delle vittime sono pakistane e sette di origine indiana, ma Tarrant ha ucciso anche bengalesi, egiziani, arabi, somali, siriani, indonesiani, giordani, kuwaitiani e, naturalmente, neozelandesi.

Il più anziano aveva settantasette anni, il più giovane solamente tre.

«Shitposting»

A rendere ancor più inquietante l'impresa di Tarrant, se possibile, è il suo utilizzo dei social.

Perché non c'è soltanto la diretta Facebook.

Più o meno un quarto d'ora prima di dare il via alla carneficina, Tarrant si è collegato a 8chan, una specie di Instagram pressoché senza censura, e ha postato un contenuto che inizia con un «Ehm», come a schiarirsi la voce e ottenere l'attenzione, prima di proseguire:

> Be', ragazzi, è ora di smetterla di fare *shitposting* e di iniziare a fare uno sforzo nella vita reale. Porterò a termine un attacco contro gli invasori e lo trasmetterò in diretta su Facebook.
>
> Nel momento in cui leggerete queste parole, la mia diretta dovrebbe essere iniziata.

E ancora:

> Ho fornito il link ai miei iscritti qui sotto.
>
> Per favore, fate la vostra parte diffondendo il mio messaggio. Se non sopravvivo all'attacco, arrivederci, Dio vi benedica e vi vedrò tutti nel Valhalla!

L'attacco di Tarrant non è dunque solo un atto di guerra, ma anche un'operazione mediatica. È l'invito a passare all'azione andando oltre lo *shitposting*, ovvero la pratica di postare online meme più o meno stupidi, battute demenziali, foto ritoccate in modo grossolano e inserite in un contesto in cui non c'entrano nulla.

La diretta video è il modo che Tarrant sceglie per chiamare alle armi una comunità rabbiosa e sotterranea, cui dà appuntamento nel Valhalla, l'Eden della mitologia norrena, un posto in cui, ovviamente, non c'è spazio per i musulmani.

«Iniziamo la festa» annuncia Tarrant, e per dieci minuti, fino alle 13.50, uccide e spara, spara e uccide, parlando incessantemente, raccontando al pubblico social ciò che sta facendo e che loro stessi possono vedere.

Una recita sanguinosa, il palco traboccante di cadaveri, un attore perduto in un monologo delirante.

È solo, ma non è solo.

Insieme a lui una platea di seguaci animati dall'odio, che lo sostengono e lo incitano.

Come le streghe di *Macbeth*.

Lupo solitario

Quando gli inquirenti fissano il capo di imputazione, descrivono la strage come «un attacco terroristico di massa, perpetrato tramite sparatoria indiscriminata, da parte di un lupo solitario trascinato da un'ideologia estremista».

Che Tarrant sia stato animato da una dottrina eversiva lo dimostrano il manifesto, recapitato ancor prima di aggredire, e i toni da tribuno postmoderno dei suoi contenuti social.

Non c'è poi dubbio che il massacro sia stato indiscriminato: da convinto islamofobo, Tarrant non si è minimamente curato dell'identità delle sue vittime, abbattendole semplicemente per la loro appartenenza al mondo islamico.

Quanto alla definizione di «lupo solitario», gli esperti d'intelligence dividono le azioni terroristiche in tre tipologie: quelle dei lupi solitari, quelle a opera di cellule indipendenti e gli assalti organizzati su vasta scala.

Tarrant ha agito da solo: alle spalle non ha mai avuto una struttura organizzata, come Al Qaida nell'attentato alle Torri Gemelle, né apparteneva a una cellula locale che ha deciso di passare all'azione.

A renderlo «lupo solitario» è il fatto che non avesse legami operativi con gruppi organizzati: non è stato reclutato, non ha ricevuto uno specifico addestramento, non ha potuto contare sul supporto logistico o sul finanziamento da parte di altri terroristi.

Non importa che simpatizzi con fazioni di estrema destra.

L'azione di Tarrant è stata solitaria, e il suo scrivere sulle armi i nomi delle persone che lo hanno ispirato, a cominciare da Luca Traini, è un modo per sentirsi parte di un gruppo più vasto, idealmente accomunato dall'odio verso l'Islam e i suoi seguaci.

Il processo

Il processo a Tarrant inizia subito dopo il suo arresto, in un'aula di tribunale interdetta al pubblico.

La difesa nemmeno avanza la richiesta di rilascio dietro cauzione, ben sapendo che non sarebbe mai stata accolta.

Per settimane gli psichiatri lo incontrano e lo analizzano, concludendo che l'uomo non ha agito in preda alla follia, né tantomeno a un impulso incontrollabile, ma freddamente e sulla scorta di convinzioni razionali, che lo hanno portato ad azioni di cui è totalmente responsabile.

Il dibattimento si svolge nel 2020, in piena pandemia di Covid-19, con l'imputato in collegamento dal carcere.

Tarrant si dichiara colpevole di 51 omicidi e 40 tentati omicidi, oltre che dell'accusa di terrorismo.

Difficile che nell'ammissione abbiano avuto un peso il senso di colpa e il pentimento, cose di cui l'uomo non ha mai mostrato il minimo segno; è più probabile che volesse erigersi a esempio per la comunità antislamica.

Anche la premier neozelandese Jacinda Ardern è dello stesso avviso. Intervistata, commenta infatti come il terrorista, con il suo gesto, «avesse molti obiettivi, ma più di tutto cercava notorietà».

Sempre la Ardern compie poi un'operazione giusta ed efficace: fin dal giorno degli attentati decide di non chiamare mai più per nome Brenton Tarrant, così da negargli quel riconoscimento che tanto ossessivamente ha ricercato.

Condannare gli assassini efferati all'oblio è una tendenza che si sta affermando; e se da un lato c'è chi sostiene il diritto di cronaca, dall'altro le numerose associazioni dei parenti delle vittime avvertono di un pericolo: quello che citare più volte il nome di un criminale finisca per alimentarne una sorta di mitologia nera.

Con la confessione, comunque, Tarrant facilita il lavoro dei giudici. Il verdetto arriva già nell'agosto 2021, sempre in diretta televisiva.

Al killer viene riservato il dubbio privilegio d'essere il primo cittadino neozelandese a venire condannato all'ergastolo, senza la minima possibilità di un futuro rilascio.

Nel leggere il dispositivo della sentenza il giudice conclude che l'odio mostrato dall'imputato nei confronti della comunità islamica è stato così intenso che nemmeno la detenzione fino alla morte potrà compensare il dolore che ha causato.

Alla fine del 2022, tuttavia, il legale di Tarrant fa istanza per la revisione del verdetto e perché venga mutata la pena detentiva, ritenuta troppo vessatoria.

Al momento, però, tutto tace.

Ma le richieste dell'assassino potrebbero non avere mai

un seguito, perché Tarrant, tanto attento nella preparazione della strage, questa volta si sarebbe distratto, presentando la sua domanda oltre la scadenza dei termini.

Detto dei crimini di Brenton Tarrant, c'è un'altra storia di islamofobia che merita d'essere raccontata: quella di tre giovani ammazzati da un vicino di casa, successa solo cinque anni prima della strage di Christchurch.

La famiglia Barakat

Suzanne Barakat è un medico, lavora per l'Università della California, a San Francisco, e ha aiutato e fornito cure a più di ventimila profughi fuggiti dal confine fra Siria e Turchia.

Professionista riconosciuta, indossa il velo ed è perfettamente integrata, ma la sua storia è segnata da una tragedia, una vicenda che Suzanne ha voluto raccontare in più TED talk e in tante altre occasioni pubbliche, con l'obiettivo di fermare l'odio razziale e religioso, mostrando quanto male possano provocare.

Tutto comincia nel dicembre 2014, quando suo fratello Deah sposa Yusor, la fidanzata. Ha ventitré anni, è iscritto all'università e appassionato di basket. Studia Odontoiatria così come Yusor, di due anni più giovane.

Oltre a tifare per i Lakers, insieme fanno volontariato in progetti internazionali a sostegno dei senzatetto e dei rifugiati siriani in Turchia. Con loro c'è anche Razan, la sorella minore di Yusor.

Il 2015 inizia carico di speranze.

Ma il 15 febbraio, mentre Deah è appena rientrato dall'università e Yusor sta preparando la cena per lui e Razan, qualcuno bussa alla porta.

Quando Deah si alza e va ad aprire, viene centrato da una

raffica di proiettili; tre lo colpiscono a braccia e gambe, due al petto, due alla testa.

A sparare è il vicino di casa, il quarantaseienne Craig Stephen Hicks, deciso a sterminare quella famiglia tanto diversa, fatta di gente che per lui non ha niente di americano.

Dopo aver colpito Deah, l'uomo entra in casa e spara al fianco di Yusor. Gravemente ferita, la ragazza non riesce più a muoversi, e l'assassino ha tutto il tempo di raggiungerla e finirla con un colpo alla testa.

Tutto accade davanti agli occhi di Razan, che urla disperata, chiedendo pietà. Ma l'uomo si muove come un automa. Freddo, silenzioso, le si avvicina, le appoggia la pistola alla nuca e fa fuoco.

Un colpo solo, a bruciapelo, come un'esecuzione.

Infine, tornando sui suoi passi, trova Deah riverso sulla soglia di casa e gli spara in faccia l'ultimo proiettile.

Suzanne Barakat continua il suo racconto, con il vicino che sembra proprio l'alter ego di Brenton Tarrant.

Come Tarrant, infatti, Hicks scaricava il proprio odio sui social, postando insulti e slogan contro i musulmani.

La differenza è che quest'uomo conosceva le sue vittime, abitavano a pochi metri da lui, eppure per Hicks erano l'incarnazione del male.

A nulla è servito il tentativo di Deah e Yusor di mostrarsi comprensivi e gentili, nella speranza che, conoscendoli, il vicino avrebbe imparato ad apprezzarli.

Dopo aver svuotato i caricatori, l'uomo si presenta alla polizia, dichiarando di aver ucciso tre ragazzi. Però non spiega il vero motivo del suo gesto; preferisce raccontare che tutto deriva da un litigio per un parcheggio.

Ma la dottoressa Barakat non può permetterlo, e per questo decide di far sapere a tutti le vere ragioni del triplice omicidio.

Non c'è stata nessuna lite, nessuno ha mai parlato di parcheggi. Tre giovani sono stati uccisi a sangue freddo solo perché musulmani, per il colore della loro pelle, per i loro abiti, per il velo indossato dalle ragazze.

Grazie alla testimonianza della dottoressa Barakat, dalla CNN al «New York Times», i media nazionali smentiscono la stampa californiana, che inizialmente si è limitata a riportare la versione dell'assassino, quella che parlava del parcheggio.

Appena gliene è stata offerta l'occasione, Suzanne, commossa ma determinata, ha dichiarato:

> Il minimo che possiamo fare è chiamare queste storie col loro nome: crimini dell'odio. Il minimo che possiamo fare è parlarne, perché la violenza non accade per caso.

5
Odiare le donne

Istinti primitivi

È il 13 settembre 1848.

Phineas Gage ha venticinque anni, e lavora come caposquadra nell'impresa che si occupa di posare i binari della nuova ferrovia.

Il suo è un compito delicato, che richiede grande attenzione e abilità. Ogni volta che gli operai incontrano una grossa roccia, tocca a Phineas toglierla di mezzo: prima pratica un foro nella pietra, poi ci versa la polvere da sparo, la copre con la sabbia e pressa il tutto con una spranga di ferro.

Ma quella mattina le cose vanno storte.

Forse qualcuno lo chiama, forse sta pensando ad altro, sta di fatto che si dimentica la sabbia, e nel contatto con la roccia, l'asta di metallo provoca una scintilla che innesca lo scoppio.

La sbarra, alta un metro e pesante sei chili, penetra proprio sotto l'occhio sinistro di Phineas, ne attraversa la testa per uscire dalla parte superiore e finire a parecchi metri di distanza.

Tra lo stupore di tutti, Gage non è morto, e nemmeno ha perso conoscenza; riesce anzi a star seduto sul carretto mentre lo portano alla locanda più vicina e avvertono il medico di correre, perché c'è un ferito grave.

Il dottor John Harlow aveva prestato servizio come chirurgo militare, ma nonostante tutto ciò che ha visto, è colpito dalla gravità della lesione: il foro nella testa di Phineas è così grande che ci può infilare due dita della mano.

Non può che ricucirlo alla bell'e meglio, convinto che non sarebbe servito a nulla, che un'infezione l'avrebbe ucciso in poco tempo.

Eppure, contro ogni previsione Gage sopravvive, e a distanza di vent'anni il dottor Harlow pubblica un articolo intitolato *Guarigione in seguito al passaggio di una sbarra di ferro attraverso il capo*.

Nel suo lavoro, il medico testimonia come Gage non abbia riportato alterazioni nel linguaggio, paralisi o altri danni motori, però certamente in lui è successo qualcosa di strano...

> Prima dell'incidente era considerato il capocantiere più efficiente e capace; possedeva una mente equilibrata, ed era stimato da quelli che lo conoscevano come un uomo d'affari intelligente e perspicace, assai tenace nell'esecuzione di tutti i suoi progetti...

Quanto al dopo...

> È sregolato, irriverente, indulge talvolta nella bestemmia (che in precedenza non era suo costume) manifestando poco rispetto per i suoi compagni, intollerante verso limitazioni e avvertimenti quando questi sono in conflitto con i suoi desideri, talora tenacemente ostinato, capriccioso ed esitante, progetta molti piani per il futuro, che vengono tuttavia abbandonati, anziché essere organizzati, in favore di altri piani che sembrano più facilmente attuabili... La sua mente è cambiata radicalmente, in modo così marcato che i suoi amici e conoscenti affermano che «non è più Gage».

Sembra il ritratto di un uomo che ha perso il controllo, che si muove sulla spinta degli istinti e degli impulsi più primitivi.

In effetti, è questa la conclusione di Antonio Damasio, neuroscienziato di fama mondiale che più di cent'anni dopo studia il caso: l'interruzione dei collegamenti tra la corteccia cerebrale e le strutture profonde e più antiche, causata dalla sbarra di ferro, ha «liberato» il cervello emozionale dalle regole e dalla disciplina del cervello razionale.

La stessa strada viene scelta dai difensori di un serial killer, i quali sostengono che Gianfranco Stevanin non abbia ucciso spinto dall'odio incontenibile verso le donne, ma per colpa dei traumi cerebrali di cui ha sofferto, che gli avrebbero tolto ogni freno inibitore. E ogni memoria dei crimini commessi.

Gabriele

Il 15 novembre 1994 Gianfranco è un uomo affranto.

Teme che suo padre non ce la faccia, e vederlo in punto di morte gli riesce insopportabile. Ha bisogno di qualcuno che lo conforti, ma non come farebbe un amico.

Quel che gli serve è una donna con cui sfogarsi, che lo assecondi senza pretendere nulla in cambio, a parte il denaro.

Mentre guida ne vede una, ferma sul ciglio della strada.

Si chiama Gabriele Musger, abita a Vicenza ed è un'austriaca dai lineamenti un po' severi. Gianfranco accosta, le chiede quanti soldi voglia; poi, appena sale in macchina, le propone un lavoro: dice d'essere un fotografo professionista alla ricerca di modelle per scatti di nudo erotico, e per un milione di lire Gabriele accetta, a patto di non essere ripresa in volto.

Arrivati nel casolare di famiglia, a Terrazzo, dove è già allestito un set fotografico, Gabriele chiede d'essere pagata subito, però Stevanin prende tempo, promettendo che a saldare il conto sarebbe stato un altro uomo, quello che gli ha commissionato le foto.

La donna non ci sta, dice che vuole andarsene, chiede a Stevanin di riportarla dove l'ha caricata. Lui prova a convincerla con le buone, tuttavia non c'è verso di farla ragionare, e allora afferra una pistola e gliela punta in faccia.

La donna è paralizzata dal terrore. Come un automa, indossa la tutina sexy che l'uomo le porge e si siede sulle sue ginocchia per i primi scatti.

Ma poi recupera la lucidità, e capisce che deve mostrarsi compiacente, anche perché in quel posto isolato della campagna veneta non c'è nessuno nel raggio di chilometri, nessuno che possa sentire le sue urla di aiuto.

Si spoglia, si lascia fotografare, accetta di avere un rapporto sessuale, dopo di che chiede di andare in bagno e cerca di scappare da una piccola finestra.

Però Stevanin se ne accorge, e a quel punto si arrabbia veramente: la minaccia con un coltello, la lega, abusa del suo corpo.

La prostituta sa di essere spacciata, e così è lei a proporgli un affare: ha messo da parte dei risparmi, e se l'uomo la riporterà a casa avrà in cambio venticinque milioni.

Stevanin accetta, attratto dalla prospettiva di un facile guadagno, ma arrivati al casello di Vicenza Ovest, dove è costretto a rallentare per pagare il pedaggio, Gabriele spalanca la portiera e si getta fuori, correndo verso una volante della polizia ferma a pochi metri.

C'è il racconto della prostituta, ci sono i segni della violenza e una pistola trovata a bordo della sua auto: abbastanza per arrestare Gianfranco Stevanin e processarlo per direttissima.

Viene condannato a tre anni e quattro mesi.

In carcere si comporta – come si dice – da detenuto modello: riconosce di aver compreso i suoi sbagli e di essere sinceramente pentito.

Sembra la fine della storia, invece è solo l'inizio.

Nel luglio 1995 un bracciante sta ripulendo un fossato nella proprietà degli Stevanin non distante dal casolare di Terrazzo, quando con la falce urta qualcosa dalla consistenza strana. Si china a controllare e scopre un sacco di iuta.

Incuriosito, lo estrae dal terreno e lo apre.

Dentro ci sono i resti putrefatti di un tronco, che appartengono al corpo di una donna.

Forse Gabriele Musger non è stata l'unica vittima di Stevanin, ed è il caso di perquisire meglio la sua casa. Si trovano così centinaia di riviste pornografiche, giocattoli sessuali, corde e manette, sacchetti riempiti di peli pubici e i documenti di due donne.

Uno appartiene a Biljana Pavlovic, che nessuno ha più visto dall'agosto dell'anno prima. L'altro è di Claudia Pulejo, scomparsa da gennaio.

L'Italia viene così a conoscenza della storia del mostro di Terrazzo.

Le origini del male

Stevanin nasce il 2 ottobre 1960 da una famiglia di agricoltori padovani. È ancora piccolo quando la madre rimane incinta e, dopo una gravidanza a rischio, partorisce un corpo senza vita.

Perciò, forse per non correre il rischio di affezionarsi troppo, la donna affida Gianfranco a un collegio, un ambiente severo, cupo, a tratti macabro, come quella volta in cui le suore lo portano con gli altri bimbi a visitare una camera ardente, costringendolo a toccare la pelle fredda di un cadavere, un'esperienza che gli rimarrà impressa per tutta la vita.

Gianfranco cresce con il bisogno frustrato d'essere amato e accudito da una madre, che nel terrore di perdere un altro figlio preferisce tenerlo distante. Per questo, per compensare la ferita dell'abbandono, Stevanin inizia a sviluppare importanti e preoccupanti difese narcisistiche.

Scopre il sesso ad appena tredici anni, con una ventenne sposata che gli insegna tutto, dai preliminari all'orgasmo, una storia che Stevanin ricorda con nostalgia: «Lei mi ha usato, e non mi è dispiaciuto. Tutto ciò che ho appreso lì non l'ho più dimenticato. In fin dei conti, per quel che ha fatto e per il modo in cui l'ha fatto, credo di dover essere molto riconoscente a questa donna».

A sedici anni ha un gravissimo incidente in motorino.

Finisce in coma per un mese, e i medici sono costretti ad aprirgli il cranio e a operarlo al cervello, lasciandogli una cicatrice che gli attraversa la testa.

Quello che termina gli studi e lascia il collegio, però, sembra un ragazzo semplice e sereno. Ha tanti amici ed è appassionato di fotografia e motocross.

Trova anche una ragazza.

Ha vent'anni quando vive la sua unica, vera storia d'amore, con una coetanea con cui condivide un'intensa vita sessuale.

Non fa però i conti con la madre, che non vede di buon occhio la relazione e lo convince a chiuderla.

Da questo momento in poi, nel timore di incorrere nelle ire materne, Stevanin frequenta soltanto le prostitute che incontra ai bordi delle strade, strade che percorre incessantemente con la sua auto.

Un giorno, all'età di ventitré anni, mentre è al volante si trova davanti una donna in bicicletta che non riesce a superare.

Cerca di allargarsi, ma poi chiude la traiettoria e la travolge.

La donna muore, Stevanin perde il controllo e si schianta.

Quando si riprende, inizia a soffrire di crisi epilettiche, e sente che dentro di sé qualcosa è cambiato: parla in maniera diversa, pensa in maniera diversa, fatica a concentrarsi e a ricordare.

Il casale degli orrori

Tocca al procuratore di Padova, Maria Grazia Omboni, condurre le indagini, che presto portano a nuove, terribili scoperte.

Nel novembre 1995, esattamente un anno dopo l'arresto, scavando nei terreni della famiglia Stevanin viene alla luce il cadavere di una giovane donna, avvolto in un telo.

È quello di Biljana Pavlovic, e il medico legale scrive che il corpo presenta mutilazioni a livello dei genitali, e che l'utero della donna è stato asportato.

Il mese dopo viene ritrovato il cadavere di Claudia Pulejo.

Il corpo mummificato è avvolto in teli di plastica separati da carta di giornale, e la testa è infilata in un sacchetto, a indicare che probabilmente è stata soffocata.

Gli incontri fra la PM Omboni e Stevanin paiono lunghe partite a scacchi, con ammissioni, ritrattazioni e tanti «non ricordo». Però il magistrato, con pazienza, ricostruisce i delitti dell'assassino, con tutti i particolari sugli atti sadici cui l'uomo ha sottoposto le sue vittime, prima di finirle.

Descrizioni confermate dalle centinaia di fotografie rinvenute durante le perquisizioni, immagini che ritraggono dettagli osceni e ripugnanti, corpi degradati, primi piani di mutilazioni, ferite che ancora grondano sangue.

Ma non ci sono soltanto Claudia e Biljana: le vittime sono almeno cinque, e mentre si cerca di dar loro un nome, s'intuisce il metodo del killer.

A parte il caso di Gabriele, le prede di Stevanin sono prostitute extracomunitarie, donne sradicate, senza una famiglia né altri punti di riferimento; spesso sono clandestine, sconosciute perciò anche alla polizia.

Tuttavia, non si tratta solo di vulnerabilità: per Stevanin, la prostituta è una donna degradata a oggetto, qualcuno, o meglio «qualcosa», su cui sfogare le proprie fantasie perverse.

E insieme il proprio odio.

Come nel caso di Biljana.

Stevanin la avvicina in macchina, poi la porta al casolare, dove i due hanno un rapporto. Nei giorni successivi si incontrano più volte, e l'uomo diventa sempre più violento, traendo piacere dalla sofferenza che infligge.

L'ultima volta fa spogliare Biljana, le lega le mani dietro la schiena e le infila la testa in un sacchetto di plastica. Dovrebbe essere un gioco, pericoloso ma pur sempre un gioco; peccato che, raggiunto il suo piacere, Stevanin si accorga che Biljana non respira più. È probabilmente in quel momento che, invece di chiamare i soccorsi, l'uomo si accanisce sull'utero e sulla vagina della sua vittima.

Dopo di che prende un telo cerato azzurro, ci avvolge il cadavere e lo porta in un campo vicino, dove scava una fossa non troppo profonda.

Incalzato dal pubblico ministero, Stevanin confessa di aver ammazzato quattro ragazze durante un rapporto sessuale estremo.

Claudia Pulejo, per esempio, l'ha uccisa con un'overdose di eroina.

Il corpo di Biljana è forse l'unico a non finire a pezzi; negli altri casi Stevanin seziona i cadaveri, tagliando prima un braccio, poi l'altro, per passare alle gambe e infine alla testa.

Almeno una volta si lascia andare alla necrofilia: c'è una

foto, infatti, che lo ritrae mentre si accoppia con il corpo senza vita di una ragazza. Non sarà mai identificata, anche perché di lei Stevanin dice di non ricordare nulla, se non che forse, ma non è certo, si trattava di una studentessa.

Il processo

Da quanto emerge al processo, fra il maggio 1993 e il novembre 1994 Gianfranco Stevanin ha ucciso sei donne, quattro delle quali prostitute. Oltre a Biljana Pavlovic e a Claudia Pulejo ci sono Roswitha Adlassnig, austriaca, sparita senza lasciare traccia, e Blazenca Smolijo, croata, i cui resti vengono ripescati nell'Adige. Delle altre due vittime non sarà mai possibile accertare l'identità.

Durante l'intero corso del dibattimento, la madre di Stevanin non smette di ripetere che ci deve essere uno sbaglio, che suo figlio è sempre stato un bravo ragazzo. Nonostante gli orrori che vengono man mano scoperti e le prove che lo accusano continua a difendere il figlio, e Stevanin continua ad averne soggezione, anche in carcere.

Quando la donna va a trovarlo, lui si lava e si veste di tutto punto, timoroso di deluderla; la descrive come «peggio di uno 007», un segugio impossibile da sviare, capace di fargli confessare anche ciò che lui vorrebbe coperto da pudore e riservatezza.

Il rapporto fra Stevanin e la madre è a dir poco complicato.

Gianfranco la accusa di avergli impedito una relazione duratura con una ragazza, con le sue continue intromissioni e critiche; ma allo stesso tempo ammette che «una donna non può darmi spontaneamente e disinteressatamente ciò che mi dà mia madre».

Anche se la madre ha risposto al suo amore abbandonandolo in collegio, Gianfranco ha continuato a cercare nella figura femminile una fonte di piacere, e soprattutto di gratificazione.

Nel momento in cui le aspettative sono andate deluse, ha trasformato l'affetto in odio, vivendo le donne non più come esseri buoni, da cui ricevere tenerezza e calore, ma come persone cattive, da distruggere, facendole soffrire il più possibile.

Il sesso estremo che pratica con le prostitute, e che porta alle sevizie e all'omicidio, rappresenta una forma di compensazione: gli permette di ricercare il piacere in modo narcisistico, attraverso l'umiliazione di qualcuno che dipende in tutto da lui, che lo teme e per questo lo ammira, nonostante il suo disprezzo.

Dare la morte è perciò un atto di estremo autocompiacimento.

Sono interpretazioni, certo, ma il processo non è volto ad accertare se Stevanin abbia ucciso o meno: ha confessato i suoi crimini, e le prove a suo carico sono inattaccabili. Serve piuttosto a capire se abbia agito in piena coscienza o meno.

Se sia, insomma, sano di mente.

Lui, il serial killer, ha ben chiaro quale strategia percorrere: si presenta in aula con la testa rasata, mostrando l'enorme cicatrice lasciata dall'incidente che lo ha mandato in coma.

Per la difesa, i danni cerebrali e l'epilessia avrebbero compromesso le sue capacità intellettive.

L'accusa sostiene invece che l'uomo sia sempre stato lucido e cosciente: non ha ucciso senza ragione, ma ha tratto piacere da pratiche di sadismo estremo che sapeva avrebbero causato sofferenze e morte.

Il processo inizia davanti alla Corte d'Assise di Verona il 6 ottobre 1997, e si chiude nel giro di pochi mesi. Il 28 gennaio 1998 Stevanin viene condannato all'ergastolo con isolamento diurno per i primi tre anni di detenzione, oltre al pagamento delle spese processuali e di mantenimento in carcere.

Ma il processo di secondo grado, presso la Corte d'Assise d'Appello del tribunale di Venezia, ribalta la sentenza, ritenendolo incapace di intendere e di volere a causa dell'incidente.

Ha sì torturato, seviziato e ucciso, però lo ha fatto durante una crisi epilettica.

Con una logica quantomeno discutibile, la Corte di Venezia conferma invece le accuse di occultamento e vilipendio di cadavere.

Insomma, Stevanin ha adescato le sue vittime, le ha condotte nel suo rifugio per poi abusarne e ammazzarle durante un attacco epilettico; quindi si è, per così dire, «risvegliato», e davanti alle conseguenze di un gesto che non ricordava e nel quale non si riconosceva, si è disfatto dei cadaveri.

La condanna ora è a soli dieci anni, da trascorrere in un ospedale psichiatrico giudiziario.

Sano di mente

Il 14 luglio 1999 Stevanin, dopo poco meno di quattro anni passati nel carcere di Verona, viene perciò trasferito nell'ex manicomio criminale di Montelupo Fiorentino.

Ma ancora non è finita, perché l'anno successivo il procuratore generale di Venezia, Augusto Nepi, impugna la sentenza d'Appello.

La sua convinzione è che il verdetto non stia in piedi, con la contrapposizione fra uno Stevanin killer inconsapevole e uno Stevanin lucido squartatore.

Il 23 marzo 2001 un nuovo pronunciamento conferma quanto deciso nel primo grado: Stevanin è colpevole, e si merita l'ergastolo. Deve quindi lasciare l'ospedale psichiatrico e tornarsene in carcere.

L'ultima parola tocca alla Cassazione, che il 7 febbraio 2002 conferma la seconda sentenza d'Appello, ritenendo che l'approccio seguito dal giudice sia stato «coerente, logico e non presenti carenze o contraddizioni».

Dopo sette anni di colpi di scena, i giudici stabiliscono che Stevanin era perfettamente presente a sé stesso, in grado di preordinare e organizzare i crimini nei più piccoli dettagli.

Non ha agito da malato di mente.

È stato anzi capace di controllarsi, mantenendo un intervallo di tempo apprezzabile fra un delitto e l'altro, così come fra la sua ideazione e la sua realizzazione.

In questi spazi, stabilisce la Cassazione, Stevanin non solo ha consolidato e rafforzato i propri propositi, ma ha studiato le modalità più efficaci e predisposto i mezzi più funzionali ad attuare concretamente i suoi piani perversi.

Resta aperta la questione dell'odio, l'odio verso le donne.

Un sentimento nato dal rifiuto e dall'abbandono che il serial killer ha vissuto da bambino.

Della madre di Stevanin abbiamo detto.

Ma c'è un'altra storia che somiglia a quella del mostro di Terrazzo, una vicenda così famosa che le hanno dedicato un film di successo, e che parla di mamme anaffettive e dominanti e di figli cresciuti con grossi problemi.

Psycho

Tutti, o quasi, hanno visto *Psycho*, film del 1960 diretto da Alfred Hitchcock e tratto da un romanzo di Robert Bloch.

Norman Bates, il protagonista, è un giovane un po' strano, che gestisce un motel dove praticamente non si ferma nessuno.

Ha pure un'insolita passione per gli animali, che anziché allevare impaglia.

Norman ha una madre ingombrante, freudianamente «castrante», con cui deve fare i conti. Vivono soli, dopo la morte del signor Bates, e non potrebbe essere altrimenti, perché il loro non è un rapporto, ma una simbiosi.

E se per caso Norman incontra una ragazza, se per un momento lo sfiora l'ombra del desiderio, ci pensa la mamma a rimettere le cose a posto.

Eliminando «radicalmente» ogni interferenza.

Alla fine del film, dopo la scoperta che in realtà la signora Bates è morta da tempo, ed era il figlio a prendere il suo posto sdoppiandosi, Hitchcock fa parlare uno psichiatra.

Il quale, con tono pacato, spiega al pubblico che la donna, dopo aver perso il marito, si era innamorata di un uomo incontrato per caso. Ma Norman non poteva tollerare l'idea d'essere messo da parte, e allora li aveva avvelenati entrambi. Salvo poi, un paio di mesi dopo la sepoltura, travolto dal senso di colpa, andare a riprendersi il cadavere della mamma, e con le sue capacità di tassidermista, trasformarla in una mummia. Tuttavia non era bastato, e pian piano il giovane aveva cominciato a parlare come la donna, a vestirsi come lei, a dissociarsi in due personalità distinte.

C'era sempre un conflitto però, spiega lo psichiatra, un conflitto che gli ultimi delitti hanno risolto.

Adesso Norman è tranquillo.

O meglio, Norman non c'è più, perché nella sua testa, ormai, c'è spazio solo per la signora Bates.

Fantasia? Nemmeno un po'!

Perché la storia di *Psycho*, quella raccontata da Bloch e ripresa da Hitchcock, è successa davvero; precisamente a Plainfield, in Wisconsin, durante l'inverno del 1957, tre anni prima che Stevanin venisse al mondo.

La storia di Ed Gein

Ed Gein non piace alla gente. Soprattutto dopo che gli è morto il padre, poi il fratello in un incendio, e alla fine la madre. Se ne va in giro trascurato e sporco, e fa discorsi strani su donne e teste mozzate. Ma nessuno si preoccupa più di tanto.

Almeno fino a quel pomeriggio, quando Bernice Worden non riapre le porte del suo negozio, nel centro del paese. Al figlio, che poi è anche il vicesceriffo, la cosa sembra strana. Allora entra nell'emporio, e al posto della donna scorge una grande pozza di sangue sul pavimento. Gli viene subito in mente Ed, perché l'ha visto quella mattina. Hanno parlato di andare a caccia di cervi, e Gein gli ha detto che sarebbe ripassato dal negozio a prendersi una latta di antigelo per la sua auto.

Quando lo sceriffo e i suoi entrano nella casa di Ed, non possono nemmeno immaginare ciò che avrebbero trovato. Bernice, decapitata, sta agganciata a testa in giù alla trave della rimessa. E dappertutto macabri trofei fatti di pelle umana, organi, teste, resti scheletrizzati.

Una sola stanza è chiusa a chiave: la camera da letto della mamma. Al suo interno è tutto perfettamente pulito e ordinato.

Pian piano ne esce un racconto delirante; quello di un uomo che prima di uccidere almeno dieci volte, per anni ha scoperchiato tombe e recuperato cadaveri, scuoiandoli e assaggiandone le carni putrefatte.

Ai periti che cercano il movente dei suoi gesti risponde in modo sconcertante: «Mi piace smontare le cose. Per vedere come funzionano».

Confuso, ricorda solo due dei delitti commessi, e alla fine lo mandano in un manicomio criminale. Ci passa trentatré anni, da detenuto modello. Lo si può vedere in giro per i corridoi, con una radiolina a transistor sempre attaccata all'orecchio. E negli ultimi tempi, prima di morire, sembra non accorgersi nemmeno che è spenta.

Gerald Stano

Lo stesso amore malriposto nei confronti di una madre e lo stesso odio sadico nei confronti delle donne: lo Stevanin americano si chiama Gerald Stano, anzi, Paul Zeininger.

Nasce nel 1951 a Schenectady, una cittadina nello Stato di New York.

La donna che lo partorisce non è fatta per essere madre: sconvolta dall'aver dato la vita a una bambina cerebrolesa, si dedica morbosamente solo a lei, e decide di tenerla con sé dando in adozione i quattro figli maschi.

Gli operatori dei servizi sociali incaricati della pratica restano scioccati quando entrano a casa Zeininger: i bambini sono lasciati a sé stessi, senza cibo, tanto che in preda alla fame capita si nutrano delle loro stesse feci.

Il piccolo viene adottato da una coppia benestante della Florida, Eugene e Norma Stano, che gli offre un nuovo nome e una nuova vita.

Però al bambino non basta per cancellare l'odio che cova per la madre naturale, che presto si trasforma in odio indiscriminato nei confronti di tutte le donne.

Gerald è un ragazzino problematico, che continua a bagnare il letto, mente compulsivamente, lancia sassi dai cavalcavia.

A scuola va malissimo, tanto che si diploma a ventun anni.

Trova lavoro in una ditta informatica, ma viene licenziato perché colto a rubare ai colleghi. Mette incinta una ragazza mentalmente fragile, e ci pensano i genitori adottivi a pagare la clinica per l'aborto.

Anche la dinamica del suo arresto ricorda quella di Gianfranco Stevanin.

Il 25 marzo 1980 Stano abborda una prostituta, Donna Hensley, e se la porta in un motel. Tuttavia, una volta che i due sono in camera, scoppia una lite sulla natura delle prestazioni, che Donna non accetta. Davanti al rifiuto, Stano estrae un coltello e la colpisce una trentina di volte.

Anziché finirla, la lascia sanguinante e fugge.

Donna si trascina in strada e raggiunge un'auto della polizia. Fornisce agli agenti un identikit tanto fedele che Stano viene rapidamente individuato e arrestato.

Quello che succede dopo è veramente inquietante.

Freddo, senza ombra di pentimento, Stano non si limita ad ammettere l'aggressione, ma confessa di aver iniziato a uccidere non appena compiuti i diciott'anni, alla fine degli anni Sessanta.

Parla di donne ammazzate nel New Jersey, alcune in Pennsylvania, moltissime in Florida.

I poliziotti non credono alle loro orecchie.

Perché i racconti di Stano trovano riscontro nelle segnalazioni di ragazze scomparse, almeno di quelle sparite negli ultimi dieci anni, essendo difficile indagare sui casi più lontani nel tempo.

Stano viene incarcerato, e negli anni successivi all'arresto si dice responsabile di un numero sempre maggiore di omicidi, tanto che non si riesce più a distinguere dove finisca l'assassino e dove cominci il mitomane.

Ma che Stano sia un serial killer non c'è dubbio. Lo testimonia, per esempio, quel cadavere sconosciuto trovato nel 1974 in stato di decomposizione, faccia a terra in un argine. Neanche lui sa come si chiamava la vittima; ricorda solo che stava facendo l'autostop. Lui l'ha caricata in macchina, hanno discusso per le solite pretese sessuali, e l'ha accoltellata e gettata lì dov'era stata trovata, prima di andarsene sgommando.

Poi ci sono Nancy Jean Heard, un'altra autostoppista che nel 1975 Stano strangola in un impeto d'ira, salvo poi comporre il cadavere e decorarlo con rami incrociati sul petto; e Susan Basile, di soli dodici anni, che l'assassino fa salire sulla sua auto all'uscita da scuola per poi riservarle lo stesso trattamento, utilizzando dei rami di palma.

A Diana Lynn Valleck il killer spara a sangue freddo, prima di trascinarla in un campo abbandonato. La sedicenne Linda Ann Hamilton viene aggredita, annegata e poi seppellita sotto la sabbia di una spiaggia.

Susan Bickerst, invece, viene rapita mentre esce dallo studio di cosmesi dove lavora, strangolata e gettata in un torrente.

Bonnie Williams Hughes ha trentacinque anni ed è sorda dalla nascita. Stano la rimorchia in un bar, e insieme salgono sull'auto della donna. Dopo pochi minuti, quando Bonnie si rifiuta di cedere alle sue richieste, finisce ammazzata, il suo corpo abbandonato non lontano da uno svincolo autostradale.

La stessa fine tocca a Phoebe Winston, ventotto anni, e a Mary Kathleen Muldoon, ventitré.

Nell'inverno del 1979 Gerald Stano sembra non riuscire più a controllarsi: a dicembre uccide Dorothy Williams, diciassette anni. Il mese successivo rapisce in spiaggia la ventenne Mary Carol Maher, accoltellandola a morte.

L'ultimo cadavere di una vittima del killer viene alla luce nel novembre 1980, quando Stano è già in carcere da mesi.

Anche di lei, come della prima donna uccisa, ancora non conosciamo il nome.

Gerald Stano viene condannato a morte per l'omicidio di ventidue donne, in gran parte di età compresa fra i sedici e i venticinque anni. Si tratta solo dei casi accertati, perché gli investigatori sospettano abbia ucciso almeno quarantasette vittime.

Prima di salire sulla sedia elettrica, Gerald Stano si lancia nella sua ultima, inutile sceneggiata.

Se Stevanin ancora oggi sostiene di non ricordare nulla dei suoi crimini, Stano va oltre: lui con la morte di quelle donne non c'entra nulla: «Sono innocente. Ho solo avuto paura perché prima i poliziotti mi hanno trattenuto ingiustamente, mi hanno minacciato, mi hanno impedito di farmi difendere da un legale scelto da me. Ho confessato solo crimini che non ho commesso».

6
Michele Profeta

Il narcisismo maligno

È uno dei più famosi psicanalisti della storia, nato a Francoforte il 23 marzo 1900 da una famiglia di stretta osservanza ebraica.

Una mente brillante, e per l'epoca poco convenzionale, tanto che nel 1926 sposa la sua ex psicoterapeuta di undici anni più anziana.

Erich Fromm inizia la sua carriera a Berlino, ma l'avvento del nazismo lo costringe a trasferirsi prima a Ginevra e poi, nel 1934, negli Stati Uniti, dove scrive tutti i suoi libri, compreso *L'arte di amare*, un vero e proprio bestseller pubblicato nel 1956.

È lui a parlare per primo di narcisismo maligno, una miscela letale di tratti narcisistici, comportamenti antisociali, aggressività e sadismo.

Si tratta di un disturbo grave, per Fromm l'incarnazione del male assoluto, un concetto ripreso da Otto Kernberg, psichiatra e psicoanalista austriaco, anche lui sfuggito dalle persecuzioni per trovare rifugio in America nel 1939.

Quello del narcisista maligno, nella sua descrizione, è a metà tra un disturbo narcisistico e uno antisociale. Un mix che trova origine nel passato, con una madre o un padre insensibili, capaci solo di critiche e svalutazioni, contro i quali il bimbo inizia a covare rabbia, poi un odio sconfinato.

Un odio che da adulto proietta inconsciamente su tutti quelli che identifica con il genitore distruttivo. Non raramente sul mondo intero.

Si passa così dal rancore per la sensazione di un torto subito alle aspettative di risarcimento, in assenza del quale scatta automatica la vendetta.

In tempi più recenti si è affermata una nuova idea del narcisismo maligno, che lo associa al machiavellismo e alla psicopatia per formare la cosiddetta «triade oscura».

Certo, gli aspetti si possono trovare anche isolati, ma spesso coesistono e si sovrappongono, uniti da uno stile di comunicazione insensibile e manipolativo.

Il narcisista maligno trae soddisfazione dal mentire e piacere dal causare sofferenza; non tollera chi non concorda con le sue opinioni; d'altro canto è difficile che manifesti stima per qualcuno che non sia sé stesso.

Quello del disturbo narcisistico maligno è un problema serio, perché nonostante sia diffuso, è difficile che arrivi nello studio di un medico o di uno psicologo.

Capita soltanto quando i suoi meccanismi di difesa, per un qualche fatto della vita, non sono più efficaci, quando non gli basta più dare la colpa agli altri per coprire tutte le proprie mancanze.

Può allora cadere in una fase depressiva, da cui riemerge con una rabbia e un odio ancor più grandi.

Proprio come è accaduto nel 2001 a Padova, a un serial killer soprannominato, non a caso, «il professore».

Morte nel taxi

Padova, 29 gennaio 2001.

Pierpaolo Lissandron, di mestiere tassista, è quasi arrivato alla fine del turno. La sua è una vita tranquilla, dopo la separazione dalla moglie con la quale ha trovato un accordo sui due figli piccoli, ai quali è molto affezionato.

Per il resto, c'è il lavoro, gli amici; nessun lato oscuro o vizio segreto.

Intanto, un uomo cammina per le strade della città su cui è calato il buio. Sono quasi le otto di sera. Aveva voglia di prendere aria, di sgranchirsi le gambe, ma senza rendersene conto è arrivato fino alla stazione, e ora è troppo stanco per tornarsene a piedi. Chiama il Radiotaxi e gli rispondono che non c'è problema: in pochi minuti arriverà un'auto a prenderlo.

La riconoscerà dalla sigla, PISA 14.

Quella di Pierpaolo Lissandron.

Il cliente, un uomo con la barbetta e gli occhialini da professore, monta sul sedile posteriore e chiede d'essere portato in via Malaman, una strada del centro, a pochi passi da Prato della Valle.

Mentre guida, Lissandron pensa che di lì a poco, finita la corsa, potrà finalmente tornare a casa a rilassarsi.

È un istante. Giusto il tempo di accostare che sulla nuca sente appoggiarsi qualcosa di freddo, la canna di una pistola, una vecchia Iver Johnson calibro 32.

Nessuno sente il rumore dello sparo, nessuno nota l'auto che sbanda e lentamente si ferma contromano.

Le strade sono deserte.

Il cliente – l'assassino – apre la portiera e se ne va indisturbato, inghiottito dal buio.

È una donna che abita lì vicino a notare quel taxi fermo da troppo tempo, e coi fari accesi. Si avvicina e vede il guidatore accasciato sul volante. Chiama il 113, e nel giro di pochi minuti arrivano l'ambulanza e gli agenti della polizia.

Lissandron ha un piccolo foro sulla nuca e tanto sangue tutto intorno, però gli infermieri si accorgono che respira ancora. Tentano di rianimarlo mentre sfrecciano per le vie di Padova, diretti all'ospedale, ma è tutto inutile.

Chi poteva avere un motivo per uccidere Pierpaolo Lissandron, a sangue freddo, in una gelida sera di gennaio?

Gli inquirenti prendono in considerazione due ipotesi. La prima è quella della vendetta, tuttavia nella vita della vittima non emerge nulla.

Anche la pista della rapina non regge, e per un motivo molto semplice: l'assassino non ha portato via niente.

Nel vano portaoggetti che separa i sedili anteriori c'è ancora il portafoglio di Lissandron: gli agenti lo aprono e scoprono che dentro ci sono 400.000 lire in contanti, l'intero incasso della giornata.

La scientifica, poi, non trova tracce dello sparo, neanche un bossolo. L'unico altro oggetto nell'abitacolo è un ombrello, che appartiene allo stesso Lissandron.

I sedili sono imbrattati di sangue, ma non c'è segno di lotta, e conficcata nel cranio il medico legale trova una pallottola scamiciata, non rivestita da metallo, e per questo capace di deformarsi, lacerando i tessuti che attraversa.

Lissandron è morto così, un colpo sparato a bruciapelo alla testa da un insospettabile cliente.

La voce amica

«Non ho provato nulla»: con queste parole agghiaccianti Michele Profeta, il killer di Pierpaolo Lissandron, racconta l'esecuzione a sangue freddo.

Quando sale sul taxi non ha nessuna intenzione di compiere un delitto. Tuttavia, durante la corsa una voce gli dice che il tassista è quello giusto, l'uomo da sacrificare al dio del bene.

La voce, femminile, è calma e carezzevole.

Lo prende un senso d'angoscia davanti a una prova che non sa se sarà in grado di superare.

Dopo che il taxi si ferma, Profeta aspetta un momento a scendere.

Pierpaolo non lo saprà mai, ma quella pausa sarà per lui decisiva: infatti è proprio questo l'istante in cui la voce, quella che Profeta chiamerà in seguito «la voce amica», si fa sentire nuovamente e gli dice di puntare la pistola alla nuca della vittima, per non farla soffrire.

Profeta ubbidisce e fa fuoco.

A volte capita di avvertire una voce interiore che ci spinge all'azione, oppure che ci trattiene davanti a scelte importanti. La troviamo naturale, la riconosciamo come riconosciamo i nostri pensieri, sapendo che fa parte di noi.

Altra cosa è quella che Michele Profeta presenta a chi lo interroga, e che si chiama allucinazione; all'assassino sembra che arrivi da qualche parte fuori da sé, e aggiunge: «È come se fossi stato in preda al male, in preda a un'entità che si era imposta e guidava il mio corpo e le mie azioni. I miei pensieri procedevano senza la mia partecipazione, come se qualcosa scorresse su di me».

Agli investigatori che vogliono capirci meglio, Profeta racconta che la prima volta che ha sentito la voce è stato un paio di mesi prima.

È in macchina, posteggiato lungo un viale di Marghera. Sta sistemando delle schede per il lavoro quando qualcuno lo chiama: «Michele! Michele!».

Profeta posa la penna e le schede e si guarda attorno, ma non vede nessuno. Però ha riconosciuto la voce: è quella della sua madrina, e sa che non lo abbandonerà più.

La donna gli parla di morte, redenzione e peccato.

Gli dice che il peccato l'hanno inventato gli uomini per giustificare la sofferenza, per avere quantomeno un motivo per i propri patimenti. A lui è stato assegnato il compito di punirli, e per farlo deve compiere dei sacrifici.

Almeno uno per il dio del bene, e un altro per il dio del male.

Solo così potrà salvarsi dalla rovina.

«Non avrei più dovuto temere niente né preoccuparmi di nulla» conclude Profeta. «Tutto sarebbe andato per il verso giusto.»

Lettera allo Stato

> Questo è un ricatto. Vogliamo 12 miliardi, altrimenti uccideremo delle persone a caso in qualsiasi città. Sarà un bagno di sangue. Dovete pubblicare questa inserzione sul «Corriere della Sera»: offresi tornitore specializzato 12 anni di esperienza e un numero di cellulare, entro il 15 gennaio 2001. Se non ubbidirete, dopo le prime uccisioni manderemo copia alle TV e ai giornali, e magari a qualcuno verrà voglia di imitarci. Scateneremo il terrore.

Ecco il testo della lettera recapitata alla Questura di Milano ai primi di gennaio 2001. Non c'è da preoccuparsi più di tanto; capita che la polizia riceva lettere di minacce più o meno farneticanti.

Il 1° febbraio arriva però un secondo messaggio, sempre scritto con il normografo e spedito il giorno prima.

Chi l'ha composto ha messo tanti riferimenti all'omicidio Lissandron da convincere i poliziotti che l'anonimo autore della minaccia sia davvero l'assassino.

Che, ribadisce, se non gli saranno versati dodici miliardi, continuerà a uccidere.

Dodici miliardi per un ricatto!

Una cifra enorme, tuttavia si tratta di una scelta calcolata, perché in realtà al killer i soldi non interessano. Quello di cui invece ha bisogno è soddisfare il suo narcisismo, il senso di grandiosità e onnipotenza.

Chiedere una somma spropositata, proporre accordi irricevibili permette di mantenere il controllo, di far sì che tutti, vittime potenziali e inquirenti frustrati, gli ruotino attorno.

Anzi, a dire il vero quei soldi non li vuole: se qualcuno pagasse per il ricatto il gioco finirebbe, e lui dovrebbe arrendersi alla realtà.

In ogni caso, Procura e Squadra Mobile di Milano fanno pubblicare l'annuncio sulle pagine del «Corriere», con tanto di numero di cellulare.

Ma nessuno chiama.

L'assassino sta giocando col tempo.

In effetti, sta giocando anche coi numeri, perché il dodici rappresenta la capacità di superare gli ostacoli. È il numero della trasformazione che si accompagna alla completezza: dodici sono i mesi dell'anno e i segni zodiacali, dodici sono le tribù di Israele tramandate nell'Antico Testamento, dodici i discepoli di Gesù.

È composto dall'uno e dal due, a indicare l'unità nella diversità. È un numero sacro.

E dodici giorni dopo l'omicidio Lissandron, Padova viene nuovamente scossa dall'orrore: viene trovato un altro corpo senza vita, quello di un agente immobiliare.

Lo stesso giorno, sullo schermo di un cellulare, quello il cui numero era stato pubblicato sul «Corriere», compare un SMS.

Il testo del messaggio è brevissimo.

C'è scritto solo: 12.

L'agente immobiliare

All'inizio di gennaio Leonardo Carraro, agente immobiliare, riceve la telefonata di un potenziale cliente, che si presenta come il signor Pertini e dice di cercare casa nella periferia di Padova.

All'appuntamento l'immobiliarista arriva in ritardo, e si scusa porgendo la mano al cliente, che la stringe senza togliersi i guanti.

Un piccolo sgarbo che infastidisce Carraro; in realtà è tutto il comportamento dell'uomo a sembrargli strano. Come la richiesta di non alzare le tapparelle, nonostante la scarsa illuminazione dell'appartamento.

In ogni caso, l'agente gli fissa un secondo appuntamento per visitare un'altra casa, qualche giorno dopo.

Anche questa volta ciò che vede lo lascia perplesso: appena entrato, il silenzioso Pertini si dirige verso la cucina, misura la lunghezza di un tubo del gas e poi dice che può bastare, che la proposta non gli interessa e che possono andare via.

Così, quando lo strambo cliente lo interpella per la terza volta, Carraro decide di presentarsi con un amico.

Sarà l'ultima volta che si incontreranno.

L'8 febbraio, infatti, il signor Pertini decide di rivolgersi altrove. Da un telefono pubblico dell'ospedale di Noventa Vicentina, con una scheda telefonica prepagata, chiama un nuovo agente immobiliare: Walter Boscolo.

Come Lissandron, anche Boscolo conduce una vita tranquilla.

Ha trentotto anni, è fidanzato con Raffaella, con cui pensa presto di sposarsi, ed è titolare dell'agenzia in cui lavora.

La sera di sabato 10 febbraio Boscolo ha un appuntamento con la sua ragazza, al quale non si presenta. Lei lo aspetta, poi lo chiama al cellulare, sempre più preoccupata.

Il telefono squilla a vuoto per tutta la notte.

Forse Walter si è sentito male in una delle case deserte da mostrare ai clienti, o è rimasto intrappolato in ascensore.

Raffaella recupera allora la sua agenda e ci trova scritto: «Ore 12.30, via San Francesco 173, signor Pertini».

La casa è in centro.

Corre, trova l'auto del fidanzato, tocca il cofano e sente che il motore è freddo. Sale di corsa al piano dell'appartamento, suona il campanello senza avere risposta, ma dal buco della serratura scopre che all'interno la luce è accesa.

Allora chiama i carabinieri e i vigili del fuoco.

Il cadavere di Walter Boscolo è disteso a terra, a faccia in giù, fra l'angolo cottura e il soggiorno. A ucciderlo tre colpi in testa, anche questa volta, dirà la scientifica, sparati con una Iver Johnson calibro 32.

Su un tavolino rotondo, di fianco al corpo senza vita, ci sono una busta e due carte da gioco: un re di quadri e un re di cuori.

Come nell'omicidio Lissandron, nessuna traccia di colluttazione. Come nel delitto del taxi, nessuno ha sentito nulla.

Nella busta c'è un breve messaggio scritto con un normografo: «Anche questa non è una rapina. Contattate il questore di Milano».

Il signor Pertini, ovviamente, è Michele Profeta, ed è la sua «voce amica» che gli ha detto di prendere contatto con un agente immobiliare. Non l'ha sentita quando, per due volte, si è trovato solo con Carraro; per questo ha chiuso in fretta l'incontro.

Walter Boscolo non ha avuto la stessa fortuna.

Il killer si presenta puntuale all'appuntamento del sabato mattina. Walter gli fa strada lungo le scale, apre la porta d'ingresso e accende la luce, ma non fa in tempo a scostare le persiane.

Il sedicente signor Pertini è tranquillo, perfettamente padrone di sé. Sa che deve solo attendere istruzioni. E le istruzioni, stavolta, arrivano. La voce amica gli dice che la vittima prescelta è quel giovane agente immobiliare, che lo precede senza sospettare di nulla: «È lui, devi immolarlo».

L'assassino ordina a Boscolo di inginocchiarsi sul pavimento, gli punta il revolver alla testa e spara tre colpi.

Poi, così come è apparso, si allontana scomparendo nel nulla.

È lo stesso Profeta a rivendicare gli omicidi, con le sue lettere di ricatto, ed è chiaro agli inquirenti che non abbia alcuna intenzione di fermarsi.

Padova vive nel terrore che per le sue strade, nei suoi quartieri, si aggiri silenzioso e letale un assassino seriale.

Anche perché in quei giorni si consuma un altro terribile delitto.

La vittima è il professor Luigi Pasimeni, stimato docente universitario.

Chi l'ha ucciso lo ha prima percosso brutalmente, e poi ha tentato di dar fuoco al suo cadavere: un modus operandi ben diverso da quello del killer delle carte da gioco.

Bastano infatti pochi giorni di indagini per scoprire che l'assassino è il figlio Paolo, da tempo in aspro conflitto con il padre.

L'unica traccia che il serial killer lascia è una lunga telefonata fatta dall'ospedale di Noventa Vicentina, subito dopo aver chiamato Walter Boscolo dalla stessa cabina.

Una telefonata diretta a Palermo.

Il professore

I giornali lo chiameranno «il professore», per l'aspetto mite e i modi distinti. Ma Profeta si vede più come un John Wayne.

Lo dichiara lui stesso, quando gli chiedono del ricatto alla Questura di Milano.

«Perché non mettere un po' di strizza allo Stato?» si chiede.

Lo Stato che, a suo dire, lo ha sempre trattato ingiustamente.

«Avrei voluto essere un John Wayne.»

La sua storia, in realtà, è ben poco eroica.

Michele Profeta nasce il 3 ottobre 1947 in una famiglia della media borghesia di Palermo.

È un bimbo e poi un ragazzo tranquillo, e le uniche emozioni forti gli arrivano dalla vita sentimentale.

Si innamora di Concetta, ma sua madre si oppone alla loro storia, facendola naufragare; un episodio che porta Michele a convincersi che lei lo ami meno di quanto ama suo fratello.

Non si lamenta, non reagisce, tuttavia inizia a covare un risentimento che non lo abbandonerà più.

Terminato il liceo classico si iscrive a Giurisprudenza, però smette presto di studiare, anche perché si sposa con Adriana, e prima dei trent'anni è già padre di due figli.

Ora c'è bisogno di portare a casa uno stipendio, e Profeta trova lavoro in un'agenzia immobiliare. Sogna di riscattarsi intraprendendo la carriera militare, ma in realtà non fa nulla di concreto per provarci.

La sua è una vita ordinaria, anzi banale.

Anche la storia con Adriana si conclude, e la donna gli impedisce perfino di vedere i figli, al punto che, quando anni dopo ne incontra uno e lo saluta, il ragazzino gli risponde che lui non parla con gli sconosciuti.

Nel frattempo, però, Michele ha realizzato un sogno: quello di stare con Concetta. Si sono incontrati di nuovo, hanno capito d'essere ancora innamorati e sono andati a vivere insieme.

Com'è successo col primo matrimonio, l'unione viene benedetta da due figli maschi.

Stavolta, però, Profeta vuole che le cose vadano bene, e perché accada decide di far carriera e diventare un uomo di successo.

Così si mette in proprio e apre un'agenzia immobiliare.

Gli piacciono gli abiti firmati, le macchine e le moto di lusso, ci tiene a dare di sé un'immagine grandiosa.

I soldi gli scivolano dalle mani con gran facilità, e per mantenere il suo stile di vita inizia a firmare assegni a vuoto; finché una società di tassisti, cui ha sottratto i soldi di una sponsorizzazione mai avvenuta, non lo denuncia per truffa.

Inizia così la parte rocambolesca della storia di Michele Profeta.

Si mette a lavorare come promotore finanziario, eppure i conti non tornano: è costretto a chiedere denaro, prima a una zia e poi agli strozzini, somme sempre più grandi che non è in grado di restituire.

Allora decide di giocarsi il tutto per tutto: va via dalla Sicilia, nel 1996, per iniziare una nuova vita lontano, in Veneto. Non del tutto nuova, a dire la verità, perché porta con sé Concetta e i figli, ma pure Antonella, la segretaria conosciuta di recente con cui ha iniziato una relazione.

Profeta si divide così fra due donne e due case.

A Mestre vive con Antonella, con cui passa gran parte della settimana, accampando impegni di lavoro per sparire nel weekend.

A Adria vive con Concetta e i figli, però solo durante il fine settimana, perché negli altri giorni, dice, non può allontanarsi da Padova.

Per anni conduce una doppia vita, dividendosi tra due famiglie, ciascuna ignara dell'altra.

I guai arrivano quando si accorge che i soldi, già pochi per sostenere una famiglia, non bastano per mantenerne due.

Tuttavia, anziché riflettere sui propri errori si sente perseguitato dall'ingiustizia: la sua unica colpa, ma tale non pensa che sia, è di avere tanto amato e tanto lavorato.

Non ci fosse stata quella maledetta denuncia dei tassisti per l'assegno a vuoto...

Ecco, tutto è cominciato da lì!

Fino all'età di cinquantatré anni Michele Profeta non ha mai fatto male a una mosca.

All'inizio di gennaio 2001 scrive la prima lettera anonima, chiedendo allo Stato dodici miliardi di lire. Altrimenti, minaccia, farà una strage.

È arrivato il momento in cui il mite promotore finanziario, bersaglio della sopraffazione e del tradimento, si trasforma in un John Wayne alla ricerca della giusta vendetta.

Di lì a pochi giorni ammazza a sangue freddo Pierpaolo Lissandron, tassista, quindi Walter Boscolo, agente immobiliare.

L'arresto

La telefonata da un apparecchio di Noventa Vicentina, utilizzando una carta prepagata, è il primo indizio da cui partono gli investigatori.

Dopo aver chiamato Boscolo, il killer ha infatti parlato con un'utenza siciliana, ed è probabile che appartenga a un conoscente più o meno stretto.

C'è poi l'uomo che la «voce amica» ha risparmiato, l'immobiliarista Leonardo Carraro. Lui ha incontrato il signor Pertini per ben tre volte, lo ha guardato in faccia, gli ha stretto la mano e lo ha preso in antipatia, probabilmente ricambiato.

È proprio Carraro a riconoscere nella foto di Michele Profeta l'uomo che si è spacciato per un possibile cliente.

Il cerchio sta per chiudersi.

Al numero siciliano risponde il fratello, e dall'identità di Profeta si risale alla sua auto, trovata in via Carducci, non troppo distante da via Malaman, dove si è consumato l'assassinio del tassista.

Profeta in quei giorni si arrangia, occupandosi di piccole commissioni per conto di un'azienda del tutto ignara del suo lato oscuro.

Alle 18.30 del 16 febbraio 2001 esce dagli uffici e si dirige verso la sua macchina. Gli agenti lo tallonano e, non appena raggiunge la vettura, lo affiancano e lo catturano.

Profeta non si scompone.

Impassibile, con l'aria distinta che lo caratterizza, dice che si tratta certamente di un errore.

Lui un assassino?

Lui capace di uccidere a sangue freddo due uomini?

Non scherziamo!

Gli agenti lo bloccano e iniziano a perquisire l'auto.

C'è della carta da lettere simile a quella trovata nella busta di fianco al cadavere di Boscolo, ma Profeta ha gioco facile nel ribadire che si tratta di una coincidenza.

Quanto al normografo, lo usa abitualmente per scrivere inserzioni per le ditte con cui collabora.

I ritagli di giornale sulle uccisioni di Lissandron e di Boscolo? Curiosità, forse un po' morbosa.

La pistola, una Iver Johnson calibro 32?

Be', non deve certo spiegare ai poliziotti quanto le strade di una città possano essere pericolose. Soprattutto di notte.

Ha una scusa per tutto, fino a quando, fra le pagine della sua agenda, gli agenti trovano una carta da gioco.

Un re di fiori, destinato alla prossima vittima.

«Le coincidenze che ci sembrano inspiegabili, anche per fatti banali, possono apparire incredibili» dice Profeta con le manette ai polsi. «Io non sono colpevole e lo divento da un momento all'altro. Lasciamo stare, la vita è fatta così.»

In realtà, non si tratta di coincidenze ma di prove, prove schiaccianti: la testimonianza di Carraro è inoppugnabile. Le tracce balistiche sono tutte contro di lui.

Il killer era dunque pronto a colpire ancora, tuttavia la sua sorpresa al momento dell'arresto è paradossalmente sincera.

È la reazione del narcisista preso in contropiede, quando scopre all'improvviso che si è illuso, che non ha tutti nelle sue mani, che il mondo non gira intorno a lui, ai suoi ricatti, alle lettere anonime, alle carte da gioco.

Il Michele Profeta che esce dall'ufficio per non tornare mai più libero è un uomo sicuro di sé, convinto d'essere dotato di un'intelligenza superiore che lo rende invisibile e inarrestabile.

Non bastasse, sente di essere dalla parte del giusto, e di agire in base a una morale che la «voce amica» gli detta.

Ma a giustificare la sorpresa del killer c'è anche un meccanismo che si chiama «scissione», grazie al quale Michele Profeta vive due realtà distinte, abita due personaggi diversi, ciascuno con il proprio carattere: al Profeta mite padre di famiglia non piace la crudeltà del Profeta assassino, e il Profeta assassino detesta la debolezza che ha portato il Profeta padre di famiglia nel vicolo cieco di una vita di fallimenti e frustrazioni.

Testimoni privilegiate della scissione sono le sue donne.

Non solo per via delle due famiglie e delle due vite parallele, ma perché entrambe, nel corso del processo, non possono che parlare dei modi impeccabili, tolleranti e gentili con cui si è sempre comportato con loro.

Concetta, che lo conosce da trentasette anni, dichiara piangendo che è impossibile, che ci dev'essere un errore: non può essere un assassino l'uomo con cui non ha mai litigato, che nemmeno ha mai alzato la voce con lei.

Anche per questo, quando gli inquirenti lo inchiodano alle sue responsabilità, Profeta si sente nuovamente vittima di una palese ingiustizia.

La sua epopea di giustiziere alla John Wayne termina così.

Processo e morte

«Il vero serial killer è ancora in libertà, e io ne avrei paura» dichiara Profeta alla stampa quando sta per essere portato in aula.

Ribadisce di non aver mai sparato a un uomo.

Ammette di avere una pistola, con la quale però ha tutt'al più mirato a qualche cane di passaggio.

Il processo gli appare come una disavventura.

Nella vita possono capitare tante cose storte, dice, e l'accusa d'essere un criminale è una di queste; ma, aggiunge, per lui non è la prima cosa che va storta.

Sconfortato, privo della sua corazza narcisistica, convinto come sempre d'essere una vittima del sistema, Profeta esaspera i propri avvocati difensori, li contesta, revoca loro il mandato nominandone altri, che alla fine lo convincono a incontrare uno psichiatra.

Se fino ad allora ha sempre negato, all'improvviso, durante uno dei colloqui con lo specialista, Profeta cambia strategia e confessa gli omicidi.

Ma quando si trova davanti al consulente dell'accusa ritratta tutto, sostenendo d'essere stato frainteso.

Il fatto non scoraggia i difensori, che depositano la perizia del loro esperto, dove si legge che Michele Profeta non è il classico serial killer, piuttosto «presenta delle modalità liturgiche interpretate come parte di un pensiero non coerente con la logica razionale, bensì con quella magica».

La sua mente sarebbe dominata da elementi che si collocano al di fuori della sfera della normalità, e che lui ammanta di toni metafisici o parareligiosi, sotto la cui spinta ha agito.

E se invece avesse dimenticato tutto?

Se avesse davvero agito senza averne consapevolezza, per poi cancellare l'accaduto?

È Profeta stesso a respingere l'ipotesi.

Azioni del genere, sostiene, sono impossibili da dimenticare.

Un nuovo colpo di scena avviene l'8 maggio 2002: davanti alla Corte d'Assise di Padova, Profeta confessa gli omicidi. I suoi avvocati, spiazzati, a questo punto chiedono una nuova perizia psichiatrica.

I giudici, però, non la concedono, stanchi degli atteggiamenti del serial killer, che per loro non presenta alcun sintomo di una grave malattia ma, al contrario, una lucida volontà di simulare.

Michele Profeta viene condannato all'ergastolo, sentenza confermata in Appello e poi, nel maggio 2004, in Cassazione.

In carcere, Profeta si pente; riflette su ciò che ha fatto e ammette con sé stesso d'aver compiuto dei reati tremendi.

Collabora, parla in modo lucido, torna la persona mite e disponibile che tutti conoscevano e che le sue donne amavano.

È allora che comprende la vera natura della «voce amica»: non si è trattato di un'allucinazione, della sua madrina pronta a dargli istruzioni su come e quando scegliere e uccidere le sue vittime.

Nel memoriale che scrive nella sua cella ammette che quella era la voce del maligno. Non era però una voce vera, ma la tentazione presente nella parte più oscura degli uomini, a cui ha scelto di dare ascolto. Perché, dice, «il male è sempre in agguato, e non bisogna mai deviare dalla retta via indicata dal Signore».

Nella sua vita non ha seguito la retta via.

La sua è stata una storia di rabbia, di illusioni perdute, di tradimenti subiti, di frustrazioni accumulate per decenni che l'hanno portato a odiare il mondo, e a rivalersi uccidendo vittime innocenti.

Ora se ne rende conto, eppure la consapevolezza non gli dona serenità.

Decide di mettersi a studiare, iscrivendosi alla facoltà di Lettere e Filosofia, ma il futuro lo terrorizza.

Quando gli chiedono come se lo immagini, sente il cuore battere forte e risponde che lui il futuro non lo vede, si rifiuta, non ci vuole pensare, assolutamente.

L'estate del 2004 è davvero torrida.

Il 16 luglio Profeta deve sostenere il suo primo esame, Storia della Filosofia, col professor Davide Bigalli, ordinario all'Università Statale di Milano.

Per questo lascia provvisoriamente il carcere di Voghera per San Vittore, dove il docente lo aspetta.

Profeta ha studiato, e tutto sta andando per il meglio.

Fino a quando il professore non gli chiede d'essere più preciso, e lui si blocca. Cerca di fare mente locale, socchiude gli occhi come per concentrarsi e ricordare.

Il silenzio si prolunga, ma il professore non ha fretta davanti a quello studente maturo e tristemente celebre.

Poi, d'un tratto, Profeta reclina il capo all'indietro e smette di respirare.

Il killer muore così, d'infarto, al primo esame della sua nuova vita.

Sempre sulle pagine del suo memoriale scriverà una citazione di Oscar Wilde:

> Il mondo è lo stesso per tutti noi. Bene e male, peccato e innocenza, lo attraversano tenendosi per mano. Chiudere gli occhi davanti a metà della vita, per poter vivere in tranquillità, è come accecarsi per poter camminare con maggior sicurezza in una landa disseminata di burroni e precipizi.

Un precipizio nel quale Michele Profeta è tragicamente caduto.

E se la polizia non lo avesse fermato, avrebbe continuato a mietere vittime, di dodici giorni in dodici giorni, arrivando almeno a quattro.

Tante quanti i re in un mazzo di carte.

7
Odiare la fragilità

Gli angeli della morte

Ma come può accadere che un medico o un infermiere arrivino a uccidere i propri pazienti, uomini e donne che hanno messo la propria vita nelle loro mani?

Purtroppo queste persone esistono e si chiamano «angeli della morte», anche se in loro non c'è proprio nulla di celeste.

Criminologi e psichiatri li hanno studiati, scoprendo che possono essere distinti in base al movente.

Anzitutto, c'è chi uccide per un guadagno economico: succede quando il paziente è una fonte di reddito ormai esaurita, e che perciò va eliminata; o quando c'è la possibilità di una ricompensa da parte di un erede, o di una tangente pagata da un'agenzia di pompe funebri.

Qualcun altro agisce per un senso di onnipotenza: curare le persone permette di esercitare un controllo totale sulla loro vita, e quindi sulla loro morte.

Ci sono però anche quelli che lo fanno a fin di bene, o almeno così dicono. Sacerdoti dell'eutanasia, intervengono nel momento in cui un paziente non risponde alle cure e soffre sempre di più. Agiscono per abbreviarne l'agonia, ma procedono senza averne il consenso, e in loro la pietà è solo una maschera del sadismo.

Non hanno bisogno di alcun travestimento gli psicopatici, persone per lo più dotate di grande fascino e sempre abili a manipolare gli altri, che si spingono all'estremo per il solo piacere che provano nell'uccidere.

Gli eroi malvagi, invece, sono capaci di mandare in coma un paziente per creare una situazione di allarme, intervenire subito e prendersene così il merito. Quando il trucco sfugge di mano e qualcuno muore, poco importa: lo considerano come un danno collaterale nel loro progetto narcisistico.

E, infine, una buona percentuale di angeli della morte agisce sulla spinta dell'odio. Tengono in scarsa considerazione il genere umano e lo reputano degno di scomparire dalla faccia della Terra.

Si sentono in difetto, perciò decidono di acquistare valore aggredendo gli altri. E per colpirli devono avere la loro vita nelle mani, sapere che dipendono dalle proprie cure per poi negargliele, o provocarne direttamente la morte con cocktail letali di farmaci.

Se odiano i pazienti, è perché odiano sé stessi.

Odiano i bambini inadeguati che sono stati, odiano il modo in cui si sono sentiti quando gli altri li guardavano giudicandoli.

Ora sono proprio gli altri a dover chiedere il loro aiuto.

E allora si vendicano.

Odio per odio.

Lucy Letby: la killer dei neonati

Giugno 2015, ospedale di Chester, Nord dell'Inghilterra.

Una donna dà alla luce due gemelli, un maschietto e una femminuccia, con un parto cesareo alla trentunesima settimana.

Appena nato, il piccolo viene trasferito in terapia intensiva, dove si stabilizza rapidamente, ma per prudenza si decide di tenerlo ancora qualche giorno in osservazione.

Sono le 19.30 dell'8 giugno quando Lucy dà il cambio ai colleghi; ha già una buona esperienza con i prematuri, perché sono tre anni che lavora nel reparto di neonatologia.

Meno di un'ora dopo, l'infermiera chiama il medico di guardia, preoccupata per le condizioni del neonato.

Il bimbo non risponde, sul suo corpo compaiono piccole macchie scure, e nonostante i tentativi di rianimarlo, il suo cuore smette di battere alle 20.58.

Una tragedia, ma ancora nessuno sa che a causare la morte è stata un'iniezione d'aria, e che la responsabile è proprio Lucy Letby.

È appena passata la mezzanotte del 10 giugno quando anche la gemella inizia a star male.

I medici accorrono, vedono alcune chiazze sul corpo della piccola, notano che fatica a respirare, però questa volta riescono miracolosamente a salvarla.

Anche quella notte è di turno l'infermiera Lucy Letby.

Passano tre giorni.

Da un paio di settimane nel reparto di neonatologia è ricoverato un bimbo prematuro; pesa solo ottocento grammi, tuttavia i medici sono fiduciosi.

Eppure, poco prima della mezzanotte del 13 giugno, il bambino va in crisi respiratoria.

Improvvisamente.

Misteriosamente.

Questa volta Lucy non è di servizio, perché impegnata in un'altra divisione, eppure qualcuno si accorge che è presente quando il piccolo si aggrava.

È l'inizio di una serie impressionante, che continua con una neonata che muore la notte fra il 21 e il 22 giugno.

La quinta vittima viene a mancare all'inizio di agosto. Anche il gemello sembra non stare bene, e nel sangue gli trovano livelli inspiegabili di insulina.

Fatta la diagnosi di shock ipoglicemico, pur a fatica, i medici riescono a salvarlo.

Poi è la volta di un neonato prematuro che pesa sì e no mezzo chilo, e che Lucy tenta di uccidere somministrandogli una dose eccessiva di latte tramite il sondino nasogastrico.

La storia prosegue con una macabra e spietata puntualità fino al giugno 2016, quando, ancora una volta, un neonato in condizioni stabili va in crisi respiratoria.

Ci vuole quasi un anno prima che i sospetti cadano su Lucy Letby, e sono tali da sospenderla subito dal servizio, con il risultato che le crisi cessano immediatamente.

Dopo le indagini, l'infermiera viene accusata di sette omicidi e dieci tentati omicidi di neonati, in gran parte prematuri.

Delitti premeditati con lucidità, trafugando documenti contenuti nelle cartelle cliniche, nell'ingenuo tentativo di occultare le prove dei suoi interventi.

Nel corso del processo emergono altre due morti sospette, avvenute durante il suo tirocinio a Liverpool, ma probabilmente le vittime sono molte di più.

Purtroppo il tempo trascorso rende impossibile stabilirlo.

Quel che è certo è che nessuno avrebbe potuto immaginare che dietro quell'infermiera dall'aspetto insignificante, coi lunghi capelli biondi a incorniciare il pallido ovale del viso, si nascondesse una spietata serial killer.

Venticinque anni, figlia della piccola borghesia, sin da bambina aveva espresso il desiderio di diventare un'infermiera.

Per essere, particolare inquietante, come la donna che si è occupata di lei quando è nata.

Nata prematura.

Nell'agosto 2023, Lucy Letby viene condannata all'ergastolo.

Leonardo Cazzaniga: la «buona» morte

Nel 2015, pochi mesi prima che Lucy Letby faccia la sua prima vittima, l'Italia è scossa da un incredibile caso di cronaca: l'arresto di un medico sessantenne accusato di aver ucciso quattro anziani pazienti.

Lui si chiama Leonardo Cazzaniga, e prima d'essere portato in carcere fa una richiesta particolare: chiede di passare per l'ultima volta in ospedale, perché nel suo armadietto c'è un libro di filosofia che ha trovato interessante, e vuole portarlo con sé per finire di leggerlo.

Come se non fosse accaduto nulla.

Gli omicidi avvengono nell'arco di poche settimane, fra il febbraio e l'aprile 2013.

Il metodo usato è sempre lo stesso: un mix letale di farmaci iniettato in vena, composto da analgesici, sedativi e anestetici. Quanto alle vittime, condividono tutte due caratteristiche: sono anziane e sono gravemente malate.

Ad avviare le indagini è la denuncia di un'infermiera che ha sentito degli strani discorsi mentre era in servizio all'ospedale di Saronno, in provincia di Varese; frasi pronunciate dal dottor Cazzaniga su un protocollo per i malati terminali.

Con lui finisce in manette anche Laura Taroni, infermiera e amante di vent'anni più giovane.

La stampa inizia a paragonare Cazzaniga a Josef Mengele, medico nazista condannato come criminale di guerra per gli esperimenti sui deportati, e per la teoria eugenetica perseguita con agghiacciante fermezza.

Cazzaniga, però, non la pensa proprio così.

Quando gli chiedono di dare la sua versione, spiega che il famigerato «protocollo Cazzaniga» consiste in realtà in un «approccio ispirato a principi eminentemente di natura etico-morale».

Racconta poi che il suo obiettivo è sempre stato quello di liberare i malati terminali dal dolore e dalla prospettiva dell'agonia, «nella convinzione che una morte serena altro non sia che la declinazione finale di una buona vita».

Che i risultati siano discutibili è evidente, e altrettanto si può dire della bontà delle sue intenzioni.

Di sicuro però le posizioni di Cazzaniga e di Laura Taroni si aggravano quando si scopre che fra le loro vittime non ci sono soltanto poveri pazienti, ma anche il marito della donna, Massimo Guerra.

Lui non è anziano, e allora i due decidono di procedere diversamente, in maniera subdola.

Gli fanno credere d'essere diabetico, e di aver bisogno di farmaci per curarsi. Farmaci che però non sembrano risolvere il problema.

Anche perché il problema, di fatto, non esiste.

Alla crescente preoccupazione dell'uomo corrispondono dosi sempre più massicce di medicine. Fino a quando il suo stato di prostrazione diventa tale da sfociare nella morte, che avviene il 30 giugno 2013.

Difficile giustificare la fine di Massimo Guerra con il solito «approccio di natura etico-morale»: è chiaro che l'uomo è stato eliminato perché di ostacolo alla relazione tra gli amanti.

Nei mesi successivi alla morte del marito, la Taroni fa di tutto per screditarne la memoria, raccontando che era solito frequentare prostitute, che la costringeva a giochi sessuali sotto minaccia, che aveva una relazione con la suocera.

Di certo c'è che sua madre non sopporta Cazzaniga, e guarda con ostilità alla coppia.

Passa solo qualche mese e anche lei, Maria Rita Clerici, muore.

Nel pomeriggio del 14 gennaio 2014 i due amanti sono

al capezzale della donna, sdraiata sul divano di casa per un attacco di sospetta encefalite.

Cercano una vena per piazzare una flebo.

Flebo che si rivela immancabilmente letale.

Interrogata, la Taroni conferma la propria responsabilità, ma Cazzaniga nega di aver preso parte all'omicidio, e le scrive una lettera, da carcere a carcere, dove si dice amareggiato, benché ancora innamorato. Freddamente, l'infermiera gli risponde di avere solo «dato a ognuno di noi le proprie colpe».

Alla fine, la Taroni sarà condannata a trent'anni per l'omicidio di Maria Rita Clerici, mentre Cazzaniga verrà assolto.

Tuttavia il medico ha ben poco di cui rallegrarsi, perché le indagini fanno emergere nuovi dettagli, insieme al sospetto che le sue vittime siano almeno dodici.

Una brutta storia, dove ogni particolare va esplorato.

Si decide così di sottoporre il medico a una perizia, che a proposito del movente parla di una terza via: Cazzaniga non ha praticato né l'accanimento terapeutico né il suo contrario, l'abbandono. Si è riservato invece di «decidere cosa fosse il bene e cosa il male per un paziente».

Insomma, ha giocato a fare Dio.

Un Dio che odiava la debolezza e la sofferenza.

Era bravo il dottor Cazzaniga, forse il migliore tra i medici del pronto soccorso, fino a quando ha cominciato a parlare di sé come dell'«angelo della morte», annunciando che avrebbe «dispiegato le ali» su questo o quel malato.

Ma Dio non va a processo, i medici sì.

Alla fine i pazienti uccisi da Cazzaniga, per i tre gradi del giudizio, sono nove.

La condanna definitiva arriva nell'autunno 2022, ed è all'ergastolo.

Sonya Caleffi

Nella cronaca italiana il caso Cazzaniga non è stato l'unico esempio di un «angelo della morte».

Ci sono almeno altri tre casi che meritano un cenno.

Il primo è quello di Anna Santa Catanesi, l'«infermiera diabolica» di Milazzo, accusata nel 1989 di aver ucciso due ottantenni somministrando loro dosi letali di sedativo.

Poi c'è la storia dell'infermiere Antonio Busnelli, che nel 1993 uccide un'anziana donna ricoverata all'ospedale Fatebenefratelli di Roma, e poi tenta di sopprimere un paziente in un centro di rianimazione a Milano.

Il sospetto è che abbia agito per procurare «clienti» a un'impresa di pompe funebri, intascandosi una percentuale. Anche se il movente non trova conferma, Busnelli viene condannato a ventotto anni per omicidio e tentato omicidio.

Infine abbiamo il caso di Alfonso De Martino, soprannominato l'«infermiere di Satana» per via della sua passione per l'occulto.

Nel 2004 De Martino uccide ad Albano non meno di quattro pazienti. Il modus operandi? Una flebo con una miscela di un anestetico, il Pavulon, e di un disinfettante, il comune Citrosil.

Nel suo caso il movente sembra chiaro: una ditta di pompe funebri che lo paga, anche se poco, per i nuovi avventori.

Ma nessuno di loro ottiene l'attenzione che i media dedicano a Sonya Caleffi...

Ha già passato la trentina, e ai colleghi dell'ospedale di Lecco, la nuova infermiera non fa una buona impressione.

Prende servizio il 1° settembre 2004 per una sostituzione, poi passa di ruolo, dopo aver superato il concorso, ma sta sempre per conto suo, gli altri sembrano infastidirla, o forse turbarla.

In certi casi risponde in maniera dimessa, in altri usa toni arroganti e rabbiosi.

I suoi sbalzi d'umore sono sconcertanti.

Sembra vivere qualsiasi suggerimento o indicazione come un attacco personale.

Quanto alle capacità professionali, non brilla certo per abilità.

Davanti a un'emergenza, fatica a gestirla; se c'è un protocollo da rispettare, va in confusione.

A darle cattiva fama c'è poi una spiacevole coincidenza, che i colleghi non mancano malignamente di notare: da quando ha iniziato a lavorare, in reparto i pazienti muoiono più spesso. «Non sarà che porti anche sfortuna?»

Eppure lavorare in ospedale e aiutare i malati è ciò che Sonya ha sempre desiderato.

Quando, da bambina, le chiedevano cosa volesse fare da grande, la risposta era sempre la stessa.

«L'infermiera.»

Soffrire per farsi amare

La piccola Sonya nasce e cresce in una famiglia di Como come tante altre. In casa è tranquilla, a scuola non dà problemi e la sua vita scorre anonima, se non proprio scialba.

Papà Caleffi è un uomo in buona salute e piuttosto gioviale, nonostante il lavoro poco esaltante in una ditta di pompe funebri.

Per Sonya, il padre è la parte sana della famiglia, quella solare e bella, quella da cui si sente rassicurata e consolata.

La madre, invece, è una donna riservata, piuttosto chiusa.

Con lei, Sonya ha un rapporto particolare: vedendola triste e depressa, si convince che sia stata lei, con la sua nascita, a farla ammalare.

Purtroppo non c'è nemmeno un fratello o una sorella con cui condividere il senso di colpa.

È infatti figlia unica, ma non per questo l'hanno viziata. Ha sempre frequentato pochissime persone, e ha finito per non legare mai veramente con nessuno.

I ragazzi, però, la notano, perché si sviluppa presto, e già a dodici anni non passa inosservata.

Sonya vuole sparire. Letteralmente.

Un po' per le attenzioni sgradevoli, un po' per le battute che la imbarazzano, decide di dimagrire, di rimpicciolire.

Approfitta di una brutta bronchite che le toglie l'appetito e inizia rinunciando ai dolci. Poi, piano piano, elimina anche il resto. Si riduce a vivere con uno yogurt al giorno, il minimo indispensabile.

Le mestruazioni scompaiono.

Sonya smette di crescere, e cerca così di tornare bambina.

I genitori si preoccupano, e la convincono a incontrare uno psicologo. Grazie alla terapia riprende a mangiare, ma il rapporto con il cibo e con il corpo rimarrà sempre complicato.

Si sente inadeguata, mai all'altezza di chi la circonda, e sviluppa un riserbo che presto si trasforma in un silenzio astioso, nell'espressione di un'aggressività passiva.

Finché non arriva il primo ricovero, nel 1992.

Viene accolta nel reparto di psichiatria dell'ospedale di Como, da dove è dimessa con una diagnosi di personalità dipendente e la prescrizione di un farmaco antidepressivo.

Con fatica Sonya si risolleva, e le cose sembrano andare per il meglio. Prende il diploma di infermiera e comincia a lavorare in un ambulatorio di endoscopia.

Non sarà l'impiego dei sogni, e poi è ripetitivo, perché il suo compito si limita a preparare i pazienti per gli esami, ma a lei piace, e poi le dà sicurezza.

Conosce Alberto, un falegname, con cui decide di sposarsi. Sembra quasi che voglia fuggire dalla famiglia d'origine, come se continuasse a sentirsi giudicata dai genitori.

Ma loro, fino alla mattina delle nozze, le dicono che se cambia idea può tornare quando vuole, perché c'è sempre la sua stanza. Cosa che accade tre anni dopo, con la fine del matrimonio.

Tuttavia, un nuovo uomo entra nella sua vita.

Si chiama Gianmarco e fa il radiologo, peccato che a mamma e papà non piaccia. Ottima persona, per carità, ma è separato, e ha pure due figli a carico.

Ricominciano le liti.

Loro lo dicono per il suo bene, e lei replica che Gianmarco la ama davvero, che con lui si sente finalmente felice.

Uno scontro che fatica ad affrontare, che le toglie serenità e che la porta di nuovo in un reparto psichiatrico.

Tre volte, tra l'estate e l'autunno del 1999.

Riesce di nuovo a riprendersi e si getta nel lavoro.

Fare l'infermiera sembra essere la sua ragione di vita, e nel 2000 viene assunta in pronto soccorso.

Peccato che più volte sparisca senza motivo, che i giudizi sul suo operato siano sempre negativi, che i contratti, temporanei, non le vengano rinnovati.

Il nuovo millennio, per Sonya, non cambia le cose.

Qualche mese di reparto, tanti di disoccupazione, un periodo di assistenza domiciliare ai malati, e di nuovo un anno intero senza lavoro.

Nel 2004 si convince a tornare in terapia.

Devono però accompagnarla il padre o il compagno, perché altrimenti mancherebbe una seduta su due.

Non che portarla risolva il problema.

Perché quando lo specialista le prescrive dei farmaci, Sonya diminuisce o aumenta le dosi a suo piacimento, e non di rado li prende solo per stordirsi.

Inevitabilmente, le cose iniziano ad andare male anche con Gianmarco. Teme che lui voglia lasciarla, perciò s'inventa ogni tipo di emergenza, come la volta in cui si taglia con un coltello per farsi portare al pronto soccorso, sapendo che il suo compagno è di turno.

Pensa che, vedendola soffrire, lui l'amerà di più.

Purtroppo per lei, non va come sperava.

Il Natale del 2003 lo trascorrono insieme, serenamente; ma appena passata l'Epifania, Sonya si chiude a chiave in camera e non ne esce per settimane, avvolta nelle coperte, come sepolta, costringendo Gianmarco a dormire in un'altra stanza.

Poi, una notte in cui lui lavora, lo chiama piangendo, e gli dice che ha deciso di morire, che si è iniettata dell'aria nelle vene.

Il compagno corre in suo soccorso, però per fortuna, in preda al tremore, Sonya ha sbagliato a infilare l'ago, procurandosi solo un gonfiore sotto la pelle.

Peccato che, dopo averla aiutata, Gianmarco le dica che non la ama più.

Come una terribile profezia, l'incubo di Sonya si è realizzato, e a lei non resta che accettarlo.

Per farsi amare, non basta soffrire.

Gli omicidi

Dopo qualche mese la vita di Sonya cambia di nuovo.

Gianmarco ancora non riesce a lasciare quella donna così fragile e indifesa.

Nel frattempo l'infermiera vince un concorso e inizia a lavorare all'ospedale di Lecco. Dove il 20 settembre 2004 muore un paziente ottantaquattrenne, Biagio La Rosa.

Dieci giorni dopo, il 30 settembre, la stessa sorte tocca a Teresa Lietti, settantasei anni.

Ha invece ottantanove anni Elisa Colomba Riva, che smette di respirare il 2 ottobre, un sabato.

Il lunedì successivo è la volta di Ferdinando Negri, settantotto anni.

Tutto nel giro di due settimane. Una concentrazione di decessi alquanto insolita, che scuote il personale sanitario.

Ma non c'è tempo di riflettere e valutare, perché le emergenze incalzano.

Il 15 ottobre l'ottantenne Francesco Ticli ha una grave crisi respiratoria e viene salvato in extremis. Lo stesso accade due settimane dopo, il 30 ottobre, a Giuseppe Sacchi.

L'8 novembre 2004 Sonya Caleffi è di turno dalle 14 in poi.

Poco prima è stata ricoverata una paziente fuori dal comune: si chiama Maria Cristina e sta per compiere cent'anni, un traguardo che potrebbe non raggiungere, perché ha una brutta polmonite.

Sonya arriva nella camera dov'è ricoverata, e scopre che insieme a lei ci sono alcuni parenti. Con tono secco e sgarbato intima a tutti di uscire, che non è ora di visita e che danno solo fastidio. Ora è sola nella stanza, libera di disporre della vita e della morte di quella fragilissima paziente.

Prende una siringa e attraverso l'ago della flebo le inietta in vena dieci millilitri d'aria. Lo fa ben cinque volte. Nelle manovre si sporca di sangue, ma non ci bada.

Solo quando il respiro di Maria Cristina si trasforma in rantolo, Sonya esce dalla camera e chiede aiuto, davanti ai familiari confusi e sgomenti per il fulmineo peggioramento.

Accorrono un'infermiera e un medico.

Sonya è lì, appoggiata allo stipite della porta, con la divisa sporca di sangue, intenta a ripulirsi le mani con un batuffolo di cotone.

È troppo tardi. Maria Cristina non festeggerà mai i suoi cent'anni.

Quando i parenti dell'anziana donna le sono addosso, incapaci di accettare quella morte improvvisa, Sonya piange e fa la vittima: dice che non è giusto prendersela con lei, e si rifugia in un angolo del corridoio.

Poi, tornata a casa, esplode.

Racconta l'orribile pomeriggio a Gianmarco, si dispera, trema; sembra colpita nel profondo da quanto è accaduto.

Il compagno cerca di calmarla dicendole che episodi del genere possono capitare a chi lavora in un ospedale.

Ma Sonya ha una ragione segreta per agitarsi: sa di aver rischiato troppo, e che per questo potrebbe essere scoperta.

Qualche giorno dopo, il 16 novembre, viene convocata in direzione sanitaria. Pensa di cavarsela dicendo che il camice si è macchiato di sangue per un reflusso della flebo mal posta. Quanto ai familiari della signora, si sono accaniti contro di lei perché era stata troppo brusca nell'allontanarli qualche minuto prima. Tutto qui.

I dirigenti dell'ospedale la congedano, poco convinti da quelle spiegazioni.

Un mese dopo, a metà dicembre, qualcuno bussa alla sua porta di casa. Sono i carabinieri di Lecco.

«È lei Sonya Caleffi? Sono il maresciallo Diamanti. Abbiamo un mandato di perquisizione.»

La confessione

Mentre i carabinieri si muovono per le stanze, Sonya non regge alla tensione. Allora si siede e scrive una lettera.

> In concomitanza all'espletare manovre infermieristiche a pazienti gravi o comunque sofferenti, senza saperlo spiegare nemmeno a me stessa, ho attuato manovre tali da peggiorare la condizione degli stessi.

> L'unico metodo usato è stato quello di iniettare circa 40, 50 cc di aria attraverso l'ago permanente. Tali manovre sono state sempre eseguite nel momento in cui mi trovavo sola con il paziente.
>
> Coscientemente ricordo di avere effettuato tali manovre per causare il peggioramento in cinque – che io ricordo – casi.
>
> Premetto che non è stata mia intenzione cagionare la morte di alcun paziente, ma solo di rendere le loro condizioni peggiori di quelle che erano.
>
> Non so assolutamente spiegare nemmeno a me stessa i motivi di queste mie azioni.

Posata la penna e come svuotata, l'infermiera si alza e consegna lo scritto al maresciallo Diamanti, che legge incredulo.

«Non so assolutamente spiegare nemmeno a me stessa»: come se voglia mettere subito le mani avanti, dichiarando di avere agito senza averne consapevolezza, o come si dice nelle aule di Giustizia, senza essere capace di intendere e di volere.

Che Sonya Caleffi sia un angelo della morte, una serial killer, è sicuro. Ma è malata? È pazza?

Per sicurezza, i carabinieri non la portano in carcere, bensì in una cella allestita nell'ospedale di Como. Le finestre hanno le sbarre, e fuori ci sono due guardie che la sorvegliano.

L'attenzione dei media è tutta per lei. Ogni dettaglio della sua vita finisce sotto i riflettori, anche quelli irrilevanti, perfino il fatto che possieda libri come *Veronika decide di morire* di Paulo Coelho, che proprio non c'entra nulla.

Per Sonya la Procura chiede l'ergastolo.

Ma prima di arrivare al verdetto, è necessario capire cosa abbia portato una giovane donna a odiare tanto da decidere di dispensare la morte.

La perizia

Davanti a periti e consulenti Sonya Caleffi si presenta con aria timida, ma subito spiazza tutti.

Racconta infatti che qualche giorno prima, mentre era piantonata nella celletta, un agente di custodia le ha chiesto di uscire. Poi l'ha condotta in un angolo e lì l'ha costretta a un rapporto sessuale, che Sonya descrive in modo molto confuso.

Sarebbe un fatto gravissimo, tuttavia basta approfondire un po' per scoprire che la violenza non è mai avvenuta, che la donna se l'è inventata, anche se non si capisce bene il perché.

Quel che invece è reale sono i suoi disturbi nel rapporto con il cibo e con il proprio corpo, la costante depressione e la totale incapacità di vivere insieme agli altri.

In Sonya emerge il continuo bisogno di essere accudita, di delegare le scelte a qualcuno che le stia vicino, come Gianmarco o, prima di lui, i genitori, salvo poi sentirsi oppressa e odiarli per questo.

Ha sempre paura di non essere all'altezza, anche quando si tratta di piccole decisioni della vita quotidiana. Figurarsi nelle situazioni d'emergenza in cui un'infermiera può trovarsi.

Altro che azioni compiute senza capire, senza saperle spiegare nemmeno a sé stessa.

Dalla perizia, Sonya Caleffi risulta capace di intendere e di volere. Sapeva di star facendo del male alle proprie vittime. Desiderava fare del male alle proprie vittime.

Come già successo con la lettera consegnata ai carabinieri, alla fine degli incontri Sonya affida uno scritto ai periti, dove racconta una verità diversa da quella espressa nei primi interrogatori:

> Quando facevo le iniezioni di aria, il mio scopo era quello di creare un'emergenza e di attirare l'attenzione su di me. Il mio scopo, per quanto possa apparire incredibile, era quello di creare un'emergenza che determinasse l'arrivo di medici, anestesisti e di altro personale sanitario, e mettere in tal modo in evidenza la mia persona. In altre parole, desideravo sentirmi e apparire importante e utile.

Il 14 dicembre 2007 viene condannata in primo grado a vent'anni di reclusione per cinque omicidi e due tentati omicidi.

Le viene applicato uno sconto di pena per la scelta del rito abbreviato, ma non solo. A pesare è anche la fragilità che l'ha accompagnata per tutta la vita.

La sentenza viene confermata l'anno successivo.

Dopo quattordici anni di carcere, il 25 ottobre 2018 Sonya Caleffi è tornata in libertà.

8
Il mostro di Rostov

Childism

Si chiama *childism* ed è proprio una brutta cosa, una forma sottile e squallida di discriminazione, un po' come il suo opposto, l'*ageism*, l'odio verso chi ha la sola colpa d'essere anziano.

Il *childism* è un fenomeno complesso, che opera in modo subdolo tanto a livello sociale che individuale.

A livello sociale si presenta con la mancanza di riconoscimento di diritti e prospettive per i più piccoli, che si traduce nel negare loro l'accesso all'istruzione, alla salute, alla sicurezza, alla partecipazione.

L'ultimo aspetto può apparire marginale, ma rappresenta la chiave di volta per combattere il *childism*. Infatti, non coinvolgere i bambini nelle decisioni che riguardano la loro vita – si tratti di quale sport praticare o del futuro del pianeta che abiteranno – viola la Convenzione ONU sui Diritti dell'Infanzia.

Ma non si tratta solo di leggi. Imporre il silenzio ai bambini significa negare loro una dignità pari a quella degli adulti, dando per scontato che esista una gerarchia in cui occupano il gradino più basso e che sono destinati a subire decisioni prese da altri.

Decisioni che, in alcuni casi, possono essere dirette a far loro del male.

I casi di *childism* nella storia sono numerosi.

Basti pensare alla piaga del lavoro minorile, esplosa con la Rivoluzione industriale e ancora oggi diffusa, allo scandalo degli abusi sessuali perpetrati addirittura in seno alla Chiesa e talvolta da essa coperti, ai bambini utilizzati come soldati o come scudi umani.

A livello individuale, il *childism* nasce e si alimenta di stereotipi e pregiudizi, che portano a valutare i piccoli col metro degli adulti, e di conseguenza a ritenerli meno capaci, poco importanti e perfino sgradevoli; insomma, un problema da risolvere in modo radicale.

Da qui nascono i principi pseudoeducativi che per secoli hanno caratterizzato l'Occidente; principi improntati al castigo attraverso l'umiliazione e la sofferenza intese come parti integranti della formazione.

Ecco allora l'essere spediti dietro la lavagna, costretti a inginocchiarsi sui ceci, addobbati con un cappello con le orecchie d'asino o presi a bacchettate.

Il *childism* permette poi che abusi e violenze non vengano sanzionati; se i piccoli valgono meno, anche la loro testimonianza conta poco, e questo garantisce una sostanziale impunità a chi si accanisce contro di loro.

La triste realtà è che dietro la violenza sui bambini c'è fondamentalmente odio.

E l'odio genera un circolo vizioso difficile da contrastare.

Infatti, in due terzi dei casi, chi usa violenza è stato a sua volta vittima di abusi, fissando un modello di comportamento trasmesso da una generazione all'altra.

C'è infine un ultimo, semplice motivo per cui i bambini possono cadere vittime dell'odio: non sono in grado di difendersi.

Non sanno farlo, e spesso nemmeno ci pensano, poiché tendono a provare un'istintiva fiducia nei confronti di chi si avvicina a loro.

Il signore gentile

È il 22 dicembre 1978.

Un gelido pomeriggio d'inverno.

Non siamo lontani da Rostov, una cittadina a un migliaio di chilometri da Mosca, nel Sud di quella che al tempo si chiamava ancora Unione Sovietica.

Alla periferia della città, una bambina si aggira sperduta tra la folla che torna a passo veloce dal lavoro, cercando di sottrarsi rapidamente al freddo.

Sembra che cerchi qualcosa.

A un tratto, un uomo la nota. Le si avvicina premuroso. Le domanda se vada tutto bene, se si sia persa.

Esordisce con un: «Ciao, come ti chiami?».

«Yelena» risponde la bambina.

Che poi gli spiega di avere un problema: le scappa la pipì e non sa dove farla. Il signore gentile accenna un sorriso e la rassicura.

Abita lì vicino, e da lui potrà andare in bagno.

La piccola si fida e lo segue. Il signore gentile la porta in una casa che alla bambina sembra strana. Accesa la luce, a Yelena appare una baracca mezza diroccata; più che a una stanza, assomiglia alla tana di un animale.

Yelena ora ha paura, e ha dimenticato del tutto la sua urgenza.

Ma il signore non la lascia andare via.

E non è più gentile.

Con un balzo le è addosso, inizia a toccarla, si abbassa la cerniera dei pantaloni.

Yelena cerca di divincolarsi. Allora l'uomo le mette le mani alla gola e inizia a stringere, sempre più forte, fino a che la bambina non perde i sensi.

A quel punto, l'uomo allunga una mano e afferra un coltello a scatto.

Lo pianta nell'addome della piccola, una, due volte, e alla terza coltellata il suo corpo è scosso dai brividi di un piacere perverso.

Dopo qualche minuto il killer si ripulisce, mentre riflette su come disfarsi di quel corpo, e in fretta. Lì vicino scorre un piccolo fiume, il Grushevka, nulla di paragonabile al grande Don che lambisce Rostov, ma sufficiente allo scopo.

L'uomo getta il cadavere in acqua, poi si allontana.

Due giorni dopo, spinto dalla corrente, il corpo affiora nei pressi di un ponte non lontano. Lo zaino di Yelena, invece, lo ripescano sulla riva opposta, nei pressi della catapecchia dove è stata uccisa.

La bambina viene identificata: si chiamava Yelena Zakotnova e aveva nove anni. Viene presto individuato anche il probabile assassino; a mettere la polizia sulla strada giusta ci pensano i vicini di casa, che da settimane, anzi da mesi, si lamentano dell'intollerabile via vai di vagabondi, ragazzini e donnacce.

E poi, aggiunge un testimone, sarà un caso, ma la luce nella baracca è rimasta accesa tutta la notte, proprio quella in cui un mostro ha ucciso una bambina.

Gli agenti bussano alla porta, convinti di chiudere in fretta l'indagine. Interrogano il proprietario non una bensì nove volte, senza trovare alcuna prova che lo colleghi all'omicidio.

Il delitto è però atroce, c'è bisogno di un colpevole, e lì vicino abita il perfetto capro espiatorio.

Si chiama Aleksandr Kravchenko, un operaio venticinquenne già detenuto per aver stuprato e ucciso un'adolescente.

La polizia lo incalza, gli chiede cosa sappia della bambina violentata e accoltellata.

Kravchenko cerca di difendersi, dice che quella sera è stato con sua moglie e degli amici. Però la polizia non è convinta, anche perché su uno dei suoi maglioni viene trovato del sangue. Dalle analisi è compatibile con quello della piccola Yelena, ma anche con quello della moglie di Kravchenko.

Ora è a lei che la polizia si rivolge con fare intimidatorio. È sicura che il marito sia rimasto a casa con lei tutta la sera? Il 22 dicembre?

Ne è proprio certa?

La donna, incalzata, comincia a vacillare.

Nonostante la testimonianza degli amici e dei vicini di casa, finisce per ammettere che Kravchenko a un certo punto è uscito, non sa per fare cosa.

L'operaio è stretto in una morsa, gli manca il respiro, sa che quando la polizia sovietica si mette in testa una cosa c'è solo da confessare.

Kravchenko ammette di aver ucciso Yelena, e dopo un breve processo viene condannato a morte, pena poi commutata in una condanna a quindici anni di carcere.

La famiglia di Yelena grida però allo scandalo, raccogliendo il sostegno dell'opinione pubblica.

Così nel 1983, a cinque anni dall'omicidio, Kravchenko torna in un'aula di Giustizia per essere sottoposto a un nuovo procedimento.

Anche questo si conclude con una condanna a morte, tuttavia questa volta un plotone d'esecuzione pone fine alla questione e alla sua vita.

Intanto il vero assassino di Yelena continua a mietere vittime.

Il suo nome è Andrej Romanovič Čikatilo, ma il mondo lo conoscerà come «il mostro di Rostov».

Il bambino timido

Quando uccide Yelena, Čikatilo ha quarantadue anni.

Viene da una famiglia dell'Ucraina sovietica, e ha la sfortuna di nascere in uno dei periodi più duri della sua storia. Pochi anni prima, infatti, Stalin ha costretto l'Ucraina all'*Holodomor*, una sorta di carestia forzata che ha ridotto il Paese alla fame, causando milioni di morti.

Per cui spesso, per sopravvivere, in casa Čikatilo non rimane che nutrirsi dell'erba dei prati.

Ma c'è dell'altro.

Ad Andrej e a sua sorella la madre narra spesso una storia terribile: dice che quando loro non erano ancora nati, in casa c'era un altro bambino di nome Stepan.

Un giorno, quando aveva quattro anni, il piccolo era uscito, e i vicini, accecati dalla fame, l'avevano rapito e ucciso, per poi cibarsi delle sue carni.

Probabilmente Stepan non era mai esistito, tuttavia il racconto della donna fa sì che i figli vivano nel costante terrore di ciò che li circonda, obbligandoli a non lasciare mai il cortile e a non fidarsi di nessuno.

Quanto al padre, durante la Seconda guerra mondiale combatte nell'Armata Rossa e viene fatto prigioniero dai tedeschi. Soldati che Andrej incontra quando invadono l'Unione Sovietica.

Assiste a bombardamenti, fucilazioni e rappresaglie, che lo costringono spesso a nascondersi in cantina con la madre.

Cade in preda agli incubi, durante i quali non sono i nazisti a torturarlo, ma è lui a seviziarli, legandoli a un albero e dando loro una morte atroce, prima di risvegliarsi sudato e con il cuore a mille.

Da bambino, Čikatilo è timido e solitario.

Bagna regolarmente il letto, non ha amici, ha paura di tutto e di tutti.

Solo nello studio sembra trovare un riscatto, non fosse per due grossi problemi. Il primo è la fame, che di tanto in tanto lo porta a svenire mentre è seduto in classe.

Il secondo problema, che è anche la sua maggiore difficoltà, ha a che fare con la vista.

Čikatilo è molto miope, ma non vuole che nessuno lo sappia. Non i compagni, da cui teme d'essere deriso; non i docenti, dei quali paventa l'autorità; e nemmeno i genitori, che lo hanno sempre umiliato.

«Da bambino» racconterà «non mi hanno mai fatto sentire un essere umano, una persona completa.»

Trova comunque serenità e protezione tra libri e manuali, e un rifugio nel Partito comunista. Aderire a un'ideologia ben definita ed entrare a far parte di una rigida struttura politica gli danno sicurezza.

Diventa direttore del giornalino di partito della scuola e inizia a organizzare le manifestazioni della gioventù comunista.

Nel 1954 si diploma con buoni voti.

Prova a iscriversi all'Università di Mosca, ma c'è bisogno di una borsa di studio, che gli viene negata. Inizia così a maturare un senso di frustrazione, convinto di essere stato respinto per via di chissà quale complotto.

Dal 1957 al 1960 svolge il servizio militare, fra l'Asia centrale e Berlino Est. Nel 1961 si trasferisce a Rostov e trova un impiego che gli permette di pagarsi gli studi, seppur per corrispondenza.

Nel 1970 si laurea in Letteratura russa, e dopo pochi mesi lo chiamano a insegnare.

Ma l'obiettivo inseguito con tanta tenacia si rivela presto un incubo: non riesce a far rispettare la disciplina e gli alunni lo deridono, sia per l'aspetto dimesso e il carattere timido, sia per quelle spesse lenti che è costretto a portare per vederci qualcosa.

Gli studenti non lo amano, non lo stimano, non lo temono.

Lo chiamano «oca», per la maniera strana e goffa con cui cammina, o «finocchio», per i suoi modi troppo delicati e gentili.

Sono giovani, adolescenti che manifestano la propria esuberanza in un modo che a lui non è mai stato concesso.

Ed è per questo che Čikatilo inizia a odiarli, profondamente.

L'amante impotente

Un altro punto dolente riguarda le donne.

Čikatilo si rende conto presto che qualcosa in lui non va.

Già ai tempi delle superiori ha la sensazione di non essere normale. Teme morbosamente il rifiuto, al punto da non riuscire nemmeno a chiedere a Lilya, la compagna di scuola di cui si innamora, di fare una passeggiata insieme.

Ogni tanto lo prende una smania travolgente, come gli succede con un'amichetta della sorella, che ha solo undici anni. Le salta addosso gettandola sul pavimento, cerca di toccarla ovunque, fino a quando ha il suo primo orgasmo, ma senza che al piacere si accompagni un'erezione.

Čikatilo scopre così di essere impotente, e questo diventa la sua ossessione.

Nel momento in cui inizia a frequentare una giovane vedova, non riesce in alcun modo ad avere rapporti con lei. La donna, che gli vuole bene, ne parla con le amiche, però lui ascolta la conversazione e dà in escandescenze, medita perfino di impiccarsi, e la storia finisce malissimo.

È per questo che si trasferisce a Rostov, nella speranza di iniziare una nuova vita dove nessuno conosce il suo problema.

La mossa sembra dare qualche frutto.

Ci pensa sua sorella a risolvere la questione: gli presenta un'amica, Feodosia, disponibile a iniziare una relazione. La donna non è bella, ma nemmeno brutta, e i due, profondamente soli, decidono di sposarsi.

La prima notte di nozze Feodosia si avvicina al marito, che la respinge, chiamando in causa la stanchezza. Passano settimane prima che i due riescano ad avere qualcosa di simile a un rapporto; in ogni caso, si tratta di un episodio isolato.

E quando la donna insiste, Čikatilo le dice di essere una maniaca, di pensare solo al sesso.

Lei gli propone una terapia di coppia, una visita da uno specialista.

Čikatilo rifiuta, sempre.

Pur incapace di soddisfare la moglie, trova tuttavia un modo creativo di renderla madre; così nel 1965 nasce Ludmilla, e quattro anni dopo è la volta di Yuri.

Sono anni di serenità per Čikatilo: ha un buon lavoro, è un fedele comunista, sua moglie gli è devota, i bambini vogliono sempre giocare con lui, tanto che fatica a farli staccare da sé quando è ora di andare a dormire.

Non beve, non fuma, non bestemmia. Non alza mai la voce, ed è sempre gentile e premuroso.

I bambini sono ormai grandicelli quando, nella scuola dove insegna, iniziano a girare voci sulla sessualità di quel professore timido e, per molti, incapace.

Nel maggio 1973 è fra i docenti che accompagnano una classe in gita scolastica sul Don. Fa caldo, e Ljuba, una quindicenne molto carina, si allontana per fare un bagno.

Čikatilo la vede e gli prende la smania di toccarla, com'era successo quando, da ragazzo, si era lanciato addosso all'amica della sorella.

Allora la segue, la sorprende, le tocca il seno ed eiacula appena la giovane si divincola.

Qualcuno corre in aiuto, però il professor Čikatilo dice che c'è stato un malinteso, che era solo uno scherzo, e l'incidente si chiude senza conseguenze.

Anche la moglie, nel momento in cui qualcuno le racconta l'episodio, si limita a un'alzata di spalle, come se si trattasse di una battuta noiosa e già sentita.

Tuttavia gli studenti non smettono di parlottare.

E il chiacchiericcio si fa più insistente quando, qualche mese dopo, chiude una studentessa in un'aula, e non appena lei rifiuta le sue avance la schiaffeggia.

Finché in sala professori giunge voce che è solito accarezzarsi il cavallo dei pantaloni mentre fa lezione. A quel punto Čikatilo viene invitato a rassegnare le sue dimissioni, se non vuole essere cacciato con disonore.

Cambia più volte scuola, però si ritrova sempre nella stessa situazione.

Nel 1981 è costretto a lasciare l'insegnamento: le voci dei suoi comportamenti sono ormai una specie di nube che lo avvolge ovunque vada.

Obbligato a cambiare mestiere, trova impiego come rappresentante nel reparto rifornimenti di una ditta.

Il suo compito consiste nello spostarsi per tutta la Russia e nel convincere i dirigenti delle fabbriche a rinnovare le forniture, se non a incrementarle.

È un'attività pesante, che lo costringe a trasferte di una settimana o dieci giorni per volta; mangia dove gli capita, dorme in alloggi squallidi, si aggiusta sui camion della ditta quando vuole un passaggio per tornare a casa.

Poi però si ferma a riflettere: in fondo, quello di muoversi in posti sempre diversi, incrociando facce anonime che nulla sanno di lui, è il lavoro ideale per chi vuole soddisfare impulsi come i suoi.

Il maniaco della stazione

«Mi seguivano come cani, non so perché. Forse avevo uno sguardo magnetico.»

Così Čikatilo racconta la propria esperienza nei luoghi degradati delle città che visita per lavoro. Sobborghi, edifici abbandonati, e soprattutto stazioni ferroviarie.

I vagabondi che vivono tra le banchine e i binari sono ubriachi già dal mattino, e trascinano ragazzini nelle loro sporche attività.

Dai treni, Čikatilo osserva i loro miserabili traffici sessuali: «Non avevo bisogno di andare a cercarli. Erano lì a ogni passo che facevo. Elementi degenerati, e mi chiedevo se avessero il diritto di esistere. Sono persone che ti strisciano dentro l'anima, chiedendo cibo, denaro, vodka, offrendo sesso in cambio. Li vedevo sempre allontanarsi verso luoghi nascosti, solitari».

In qualche modo crede siano vittime predestinate, e così decide di farle sue.

Čikatilo conduce dunque una doppia vita: a Rostov è un padre impeccabile, lontano da casa un serial killer feroce.

Il 3 settembre 1981, alla fermata di un autobus, nota una ragazza sui sedici, diciassette anni. Si chiama Larisa. Le si avvicina e si rivolge a lei con modi gentili, che la fanno sorridere. È un approccio sessuale bello e buono, ma a Larisa piace quella persona alta e misteriosa, con l'aria da intellettuale.

Decidono di avviarsi verso un sentiero che porta in un boschetto lì vicino, ma all'improvviso i modi dell'uomo cambiano: le blocca i polsi, la colpisce alla testa gettandola a terra. Poi le stringe le mani attorno al collo e le morde i seni, facendoli sanguinare.

La uccide straziando il suo corpo.

Infine, come in preda a un delirio, afferra i suoi abiti e improvvisa una folle danza.

Čikatilo uccide con crudeltà, pugnalando, mutilando, smembrando. Le sue vittime muoiono dopo un'atroce agonia, e quasi tutte vengono trovate con terribili ferite intorno agli occhi.

Alla fine, confesserà 56 omicidi.

Ragazze, bambine, bambini.

In lui la lucida follia incontra il male assoluto, e il risultato pare l'incarnazione dell'orco delle favole.

È per soddisfare le proprie fantasie sessuali, probabilmente senza pensare ancora agli omicidi, che acquista la catapecchia alla periferia di Šachty.

Ci porta vagabondi, prostitute, alcolizzati.

Li raccatta per strada, offrendo loro pochi spiccioli o un po' di vodka.

Poi sfoga su di loro le sue perversioni segrete.

Pian piano allarga il suo raggio d'azione, e colpisce con frequenza sempre maggiore.

Il motore del suo odio si alimenta delle umiliazioni vissute da bambino. Umiliazioni che proietta, esaltandole, nelle terribili sevizie cui sottopone le sue vittime.

Certo, dalla sua infanzia infelice sono passati molti anni, tuttavia la criminologia insegna che possono trascorrere decenni tra il danno subito e l'esplosione della violenza; un lungo periodo durante il quale il trauma viene rimosso, e come conservato in una scatola ben chiusa.

Ma basta un fattore scatenante, anche trascurabile o addirittura simbolico, perché il coperchio salti e la ferita si riapra, ponendo fine al precario equilibrio.

Nel lavoro di insegnante è stato mortificato e respinto. Di nuovo vulnerabile, in lui è tornato a galla tutto il marcio accumulato nell'infanzia, dalla prigionia del padre alle storie spaventose della madre, alle molestie subite dai compagni.

Allora si è messo a uccidere, per dominare la paura di non valere nulla, di non contare nulla.

Lo spiegherà lui stesso, dopo l'arresto: «La gente sapeva che poteva mettermi sotto i piedi, umiliarmi, e che non mi sarei difeso. Quando non riuscivo a reagire, sentivo il desiderio di uccidere. Allora andavo alla stazione ferroviaria o nel boschetto, e tutto ricominciava. Sentivo la frustrazione che ribolliva dentro di me».

Il Cittadino X

TV e giornali non parlano degli omicidi.

La censura russa non dà spazio alla cronaca nera; per il governo di Mosca gli assassini non esistono.

Quindi in tutta l'Unione Sovietica nessuno è a conoscenza della straordinaria serie di delitti, nessuno sospetta che la vita di ogni bambina e bambino possa essere in pericolo.

Ma i vertici della polizia, pur con colpevole ritardo, iniziano a indagare.

Viene formata una squadra speciale a cui è affidata l'operazione «Sentiero nel bosco», per via dei luoghi in cui molti dei cadaveri sono stati abbandonati.

A capo dell'unità, direttamente da Mosca viene chiamato l'investigatore Viktor Burakov, che si concentra sull'ultima vittima del mostro.

Si chiama Olga Stalmachenok, e la sua giovane vita viene spezzata l'11 dicembre 1982.

Ha dieci anni. Sta andando in autobus dai genitori a Novošakhtinsk, da sola, e Čikatilo la persuade a seguirlo. La porta alla periferia della città, e qui la accoltella oltre cinquanta volte, colpendola ripetutamente alla testa e al volto;

quindi le affonda la lama nel petto e glielo apre fino all'inguine, estraendone l'intestino e l'utero.

Sono le ferite attorno agli occhi a suggerire il collegamento con tanti crimini irrisolti, persuadendo Burakov che la mano che uccide sia sempre la stessa. Quella di un serial killer. Molto probabilmente uno squilibrato.

Scattano arresti a tappeto, le confessioni vengono estorte con la forza ai sospettati, spesso dei poveri malati di mente, per poi cadere davanti alla mancanza di prove.

Vengono schedate ben venticinquemila persone, eppure l'assassino continua a colpire, e il numero di vittime continua a crescere.

Il 27 marzo 1984 viene trovato il corpo di un altro bambino. Si chiama Dimitri, ha dieci anni, è stato torturato e ferito a morte da decine di coltellate, alcune delle quali proprio intorno agli occhi.

Accanto al cadavere, impressa nel terreno, c'è l'impronta di una scarpa numero 44. E non è l'unico indizio, perché una donna ha notato il ragazzino allontanarsi con uno sconosciuto; lo ha visto da lontano, ma riesce comunque a farne una descrizione sommaria: un metro e novanta, circa cinquant'anni, portava gli occhiali e una borsa.

Inizia così la caccia a quello che gli inquirenti chiamano «il Cittadino X».

Insieme agli investigatori si mette al lavoro un team di psichiatri, a cui viene chiesto di tracciare un profilo del killer, così da poterne prevedere le mosse.

Il più brillante di loro è Aleksandr Bukhanovsky, e dalle sue osservazioni, contenute in un rapporto di oltre sessanta pagine, emerge un'ipotesi inquietante.

Il Cittadino X non è una creatura mostruosa, il maniaco folle che tutti si immaginano. Anzi, è un uomo all'apparenza normale, probabilmente è sposato e svolge un lavoro comune, magari anche noioso. È chiaro però che deve aver subito un trauma sessuale mai superato, che lo spinge a seviziare le sue vittime.

Bukhanovsky è certo di quel che dice, perché nella sua carriera ha studiato oltre cinquanta serial killer, maturando una teoria scientifica.

È convinto che gli assassini seriali siano nati per uccidere.

Lo testimoniano, a suo dire, tre modificazioni nella struttura cerebrale, visibili a una TAC; basterebbe perciò un semplice esame per identificarli prima che uccidano, e magari riuscire a curarli.

Peccato che per il Cittadino X sia troppo tardi, così come è troppo tardi per Vera, una prostituta diciannovenne, mutilata e sventrata. Per Sergej, studente di quattordici anni, accoltellato ed evirato. Per Tatyana e Svetlana, madre e figlia, trovate morte nei dintorni della baracca di Šachty. Per Ludmilla, sventrata e con il labbro superiore staccato e infilato in bocca. Per Aleksandr, undici anni, castrato e con gli occhi cavati.

Bukhanovsky tenta allora una mossa azzardata.

Cerca di stabilire un contatto con il Cittadino X attraverso la televisione. Si presenta con una camicia bianca, il microfono pinzato al colletto e gli occhi segnati dalla fatica.

Su uno sfondo totalmente nero, la figura immobile guarda in camera e si rivolge al serial killer con tono calmo e comprensivo, a tratti deferente: «So che per lei è difficile. Mi rendo conto che attraversa momenti di sconforto e di disperazione. So che si trova in preda a impulsi violenti che stanno al di fuori della sua volontà. Si rivolga a me. Mi cerchi, mi telefoni, trovi il modo di mettersi in contatto».

Ma nessuno risponde al suo appello.

Il mostro di Rostov

Il 13 settembre 1984 l'ispettore Aleksandr Zanasovskij incrocia un uomo che ha già visto un paio di settimane prima alla stazione di Rostov.

È alto circa un metro e novanta, ha una cinquantina d'anni e porta una borsa.

Inizia a pedinarlo, seguendolo per circa un'ora.

Nota che, quando vede un ragazzino, gli si avvicina, gli gironzola attorno, e poi si allontana senza far nulla. Quando però allunga le mani per molestare una ragazza, l'ispettore interviene dandogli un colpetto sulla spalla per richiamare la sua attenzione.

Gli mostra il tesserino della polizia e si fa consegnare la borsa per perquisirla. Dentro ci trova un coltello da cucina con una lama da venti centimetri, delle corde e un barattolo di vaselina.

Non ha dubbi: quell'uomo è il Cittadino X, e lo conduce alla centrale di polizia.

Dai documenti risulta chiamarsi Andrej Romanovič Čikatilo.

All'uomo viene inflitta una condanna di dieci giorni per disturbo alla quiete pubblica, l'espressione con cui la polizia sovietica identifica le molestie sessuali.

In realtà, l'irrisoria sentenza serve a prendere tempo, a verificare la compatibilità del suo sangue con le tracce di sperma lasciate sul corpo delle vittime.

Ma, colpo di scena, sangue e sperma non coincidono. Il sangue è del gruppo A, lo sperma del gruppo AB. Devono passare anni prima che alcuni ricercatori giapponesi scoprano l'esistenza di casi simili; sono rarissimi, uno su molte migliaia, però esistono.

Čikatilo viene rimesso in libertà.

Uscito dal carcere, trova un altro impiego che gli permette di viaggiare: lavora per una fabbrica di locomotive. Torna a spostarsi con treni e autobus, ricomincia a frequentare stazioni.

E riprende a uccidere.

Da Mosca alla Siberia, dagli Urali all'Ucraina.

Colpisce in un raggio di centinaia e centinaia di chilometri, ma con una costante: gli omicidi si verificano tutti nei pressi di un nodo ferroviario.

Il 6 novembre 1990, sei anni e troppi omicidi dopo, la storia si ripete.

Nella stazione di Donleškoz il giovane sergente Rybakov nota un uomo di mezza età in soprabito grigio, con occhiali e borsa a tracolla. Sulle prime non ci fa caso. Quella è zona e stagione di funghi, e non mancano i cercatori, più o meno solitari e strambi. Però nota un particolare: sulla guancia l'uomo ha una macchia rossa, che sta cercando di lavarsi via a una fontanella.

Allora Rybakov gli si avvicina e gli chiede i documenti, però quel nome, Čikatilo, non gli dice granché, quindi lo lascia andare. Fa rapporto e lo consegna in centrale, dove finisce in un cassetto.

La settimana dopo, in un boschetto nei dintorni viene trovato il corpo mutilato della ventiduenne Svetlana Korostik.

È l'ultima vittima del serial killer.

La macchina delle indagini riparte, ma questa volta al comando di polizia qualcuno si ricorda della denuncia di Rybakov.

Il 20 novembre, davanti a un bar, tre poliziotti in borghese lo arrestano, e le prove sono tutte contro di lui.

Čikatilo viene portato in centrale, spogliato, perquisito, interrogato. Gli chiedono ogni dettaglio su residenza, istruzione, famiglia, storia professionale e personale.

Nelle settimane successive lo portano sui luoghi dei delitti. E le domande si fanno sempre più serrate.

Il killer sembra compiacersi nel confessare gli omicidi, raccontandone i minimi particolari, mostrando i luoghi in cui ha adescato le vittime, indicando i punti in cui le ha portate, descrivendo l'efferatezza con cui le ha uccise.

Al processo, che inizia il 14 aprile 1992, non porta gli spessi occhiali che tanti complessi gli hanno causato, e nello sguardo ha una luce diabolica e beffarda.

Sembra emanare una certa assurda allegria, mentre implora che non gli venga chiesto nuovamente di descrivere le uccisioni: «Non tormentatemi coi dettagli, la mia mente non potrebbe sopportarlo».

Le sue parole sono agghiaccianti.

I familiari che assistono al dibattimento urlano e piangono davanti alle telecamere, che li riprendono impietosamente.

Dal banco degli imputati, Čikatilo ribadisce la propria confessione: «Dovunque andassi, dovunque lavorassi, ho seminato cadaveri. Ho ucciso non so più quante persone, ho perso il conto. Ero confuso, incosciente. Avevo tre coltelli nelle tasche della mia giubba e nella borsa. Mi gettavo su chiunque e colpivo. Purtroppo ho un carattere tranquillo, un carattere femminile. Un carattere da idiota. Non facevo che piangere e svenire. Mi trattavano talmente male che bisognava che mi vendicassi su qualcuno. Era una sorta di sollievo mentale e sessuale. Che altro volete che vi dica? Sono rimasto un lupo selvaggio. Sono diventato un selvaggio in questa società. Sono un mostro, un errore della natura».

La condanna è alla pena capitale.

A nulla vale la richiesta di grazia che il mostro di Rostov avanza al presidente Boris Él'cin.

Il 14 febbraio 1994 Čikatilo viene prelevato dalla propria cella e portato in una camera insonorizzata della prigione di Novočerkassk.

Sente avvicinarsi una guardia dietro di lui.

Avverte distintamente il freddo della canna di una pistola che si appoggia dietro l'orecchio destro.

Poi, il nulla.

Lo seppelliscono in una fossa anonima nel cimitero della prigione.

Ma ancora qualcuno bisbiglia che Čikatilo non sia morto davvero, che nessuna pallottola possa fermare l'incarnazione del male.

9
Richard Kuklinski

L'odio continuo

L'intervista tra l'assassino e lo psichiatra volge al termine.

«Apprezzo che mi stia dedicando tempo per spiegarmi queste cose» dice Kuklinski rivolgendosi al dottor Dietz.

«Probabilmente sono la persona più sola al mondo, perché non mi importa di niente; non posso avere degli amici o nessun tipo di rapporto, così ho perso tutto.

«Ho perso tutto ciò di cui mi importava, tutto ciò che avrei voluto… è tutto finito nel cesso.

«Siccome non c'è amore nella mia vita, devo averlo sostituito con l'odio, l'odio continuo, uno stimolo continuo a odiare.»

Lo psichiatra gli chiede allora a che cosa gli serva odiare.

«A muovere un piede dopo l'altro, a farmi andare avanti. Senza, probabilmente, mi accascerei da qualche parte, privo di una ragione per continuare. Credo che sia così.»

Ecco sintetizzata in poche frasi la storia di Richard Kuklinski, tra i più letali ed efferati serial killer di ogni tempo.

Di sicuro il più freddo, tanto da meritarsi il soprannome di «*Iceman*», l'uomo di ghiaccio, sia per l'indifferenza con cui ha ucciso, sia per il vezzo di conservare alcune vittime all'interno di un congelatore industriale.

Quello che parla con il dottor Dietz è un Kuklinski rassegnato, ormai prossimo alla fine. Un uomo che in carcere ha avuto il tempo di riflettere sul passato, su ciò che lo ha portato a trasformarsi nel criminale ingaggiato dalla mafia come il più efficace dei sicari.

«Non ho mai desiderato essere così» dice ancora Kuklinski. «Avrei voluto che la mia vita prendesse un'altra strada: una buona istruzione, un bel lavoro. Evidentemente, però, non era scritto nelle carte del mio destino. Mi sarebbe piaciuto essere un buon marito e un buon padre.»

E conclude: «Io non mi sono creato da solo. Sono stato costruito».

La costruzione dell'uomo di ghiaccio

Richard Leonard Kuklinski nasce nel 1935, a Jersey City, separata solo da un ponte da New York, ma in realtà tutto un altro mondo.

Un mondo duro, feroce e violento, proprio come i suoi genitori.

Anna, la madre, è una donna incapace di amare, cresciuta in un orfanotrofio dove è stata brutalizzata per anni. Richard però non la giustifica; ne parla come di un cancro in grado di far marcire qualsiasi cosa tocchi.

Quanto al padre, Stanley, è emigrato dalla Polonia sperando di avere fortuna, di realizzare il sogno americano, ma è finito a fare il manovale in ferrovia. E a bere sempre di più. È geloso di Anna, che ha sposato in fretta e furia per sfuggire alla solitudine, e la picchia e la umilia in continuazione, anche davanti ai bambini.

«Mio padre era un pazzo, un sadico nato» dirà Kuklinski. «Non avrebbe mai dovuto mettere al mondo dei figli.»

Richard ha due fratelli e una sorella.

Il maggiore è Florian, più grande di sei anni, poi c'è Richard e infine Joseph e Roberta.

Anche loro sono vittime di Stanley, della cintura che usa per frustarli. E un giorno, in cui è più ubriaco del solito, se la prende con Florian. Lo prende a calci e pugni, fino a quando si accorge che il piccolo non si muove più.

Florian ha smesso di respirare, ucciso dai colpi di suo padre.

Per Richard, il fratello era un faro, l'esempio da imitare, l'ala sotto cui ripararsi.

Non appena torna a casa, trova ad attenderlo una scena terribile: al centro del salotto c'è una piccola bara, con dentro il corpicino composto di Florian. Sembra che dorma.

Anna gli spiega che è stata una disgrazia, che il bambino è stato investito da un pirata della strada che poi è scappato.

Però Richard non le crede.

Prende una sedia e comincia a parlare col fratello, mormorando parole che diventano presto una preghiera.

«Non lasciarmi solo, Florian, non lasciarmi solo.»

Ma il piccolo non può sentirlo, non può più proteggerlo.

Florian non c'è più.

Da adulto, Kuklinski tornerà con la mente a quei momenti, ponendosi una domanda a cui non saprà dare risposta.

«Non capisco perché io non abbia ucciso mio padre. Se l'avessi fatto, sarebbe stato meglio. È un uomo che ha messo al mondo due assassini: me e mio fratello piccolo.»

Anche Joseph, infatti, finirà in carcere per aver violentato e ucciso una ragazzina.

È nella squallida dimora di Jersey City, dinanzi a una piccola bara, che nell'animo di Richard si pianta il seme dell'odio.

Un seme che presto germoglia, e poi cresce, violento e dirompente.

Come spesso accade con i serial killer, anche Richard è perciò segnato da un trauma infantile, dall'esperienza del maltrattamento e dell'abuso.

Non tutte le piccole vittime di violenze, però, diventano

assassini. Molte, nonostante le profonde ferite psicologiche e fisiche, riescono a trovare una propria strada e a integrarsi nella società.

Ma Richard non è tra queste.

La violenza è l'unica forma di comunicazione che ha imparato da Stanley e Anna, e l'odio è il sentimento che lo accompagna ovunque.

Da ragazzo passa lunghe ore in solitudine, a catturare piccoli animali cui infligge torture impensabili, fino a quando, un giorno, scopre un forno a legna abbandonato e incustodito. Dentro ci infila cani e gatti randagi, poi accende il fuoco e li brucia vivi, assistendo compiaciuto ai loro ultimi, disperati tentativi di fuga.

L'inferno a Jersey City

La gente di Jersey City si accorge presto che Richard è un tipo particolare, uno da cui è meglio stare alla larga.

Si aggrega a una gang di strada, vive da sbandato, mette insieme il pranzo con la cena giocando pochi dollari ai tavoli da biliardo. Quando gli serve più denaro rapina un negozio, oppure spaccia droga, o vende filmini porno.

Ha una sola passione, la caccia, non a caso.

Ed è così, vagando nei boschi attorno alla città, che si imbatte in una caverna da cui proviene un rumore forte e acuto, un suono che mette i brividi. Incuriosito si avvicina, e lo spettacolo che si trova davanti agli occhi è impressionante. Decine e decine di giganteschi ratti selvatici, famelici, che si muovono convulsamente in una viscida e oscena danza.

Kuklinski ne è affascinato; in loro riconosce la stessa rabbia cieca che lo anima, un istinto brutale che non ha nulla di umano. La tana diventa una delle sue mete preferite, una specie di santuario, un posto che gli tornerà utile nella sua carriera di assassino.

La prima vittima non tarda ad arrivare.

Figlio di poveri immigrati, Richard è costretto a indossare gli abiti lisi del povero Florian, e per questo diventa il bersaglio dei bulli del quartiere, a capo dei quali c'è un ragazzo che si chiama Charley Lane.

«Povero piccolo polacco, sporco piccolo polacco» è la cantilena che Richard si sente ripetere ogni volta che lo incontra; fino al giorno in cui i due rimangono da soli, e Richard può finalmente vendicarsi.

Si sente forte, anzi, di più: onnipotente! Afferra un bastone e lo picchia fino a ucciderlo, poi gli taglia le dita e gli strappa i denti.

Quando riprende il controllo, appena la sete di sangue si è placata, si ritrova con un cadavere da occultare. Vede che a poca distanza scorre il fiume Hudson, ed è lì che finisce il corpo del povero Charley.

Sorte simile tocca a un camionista che ha la sfortuna di giocargli contro a biliardo e di lasciarsi sfuggire qualche insulto di troppo. Gli dà dello «sporco polacco»; lo fa per innervosirlo e indurlo a sbagliare il colpo. Kuklinski, con calma, si avvicina all'avversario e gli spezza la stecca sulla testa, lasciandolo in una pozza di sangue, per poi uscire dal bar come se niente fosse.

Con lui, per rischiare la vita basta uno sguardo storto, una parola di troppo, anche solo un gesto frainteso. Non ha nessuna pietà. È una scheggia impazzita che a ventisei anni ha già ucciso sessantacinque persone.

Lo ha fatto nei modi più diversi, colpendo con pistole di ogni calibro, mazze, spranghe e coltelli.

Gira sempre armato e, per sicurezza, sotto il sedile dell'auto tiene una pistola di riserva.

Kuklinski è l'uomo che uccide in ogni modo conosciuto. È l'assassino assoluto, perché qualsiasi delitto lo lascia freddo e impassibile. Lo racconterà lui stesso, in carcere: «Il vero rebus è capire perché sono fatto in questo modo. Perché sono così spietato, cattivo, del tutto impermeabile alla sofferenza altrui. Li ammazzavo per tenermi in esercizio. Ero in grado di fare del male a chiunque, in qualsiasi momento, senza alcun rimorso, in continuazione. Senza che mi turbasse minimamente. L'ho fatto con tutti i metodi, in tutti i modi. Non credevo nella vita. Uccidevo senza una ragione».

Il problema è che il suo modus operandi è sempre differente, perciò è difficile capire che dietro tutte quelle vittime ci sia un unico assassino.

Inoltre, Kuklinski è scaltro. Sceglie le sue vittime fra gli ultimi, i senzatetto, i tossici, i ragazzi che si prostituiscono. Sa che la polizia, non trovando subito riscontri, lascerà perdere, perché di quelle vittime non importa a nessuno.

È il caso del barbone che un giorno, per strada, gli sbatte addosso e poi gli chiede del denaro. Kuklinski lo scansa, ma l'uomo lo insegue, insistendo. Richard allora si volta di scatto e lo guarda fisso negli occhi, mentre gli pianta un coltello nell'addome. Poi si ferma a osservare la sua espressione sorpresa, lo choc che lascia spazio al vuoto. Lo guarda morire, come se si specchiasse nell'abisso della sua malvagità. Non prova nessuna compassione né rimorso. In fondo, ha eliminato un po' della feccia della società. Sente solo il desiderio di farlo ancora, ancora e ancora.

Il sicario della mafia

È un inarrestabile circolo vizioso.

Per lavorare con la criminalità organizzata è meglio non conoscere l'empatia. E per un serial killer spietato, il modo più facile di guadagnarsi da vivere è mettersi al servizio di chi ha bisogno di un talento omicida.

Si potrebbe dire che Kuklinski sia riuscito a trasformare il suo crudele hobby in un lavoro.

Già, perché la mafia, che ha occhi ovunque, non tarda a notare quell'uomo che uccide senza mai destare un sospetto. Se ne accorge prima della polizia, e decide di assoldarlo.

Il primo contatto è promettente, e allo stesso tempo inquietante. A Roy DeMeo, che gestisce una banda di killer su commissione per conto della famiglia Gambino, piace quel polacco che non abbassa mai lo sguardo. Si vede che non ha paura di niente.

Solo che Kuklinski non ha paura nemmeno di lui. In quel caldissimo giorno dell'agosto 1973 in cui incontra DeMeo, Kuklinski gli manca palesemente di rispetto. Il mafioso lo rimprovera, non sapendo di commettere un terribile errore. Nella testa di Kuklinski risuonano la voce del padre, le scudisciate con la cinghia, la fine di Florian. Salta addosso a DeMeo, ma viene fermato e picchiato a sangue dai suoi uomini.

Alla fine, i due riescono a trovare un accordo. Kuklinski si scusa, ha bisogno di soldi, e così diventa un killer professionista agli ordini di DeMeo, una specie di commesso viaggiatore della morte.

Uccide non solo negli Stati Uniti, ma anche in Sudamerica e in Europa.

Non fa mai domande. Non prova emozioni, non ha punti deboli. Si dimostra disposto a tutto, e mette nel lavoro un'attenzione maniacale, che lo rende inafferrabile.

In breve diventa il sicario di fiducia di tutte e cinque le grandi famiglie mafiose di New York: non si servono di lui solo i Gambino, ma anche i Bonanno, i Colombo, i Genovese e i Lucchese.

Ogni commissione viene portata a termine con puntualità, precisione e senza lasciare tracce. Non comunica dove intende colpire, né chiede mai indicazioni su come operare. Fa da sé, è perfettamente organizzato.

Quando gli viene chiesto di far soffrire le vittime, esegue senza farsi pregare. Anzi, infligge loro torture più crudeli di quanto raccomandato. Cattura la sua preda, la immobilizza legandole mani e piedi dietro la schiena col nastro adesivo, se la carica in macchina e la porta fuori città, in mezzo ai boschi, nei luoghi dove gli piaceva andare a caccia da ragazzo; e lì, nella tana che aveva scoperto, dove non c'è nessuno nel raggio di chilometri e chilometri, nessuno che possa sentire le urla strazianti, Kuklinski lascia la vittima alle decine di ratti, che si gettano sul suo corpo coi loro denti aguzzi.

Richard osserva tutto con lo stesso compiacimento con cui guardava cani e gatti randagi morire bruciati nel forno a legna. Spesso riprende la scena, per consegnare il nastro ai mandanti, lasciando girare la cinepresa fino a quando del malcapitato non restano che le ossa.

Dentro di sé prova un turbamento che fatica a capire. In parte è orrore per la scena, in parte raccapriccio per le grida di dolore.

Però la cosa gli piace, e non riesce a distogliere lo sguardo.

L'esecuzione nella tana dei ratti diventa il suo marchio di fabbrica.

I mafiosi lo ritengono un fuoriclasse.

Per la prima volta nella vita, Richard si sente realizzato. Ha trovato il suo posto nel mondo, ha soddisfatto la propria vocazione: uccidere.

Tutto ciò grazie alla mafia.

Ma non ha dimenticato l'umiliazione subita al primo incontro con Roy DeMeo, quando il mafioso ha osato biasimarlo e i suoi scagnozzi lo hanno malmenato.

Nel 1978 DeMeo viene trovato morto, con più colpi di arma da fuoco nella testa. Nessuno sospetta di lui, tuttavia Kuklinski ha avuto la sua vendetta.

Il buon padre di famiglia

Una volta portato a termine il suo lavoro, gettato il cadavere nell'Hudson o preso l'aereo dal Brasile o dalla Svizzera senza una goccia di sangue addosso, Kuklinski torna sereno a casa, dalla moglie e dai figli.

Perché il killer si è fatto una famiglia, una tipica famiglia americana a cui non vuole far mancare nulla.

La moglie Barbara non ha idea di cosa faccia per guadagnarsi da vivere. Sa che opera nel commercio di beni e titoli stranieri, e che per arrotondare si occupa di fotografia in un laboratorio.

E non può certo immaginare quello che accade un giorno in quel laboratorio, quando il titolare rimprovera Kuklinski. Richard lo immobilizza, poi prende una corda e gliela lega intorno al collo come un cappio. Il poveretto è molto più piccolo di lui, perciò Kuklinski se lo issa sulle spalle, come fosse lui stesso un albero a cui impiccarlo. Sente addosso l'uomo che scalcia nel vuoto, e prova un piacere incontenibile al contatto con quel corpo che perde via via le forze. Quando finalmente smette di muoversi, Kuklinski si sente appagato.

Tutto questo, Barbara non lo sa.

Del resto è difficile sospettare qualcosa di quell'uomo che le sta accanto con affetto e costanza, che il lavoro tiene spesso lontano ma che non manca mai di portarle un regalino al suo ritorno.

Per questo non sospetta nulla.

Nemmeno quando misteriose telefonate nel cuore della

notte costringono il marito ad alzarsi dal letto e a sparire per uno o due giorni.

Barbara è la seconda moglie di Kuklinski. Il primo matrimonio è finito male, per questo Richard fa di tutto perché le cose funzionino.

In realtà è ossessivamente geloso della moglie, di cui controlla ogni movimento. Anzi, preferisce non esca proprio di casa, per il timore d'essere tradito.

La donna si rassegna. Sa che il marito è fatto così, che ha degli sbalzi d'umore, che non appena perde il controllo finisce per alzare le mani. Ma le sta bene, perché poi, passato il momento di rabbia, torna a essere premuroso, le compra i fiori, la porta fuori a cena. Così si accontenta di un marito con le sue ombre e i suoi misteri.

Nella famiglia Kuklinski ci sono poi tre figli, un maschio e due femmine; con i bimbi non è mai violento, non vuole essere come suo padre. Gioca sempre con loro, adora in particolare la piccola Merrick, se la porta al lago a pescare, e la bambina non si stacca mai dal suo papà.

Nemmeno i vicini possono immaginare quale mostro si nasconda dietro la maschera di padre affettuoso, pronto a organizzare barbecue e a bersi una birra in compagnia.

Così come non lo sa Louis Leonard Masgay, che il 1° luglio 1981 esce di casa tranquillo, con in tasca qualche centinaio di dollari per comprare dei nastri da videoregistrazione. Ha trovato un rivenditore che gli fa un buon prezzo: si chiama Richard Kuklinski.

Una stretta di mano, e qualche minuto dopo Masgay è morto, ucciso da un colpo di pistola sparato a bruciapelo. Il suo cadavere finisce in un freezer, dove rimane per un paio d'anni.

Operazione uomo di ghiaccio

A impedire che si possa sospettare di lui è la capacità di non mostrare alcuna emozione durante o dopo gli omicidi.

I sentimenti sono riservati solo alla moglie e ai figli. Per le sue vittime non sente nulla.

«Non provavo mai niente per nessuno di loro» spiegherà dopo l'arresto. «Arrivavano e li uccidevo. Alle volte mi domando come mai sono così, come mai non avverto nemmeno paura.»

Nell'ammazzare, mantiene tuttavia una sua etica: ritiene un punto d'onore il non uccidere mai bambini o donne.

Un altro modo per rimarcare la distanza dal padre.

Eppure, il sangue di Stanley non ha mai smesso di circolare in famiglia.

Kuklinski lo scopre a trentacinque anni, il 16 settembre 1970. Non è ancora il sicario della mafia, ma ha alle spalle un numero impressionante di omicidi compiuti senza ragione. Quel giorno, Richard viene a sapere che suo fratello minore Joseph ha stuprato e ucciso una bambina di soli dodici anni, e per questo è stato condannato all'ergastolo e rinchiuso nel carcere di Trenton.

Lo assale un odio incontenibile verso di lui, e verso tutti i Kuklinski.

Maledetta Jersey City, maledetta famiglia, maledetto Stanley, un uomo capace di rovinare tre figli: il maggiore lo ha ammazzato; il minore è diventato un assassino vigliacco come lui; e quello di mezzo lo ha trasformato in un killer psicopatico, capace di uccidere con la stessa indifferenza con cui si schiacciano le mosche.

La sfida di Richard alla polizia raggiunge il culmine il 25 settembre 1983, quando a Orangetown, nello Stato di New York, viene ritrovato il corpo di un uomo avvolto in venti strati di plastica chiusi col nastro isolante e della corda da bucato.

Il cadavere è in avanzato stato di decomposizione, ma non emana alcun odore, e mancano gli altri segni di degrado. Il coroner si trova di fronte a un morto che allo stesso tempo è fresco e putrefatto. Sembra si sia decomposto al contrario, iniziando dalla superficie per progredire all'interno.

Dalle impronte digitali salta fuori che il cadavere appartiene a Louis Leonard Masgay, scomparso il 1° luglio 1981.

Alla fine è il microscopio a risolvere il mistero: ci sono infatti cristalli di ghiaccio nei tessuti e nel muscolo cardiaco, segno che Masgay è rimasto in freezer per ventisei lunghissimi mesi.

Inizia così la caccia ad *Iceman*.

A coniare il soprannome è Pat Kane, detective capo della task force incaricata dell'operazione; con lui e gli agenti c'è Phil Solimene, un pentito al quale viene offerto di collaborare in cambio di uno sconto di pena.

Kane sa che Kuklinski si fida di lui, che conosce da diversi anni. Solimene gli presenta un altro italoamericano dal nome curioso, Dominick Polifrone. È un agente sotto copertura, ma Solimene gli assicura che si tratta invece di un uomo di fiducia della mafia, e che con lui si lavora molto bene.

Kuklinski prende Polifrone in simpatia, e pochi giorni dopo si lascia sfuggire al telefono una prima confessione.

Il contenuto dell'intercettazione è inequivocabile: «Si può fare» risponde Kuklinski quando Polifrone gli prospetta un omicidio. «Io l'ho fatto in tutti i modi. Ci sono clienti che pretendono sangue e sofferenza e io gli do quello che vogliono. Mi chiedono uno spettacolo e lo fornisco. Se uno mi chiede di farlo con il piombo, lo faccio con il piombo; se preferisce il pugnale, lo faccio con il pugnale. Non ho remore verso niente, armi da fuoco, lame o veleni: purché muoia.»

Allora Polifrone gli domanda se conosca un modo sicuro di uccidere senza che la polizia se ne accorga.

All'agente le mani tremano, trattiene il fiato, perché sa che è il momento decisivo.

E, ancora una volta, la risposta è chiara: «Sicuro, amico mio, si tratta di un metodo tranquillo, che non provoca casini. Veleno. Una miscela a base di cianuro. È velocissimo e non lascia nessuna traccia. O lo versi nel drink della vittima o glielo rovesci addosso; funziona, te lo assicuro. L'ho provato parecchie volte e non ho mai avuto problemi. I modi per spellare un pollo sono tanti, io li ho sperimentati tutti. E quando dico tutti, intendo tutti. Quando l'obiettivo è uccidere, io faccio sempre centro».

Il 17 dicembre 1986 i due si incontrano per definire i dettagli del delitto, ma Kuklinski sente che c'è qualcosa che non torna.

Troppo tardi.

Mentre rincasa, davanti al vialetto dove è solito parcheggiare lo aspettano l'esercito, le forze speciali, la polizia locale e quella federale.

Tutti insieme per chiudere l'operazione *Iceman*.

Kuklinski è alto, massiccio, e non ha alcuna intenzione di arrendersi. Ci vogliono quattro agenti per ammanettarlo, cinque per infilarlo in auto, altrettanti per sbatterlo in cella.

In carcere gli viene concessa una telefonata, e Kuklinski, incredibilmente, compone proprio il numero di Solimene, l'uomo che l'ha tradito e del quale continua a fidarsi.

Dopo una breve custodia, viene tradotto al palazzo di Giustizia. I poliziotti fermano l'auto a una cinquantina di metri dall'edificio, e i reporter si scatenano con le loro macchine fotografiche. Le immagini che compaiono sui quotidiani mostrano un uomo di mezz'età, quasi calvo, con un accenno di sorriso che pare di circostanza. Dagli occhi, però, emana un bagliore inquietante.

Il 18 dicembre 1987 Kuklinski compare davanti alla Corte Suprema del New Jersey, che gli contesta diciannove capi d'imputazione, tutti quei casi in cui la pubblica accusa ha prove granitiche.

Il processo inizia il 25 gennaio dell'anno successivo e lui confessa, mentre Barbara abbandona l'aula sconvolta e disgustata.

La giuria emana il verdetto in tempi rapidissimi; basta solo una mezza giornata di camera di consiglio.

Richard Leonard Kuklinski non verrà giustiziato, perché nel New Jersey non è prevista la pena di morte, però non uscirà mai più dal carcere.

Ma ancora non è finita, perché Kuklinski torna davanti alla Corte nel maggio dello stesso anno, confessando altri due delitti e ricavandone altrettanti ergastoli.

Va a scontarli nella prigione di Trenton, dove già si trova suo fratello Joseph. Lo accoglie una cella larga poco più di quattro metri quadrati, in cui un uomo della sua stazza si muove a stento.

Ancora nel 2004 Kuklinski si dichiara colpevole di altri omicidi, sempre due alla volta, collezionando via via altri ergastoli, fino a un totale di sei.

Non lo fa in cambio di vantaggi nell'espiazione della pena, ma per rimanere al centro dell'attenzione il più a lungo possibile.

Alla fine, il presunto numero delle vittime di *Iceman* oscilla tra le 33 e le 250.

La morte lo coglie il 5 marzo 2006, dopo una lunga malattia che la sua vena paranoide lo convince dipenda da un lento, continuo avvelenamento.

Prima di morire, però, scrive ogni giorno alla moglie

per chiederle scusa, mostrando un pentimento che pare sincero.

In quella piccola cella del carcere di Trenton, che a stento riesce a contenerlo, l'uomo di ghiaccio ha forse iniziato a sciogliersi.

Cos'è uno psicopatico

Richard Kuklinski è senza dubbio il perfetto esempio dello psicopatico, un termine utilizzato per la prima volta da Julius Koch nel 1891.

Ma bisogna aspettare il 1941, con la pubblicazione di *The Mark of Sanity* di Hervey Cleckley, per avere una prima descrizione dei tratti che identificano il disturbo, tra i quali l'intelligenza e l'incapacità di provare vergogna o rimorso, l'assenza di empatia, la scarsa introspezione e i comportamenti antisociali del tutto immotivati.

Nei suoi lavori, Cleckley ha provato a rintracciare le radici storiche della psicopatia; e sfogliando polverosi e ponderosi tomi è riuscito a scovarne un esempio classico, vissuto quattrocento anni prima di Cristo.

Si tratta niente meno che di Alcibiade, generale e politico ateniese, allievo prediletto e probabilmente amante di Socrate.

A dar retta al racconto che ne fa Plutarco, per il vero un po' fazioso, la vita intera di Alcibiade è segnata da impulsività ed eccessi, doti affabulatorie e cinica impudenza. Già da bambino viene descritto come presuntuoso e avventato, e giunto alla maturità non mostra scrupoli nel trucidare i nemici e offendere gli amici. Che, peraltro, finiscono sempre per giustificarlo.

Fino a quando, alla vigilia della spedizione contro Siracusa, si ubriaca distruggendo le statue dedicate al culto di

Hermes; e nel timore d'essere processato tradisce i compagni e l'intera città di Atene, per passare alla rivale Sparta.

Naturalmente, conoscendo i costumi spartani, assai più sobri di quelli ateniesi, prima di presentarsi si taglia i lunghi capelli e abbandona le vesti preziose per indumenti più comodi e severi, mostrando un classico comportamento da camaleonte.

Poi, non contento dell'accoglienza, torna ad Atene e si fa perdonare, per morire a cinquantaquattro anni in Frigia, dov'era andato a cercare un appoggio dal nuovo re di Persia, Artaserse.

Lasciando la storia per tornare alla scienza, lo psichiatra canadese Robert Hare è oggi l'erede di Hervey Cleckley e il maggior esperto di psicopatici, che definisce come «predatori sociali che affascinano, manipolano, e spietatamente si fanno strada nella vita, lasciandosi alle spalle un ampio strascico di cuori infranti, aspettative fatte a pezzi e portafogli vuoti; senza alcuna coscienza o empatia, si prendono egoisticamente ciò che vogliono, e fanno ciò che gli aggrada, senza il minimo senso di colpa o di rimorso».

Hare ne ha poi proposto un'utile e semplice classificazione, dividendoli in *primari*, *secondari* e *dissociali*.

Richard Kuklinski appartiene al gruppo dei *secondari*, spinti all'azione violenta da problemi emozionali e conflitti interiori, e in parte dei *dissociali*, dove l'aggressività è uno stile di comunicazione appreso, dalla famiglia o dall'ambiente.

Sono i *primari* gli psicopatici più diffusi, quelli che è più facile incontrare. Non si tratta di soggetti per forza esplosivi, violenti o distruttivi; al contrario, tendono a presentarsi come persone attraenti e capaci di conquistare con la parola.

Sono professionisti dell'approccio, aggiornati praticamente su tutto, con una conoscenza che pare enciclopedica, dal gossip alla letteratura, alla politica. In realtà, ad ascoltarli con attenzione, scopriremmo come saltino spesso da un argomento all'altro, senza mai approfondire, ricorrendo a frasi fatte non sempre pertinenti.

In ogni caso, il loro fascino superficiale e la loro capacità di manipolare sono tali che non è semplice coglierne i difetti.

Per lo meno al primo incontro.

In base ai criteri con cui normalmente parliamo di patologia, gli psicopatici non mostrano alcuna malattia mentale; non presentano gravi disturbi del pensiero, e la loro intelligenza è nella media, anzi, spesso al di sopra della media. L'egocentrismo è un tratto distintivo e immodificabile della loro personalità, e li porta all'incapacità di dare e ricevere affetto. Possono imitare ogni emozione, ma la schiettezza, la compassione e il semplice calore umano sono qualità che non conoscono.

Non tengono in alcuna considerazione la verità, tanto da essere spesso definiti «mentitori patologici»: non avendo interiorizzato alcun principio etico o morale, non capiscono perché dovrebbero comportarsi onestamente, soprattutto se la disonestà frutta loro un guadagno.

Lo schema con cui agiscono d'impulso sembra essere ciclico, possono cioè comportarsi come cittadini normali, mariti presenti, lavoratori all'apparenza adeguati, per poi, all'improvviso, perdere il controllo.

E dopo che ciò è accaduto, li vedremo pronti a dispiacersi e a chiedere un'altra opportunità. Cosa che generalmente gli concederemo, grazie all'abilità con cui si fingeranno pentiti.

Fingeranno, perché gli psicopatici non provano alcun senso di colpa o di rimorso, per quanto immorali siano le loro azioni, per quanto dolore provochino agli altri.

Una volta sorpresi sul fatto, la loro unica difesa è quella di proiettare all'esterno ogni colpa e responsabilità; ascoltarli, allora, si rivela un'esperienza particolare, perché le loro parole sono prive di qualunque sfumatura emozionale.

Una caratteristica che Cleckley ha chiamato «afasia semantica», un po' come dire che lo psicopatico «conosce le parole, ma non la musica».

10
La storia di Daniela Cecchin

Morte di sabato mattina

Sono le 13 dell'8 novembre 2003.

A Firenze è un tranquillo, pigro sabato d'autunno.

Almeno fino a quando la polizia non riceve una chiamata urgente. C'è bisogno subito di una volante in via della Scala, una strada che parte da piazza Santa Maria Novella, perché al civico 39 hanno trovato il cadavere di una donna con la gola squarciata.

Gli schizzi sono già sul pianerottolo, dove è cominciata la lotta fra la vittima e il suo assassino. Ma il sangue è letteralmente ovunque: sui muri, su una lampada, perfino dentro il portaombrelli.

Appena oltrepassata la soglia, a terra ce n'è un'estesa pozza, e poi una striscia che porta alla camera da letto, dove l'omicida ha trascinato il corpo della vittima.

Gli agenti osservano in silenzio, perché alle scene del crimine sono abituati, però quella è una vera mattanza.

C'è sangue nel salotto, sui mobili e sui divani, nel lavandino del bagno principale, sul cui pavimento sono abbandonati asciugamani imbrattati.

La sorpresa però sta nel bagno di servizio: una busta con dentro degli abiti, anche loro macchiati di sangue.

Li mostrano al marito della vittima: «Li riconosce?».

L'uomo risponde di no.

Quegli abiti, quella giacca di lana, sono dell'assassino; li ha indossati per uccidere, poi si è cambiato e ha commesso l'imperdonabile ingenuità di dimenticarseli.

E non è tutto.

Il killer si è aggirato per casa. Il sangue non manca nemmeno nella camera delle bambine, e dietro il televisore, in salotto, la gran quantità di carta igienica e di fazzoletti di carta racconta come abbia cercato di pulirsi alla bell'e meglio.

La vittima si chiama Rossana D'Aniello, quarantaseienne funzionaria di banca. A trovarla il marito, Paolo Botteri, farmacista, che era andato a prendere le figlie a scuola.

Per la scientifica, le tracce raccontano di uno scontro prolungato, durante il quale anche l'aggressore può essersi ferito, lasciando tracce del proprio DNA.

Intanto la ricerca delle impronte digitali dà esito negativo, segno che chi ha ucciso indossava un paio di guanti.

Non si trova nemmeno l'arma del delitto, un fatto che complica terribilmente il lavoro degli inquirenti.

La prima ipotesi è quella della rapina, ma la pista viene subito esclusa, perché non manca nulla di prezioso. E poi, quale rapinatore si muoverebbe per le stanze di una casa a curiosare ovunque, toccando tutto senza prendere niente?

Un movente passionale? La malavita? Neanche queste piste convincono.

Rossana era una donna irreprensibile, senza nemici, una persona che si fidava degli altri, tanto da aprire la porta al suo aggressore.

E lo ha fatto con gli abiti da casa, come sorpresa da un'improvvisa scampanellata. È quello che accade spesso con i postini.

E infatti nell'ingresso, a terra, c'è un pacchetto ancora chiuso. Molto probabilmente l'assassino si è fatto aprire con la scusa di una consegna e Rossana c'è cascata.

Gli agenti, con cautela, aprono la scatola, tuttavia dentro non c'è niente; solo un elenco con le firme di vari destinatari di pacchi già consegnati. Uno spazio ancora in bianco porta il nome di Paolo Botteri con il suo indirizzo di casa.

Adesso gli inquirenti hanno più chiara la dinamica del delitto.

Ma il movente? Si tratta di un crimine insolito, e il «feroce killer», come lo chiamano i giornali, fa piombare Firenze nel terrore di un nuovo mostro.

Il nuovo mostro

La città ha paura.

Si capisce dal clamore mediatico e dalla grande partecipazione ai funerali che si tengono in Santa Maria Novella, col parroco che scoppia in lacrime alla fine della messa.

Se una donna come Rossana può essere uccisa così, senza motivo, in un qualsiasi sabato mattina di novembre, allora vuol dire che tutti sono in pericolo.

In commissariato il telefono continua a squillare. Molti sono semplici cittadini che chiedono d'essere rassicurati. In altri casi si tratta di mitomani, oppure di chiromanti e improbabili detective privati.

Tutte le piste vengono vagliate prima di escluderle, e questo rallenta molto le indagini.

Ogni tanto c'è chi fornisce informazioni che sembrano attendibili, come succede con un testimone che, cinque giorni dopo il delitto, racconta di aver visto un uomo davanti al portone di casa Botteri. Saranno state le nove di mattino del sabato, l'ora in cui la scientifica ha collocato l'omicidio. L'uomo era sulla cinquantina, alto un metro e ottanta, con lo sguardo allucinato; camminava frettolosamente in direzione di Santa Maria Novella.

L'efferatezza del delitto sembra confermare l'indicazione: solo un maschio, per giunta ben piazzato, può avere compiuto un omicidio tanto brutale.

Un altro elemento interessante emerge dal riesame delle chiamate di emergenza, ricevute dal centralino della polizia il giorno del delitto. Verso le nove, infatti, una signora aveva telefonato segnalando che proprio lì, in via della Scala, aveva sentito distintamente qualcuno che urlava: «Aiuto! Aiuto! Aiuto!».

Una voce di donna, e subito dopo ne aveva udita una diversa replicare in tono più acuto, quasi in falsetto: «Aiuto, aiuto».

Il fatto è che per la signora le grida provenivano dal 41, dal palazzo accanto a quello dell'omicidio.

La prima pattuglia in zona era subito accorsa, ma non aveva trovato niente, e dopo un po' se n'era andata.

Basta però un nuovo sopralluogo per capire cosa sia successo: per uno strano gioco di risonanze, voci e rumori provenienti dal civico 39 sembrano giungere dal numero 41.

Il puzzle inizia a comporsi.

Il killer è arrivato al 39, ha inscenato la consegna del pacchetto e ha ucciso Rossana, incurante delle sue grida d'aiuto. Nel frattempo, la polizia è arrivata al civico 41, costringendo l'assassino a rimanere in casa Botteri per circa un paio d'ore, finché non ha avuto la strada sgombra.

In quelle due ore, imbrattato di sangue, si è messo a girare per l'appartamento.

E la seconda voce?

La testimone dice che il tono era stridulo e beffardo, ed è certa di un dettaglio fondamentale, che scombina tutte le ipotesi investigative: anche questa voce apparteneva a una donna!

Nel frattempo, il laboratorio della scientifica analizza le tracce ematiche raccolte sulla scena, e dall'esame del DNA arriva la conferma: Rossana D'Aniello è stata uccisa da una mano femminile.

A questo punto il gioco è fatto. Basta inserire il profilo genetico dell'assassina nel database delle forze dell'ordine per scoprire la sua identità.

Peccato che dal confronto non emerga alcuna corrispondenza. La persona che ha ucciso è incensurata.

Anche l'analisi delle telecamere di sicurezza non aggiunge molto. Dalle riprese sgranate si intravede una figura che percorre via della Scala poco prima delle nove del mattino.

È certamente lei.

Ma chi è?

Solo allora Botteri ricorda un particolare che risale a qualche settimana prima.

Nel cuore della notte, era squillato il telefono. Lui o la moglie avevano risposto, ma dall'altro capo solo il silenzio.

Gli episodi erano stati pochi, per questo Paolo non ne aveva parlato con la polizia, perché credeva fosse un particolare irrilevante.

E invece sono proprio i tabulati a risultare fondamentali. Le chiamate notturne sono quattro, e provengono da cabine telefoniche sparse per Firenze: una in viale dei Mille, una in via Don Minzoni, una in piazza delle Cure.

L'ultima è partita meno di un mese prima del delitto dalla zona di Porta al Prato, a pochi passi da casa della vittima.

Sono state effettuate tutte con la stessa scheda telefonica, di quelle che si comprano in tabaccheria, e dall'analisi del traffico emerge una lunga conversazione con un numero di Vicenza.

Basta incrociare i dati per arrivare a un nome, quello di Daniela Cecchin, che diventa così la prima sospettata dell'omicidio.

Certo, sembra incredibile: Daniela è una zelante impiegata dell'Ufficio igiene del Comune di Firenze, una donna minuta di quarantasette anni, timida e riservata.

Come può aver commesso un gesto del genere?

È stato il diavolo

Gli inquirenti, tuttavia, faticano a credere che sia stata Daniela a uccidere Rossana D'Aniello.

I suoi colleghi la descrivono come una persona educata, scrupolosa e taciturna. È un'esperta informatica dalle passioni contrastanti: da un lato pratica il tiro a segno e ama i romanzi gialli e i film thriller; dall'altro cerca conforto nella religione, leggendo compulsivamente la Bibbia. Ha anche l'abitudine di registrare tutte le messe mandate in TV per poi catalogarle e sistemarle nella sua videoteca, accanto alle cassette di *Psycho* e degli altri capolavori di Hitchcock.

La polizia la tiene comunque d'occhio. Sa che la carta telefonica incriminata è in suo possesso.

Il 14 novembre 2003, una settimana dopo l'omicidio, gli agenti la vedono entrare nella cabina da cui ha fatto l'ultima chiamata a casa Botteri.

Non sono nemmeno le sei del mattino; il resto della città dorme ancora. Gli agenti bussano al vetro e la invitano a uscire. Notano che indossa un paio di guanti, e quando le chiedono di toglierli, scoprono che ha le dita segnate da tagli profondi.

Le perquisiscono la borsa. È completamente vuota, salvo due schede telefoniche e un coltello pieghevole marca

Opinel, con la lama da venti centimetri: un'arma compatibile con quella che ha ucciso Rossana.

Le chiedono il motivo per cui si porti appresso un coltello del genere, ma lei anziché rispondere, con tono di sfida domanda perché la stiano disturbando.

Tuttavia, la maschera di fredda arroganza cade nel momento in cui i poliziotti le dicono di essere pronti a perquisire la casa di sua madre.

Allora Daniela Cecchin confessa.

È stata lei a irrompere dai Botteri con lo stratagemma del pacchetto e a sgozzare Rossana.

Quando gli agenti gliene domandano il motivo, la sua risposta è spiazzante: «È stato il diavolo».

Ma per riuscire a comprendere cosa abbia trasformato una grigia donna di mezza età in un mostro, bisogna ricostruire la sua vita, una vita di umiliazioni e ossessioni.

La storia di Daniela Cecchin

Daniela nasce il 17 novembre 1956 a Montebello Vicentino da una famiglia benestante, che le garantisce un'infanzia serena. Dopo un breve passaggio a Verona, la famiglia Cecchin si trasferisce a Firenze. Daniela è ancora una ragazza, e si iscrive al liceo classico Michelangelo; siamo negli anni Settanta, un periodo in cui la contestazione cambia radicalmente i costumi degli adolescenti, sempre più liberi e ribelli.

Ma non è il caso di Daniela.

Lei, infatti, si rinchiude in una religiosità assillante. Non solo va a messa, ma prega per ore ogni giorno, studia le Scritture con fervore, frequenta solo la parrocchia, e quando da bambina si fa donna, vive l'esperienza come un trauma terribile.

Ai coetanei non piace quella ragazza così stramba, che

sembra il reperto di un'epoca passata, e iniziano a escluderla e a schernirla.

Gli anni del liceo sono tremendi, e Daniela soffre di anoressia, alternata a momenti di bulimia.

Terminate le superiori, si iscrive alla facoltà di Chimica farmaceutica. Tra i banchi universitari conosce un ragazzo che le riserva qualche attenzione, cosa che lei, purtroppo, fraintende: pensa ci sia dietro un interesse sentimentale, mentre lui sta solo cercando di mostrarsi gentile con quella povera ventenne che tutti continuano a evitare.

Appena comprende che in realtà quel ragazzo non è interessato a lei, delusa, abbandona gli studi; teme però la reazione dei genitori, perciò finge di frequentare le lezioni e di dare gli esami, inizia ad abusare di psicofarmaci e arriva a tentare il suicidio.

Continua ad accumulare fallimenti e frustrazioni.

Torna sui libri per partecipare a un concorso da infermiera, però viene bocciata. Anche in famiglia ora la osservano perplessi, soprattutto quando si mette a parlare da sola e ad agitare i pugni, perché sente le voci dei compagni di liceo che continuano a insultarla.

Le consigliano uno specialista, ma due anni di terapia non sembrano portare alcun beneficio.

Forse è il caso di cambiare vita.

E per farlo riparte dalle sue origini: nel 1987, a trentun anni, torna a Vicenza.

Una voce al telefono

Trova finalmente un lavoro come centralinista in un servizio di telesoccorso per anziani. Peccato che al telefono si mostri fredda e respingente, tanto da mettere a disagio gli utenti e convincere i responsabili che sia meglio trasferirla in archivio.

Daniela la prende malissimo. È certa che sia tutta colpa dei colleghi che la perseguitano, proprio come facevano i compagni di liceo. Li odia perché loro la odiano.

Parla da sola sempre più spesso, agita i pugni, e di notte si sveglia di soprassalto senza riuscire a riaddormentarsi, se non dopo aver telefonato a casa dei colleghi per insultarli.

Non è un gioco, non lo fa per divertirsi. È uno sfogo che la fa sentire meglio, anche se, dopo ogni chiamata, l'odio lascia spazio al timore d'essere scoperta.

Ma la notte successiva tutto ricomincia da capo.

Con alti e bassi, la situazione si trascina per dieci anni. Nel 1997 i carabinieri la convocano in caserma: una donna ha denunciato le molestie telefoniche, e Daniela viene condannata a risarcire la sua vittima. Inoltre le viene ritirato il porto d'armi, ponendo fine all'hobby del tiro a segno.

Le accuse aumentano, e Daniela finisce per perdere il lavoro appena la scoprono a timbrare a ogni ora i cartellini dei colleghi.

Trova impiego nel Comune di Arzignano, in provincia di Vicenza, ma l'esperienza dura poco, perché le telecamere di sorveglianza la colgono mentre sottrae alcune carte dalla scrivania del primo cittadino. Quando il sindaco le intima di restituirle, Daniela risponde che non può, che le ha bruciate. Le viene allora chiesto gentilmente di dimettersi, se non vuole essere licenziata, e Daniela accetta; tuttavia cova vendetta.

Le sue telefonate notturne prendono ora di mira un tecnico comunale, che lei sospetta di aver fatto la spia e, strana coincidenza, qualcuno appicca un incendio davanti alla sua casa; solo il pronto intervento dei pompieri impedisce che le fiamme raggiungano l'abitazione.

Anche se l'incendio viene attribuito a mano ignota, Daniela capisce che è tempo di cambiare nuovamente vita.

Torna a Firenze, e nonostante un curriculum non esaltante, viene assunta come impiegata all'Ufficio igiene del Comune.

Vive da sola, in una casa che mantiene pulita e ordinata in maniera maniacale. Lucida perfino le monetine che ha nel portafoglio. Senza amici, nel tempo libero alterna l'ascolto dei canti gregoriani a quello della musica heavy metal.

Prega ossessivamente, e quando non ha in mano la Bibbia, legge fumetti per bambini.

Parla da sola, e si risponde con una voce differente, che crede possa essere quella di Dio.

Si convince di poter contare solo sulla giustizia divina, non su quella umana, perché gli uomini sono astuti e malvagi, come i compagni di liceo, come i colleghi di lavoro.

Sorprendentemente, decide di rifarsi il seno, per poi molestare telefonicamente il chirurgo che l'ha operata. Arriva a danneggiargli la porta dello studio, ma anche questa volta riesce a farla franca.

Un incontro casuale

Nell'estate del 2003 Daniela Cecchin incrocia per strada Paolo Botteri.

Lo vede da lontano, mentre cammina, e lo riconosce subito: è il ragazzo incontrato un quarto di secolo prima, quando si era iscritta all'università, quello che si era mostrato gentile con lei.

Vorrebbe fermarlo e chiedergli se si ricorda di lei, ma non ne ha il coraggio, anche perché Paolo non è solo: sta passeggiando con una donna. Sua moglie, Rossana.

Comunque lo pedina, per giorni e giorni. Scopre che si è laureato e ha rilevato una farmacia, una delle più antiche e prestigiose di Firenze; è un uomo realizzato e felice, accanto alle due figlie e alla loro madre.

Daniela non lo accetta. Sente montare dentro di sé una rabbia incontenibile. L'odio, coltivato per anni, ora ha trovato il suo bersaglio in una donna che non ha mai conosciuto, una donna che non le ha fatto niente.

Rossana ha avuto la vita che avrebbe voluto per sé, le ha rubato la felicità, perciò merita di morire.

Architetta allora il suo piano. Prende un pacchetto su cui incolla una finta etichetta della Federazione dei farmacisti, poi stampa una distinta di ricevuta e mette lei stessa alcune firme dei destinatari, cambiando grafia di volta in volta.

Si presenta in via della Scala con una consegna destinata a Paolo. Quando Rossana le apre la porta, le dice che c'è da firmare, ma che ha smarrito la penna; appena Rossana si gira per cercarne una, l'aggredisce.

Inizia a colpirla alla cieca, senza badare a dove affonda il coltello. Sente che Rossana grida «Aiuto!» più volte e inizia a farle il verso deridendola, come a volersi vendicare di tutte le beffe che ha subito nella vita.

Trascina il cadavere in camera da letto e si accorge che, nel palazzo a fianco, è arrivata una pattuglia della polizia.

Le prende il terrore d'essere scoperta. Sente qualcuno parlare con gli agenti e allora decide di restare lì, vicino al corpo di Rossana, cercando di ripulirsi in qualche modo.

Va in bagno per sciacquarsi. Torna in salotto, gira per la casa, poi va di nuovo in bagno per lavarsi ancora. Ripete gli stessi gesti più e più volte.

Nel colpire, l'impugnatura della lama le è scivolata, ferendola alle dita; per fermare l'emorragia, prende della carta igienica e se l'avvolge attorno.

Poi, vedendo che i poliziotti se ne sono andati, si cambia, infila gli abiti in una sporta, che però dimentica nel lavabo del bagnetto, ed esce con le mani, che non smettono di sanguinare, ficcate in tasca.

Nessuno fa caso a quella donna minuta e per nulla appariscente. Poco dopo, Botteri torna a casa con le bambine e trova sangue ovunque, e la moglie, quasi decapitata da un fendente, in camera da letto.

«L'ho uccisa perché sono triste» racconta Daniela in commissariato. «Avevo comprato il coltello senza sapere neanche il perché. In quel momento, quando l'ho vista... Sono stata io.»

Il 14 novembre 2003 Daniela finisce nel carcere di Sollicciano, e il giorno dopo viene perquisita la sua abitazione.

Abita in via Dogali, una strada tranquilla. La casa è modesta, spoglia, fredda. Fanno bella mostra di sé le videocassette delle messe e dei thriller.

Gli agenti notano anche un giallo di un'autrice americana, Elizabeth George, che si intitola *La miglior vendetta*, e sfogliandolo si capisce che Daniela ne ha tratto ispirazione.

È la storia di Joy, una bella donna che qualcuno ha ucciso in una tenuta di campagna, piantandole nel collo un coltello dalla lunga lama. Sul manico non ci sono impronte, perché l'assassino ha indossato un paio di guanti.

L'arma del delitto è in lavatrice.

Daniela la sta lavando e rilavando, nella speranza che perda ogni traccia di ciò che è accaduto. Si tratta di un coltello a serramanico del tutto simile a quello presente nella sua borsa al momento dell'arresto. Ossessiva anche nel pianificare l'omicidio, Daniela si è procurata due lame perfettamente identiche: una l'ha usata per uccidere Rossana, l'altra la teneva pronta per tagliarsi le vene, nel caso fosse stata scoperta. Ma non ne ha avuto il tempo.

«Mi sono sentita montare un furore dentro» racconta agli inquirenti «perché mi sono chiesta per quale motivo certe persone dovevano avere una vita tranquilla e serena e io questi guai con la giustizia e i problemi sul lavoro.»

E ancora: «Ho commesso questo delitto tremendo poiché l'aggravarsi della mia condizione mi ha portato a una sorta di avversione nei confronti di tutto il genere umano».

Una sorta di avversione, dice Daniela Cecchin.

Allora il diavolo non c'entra.

A spingerla contro l'innocente e ignara moglie di Paolo Botteri è stato l'odio.

Il processo

Ci vogliono tre gradi di giudizio e quasi cinque anni per chiudere il caso di Daniela Cecchin.

Il primo processo si apre il 23 dicembre 2004, con rito abbreviato.

Il punto centrale sta nel comprendere se l'omicidio sia stato commesso a sangue freddo da una mente consapevole, oppure se sia stato il frutto di un momento di incontenibile follia.

Di fatto, si scatena una guerra di perizie sulla salute mentale dell'imputata. L'accusa sostiene che Daniela ha studiato nei minimi dettagli la propria azione omicida. La prova della premeditazione sta nell'acquisto dei coltelli già a metà settembre, una ventina di giorni prima del delitto.

Non solo, la Cecchin ha scaricato da internet il logo della Federazione farmacisti per confezionare il pacco-esca, ha preparato la distinta di ricevuta, ha falsificato le firme degli altri destinatari.

Ha poi compiuto un sopralluogo in via della Scala 39 e studiato i movimenti di Paolo, scoprendo che ogni sabato mattina era lui a riprendere le bambine, mentre la moglie restava da sola in casa.

Addirittura, ha evitato apposta di portare una penna con sé, allo scopo di far voltare la vittima e aggredirla più facilmente.

La difesa, ovviamente, non è d'accordo. Per gli avvocati di Daniela, l'assassina si è presentata a casa Botteri di certo per spiare, molto probabilmente per aggredire, ma non per forza per uccidere.

Il furore l'ha presa dopo avere consegnato il pacchetto; avrebbe perciò agito sotto l'impulso di una personalità malata e irrazionale, la stessa che l'ha portata a rovistare nella scrivania del sindaco di Arzignano, e che da ragazza l'ha costretta ad alternare abbuffate a drastici digiuni.

A riprova della propria tesi, la difesa ricorda le numerose ingenuità commesse da Daniela: ha lasciato all'interno di casa Botteri non solo il pacchetto, ma perfino i suoi stessi vestiti insanguinati.

Di sicuro non è il comportamento di un'assassina che agisce con freddezza e lucidità.

Tocca allo psichiatra nominato dalla Corte sciogliere il nodo, e alla fine la sua opinione è che l'imputata non presenti un vizio di mente: Daniela ha dimostrato un controllo di sé sufficiente a progettare il delitto, a pianificarne i dettagli, a prevederne le conseguenze, a mettere in atto alcuni comportamenti evitandone altri, cercando di allontanare da sé ogni sospetto.

Per esempio quel fine settimana, quello in cui ha ucciso, aveva accettato di pranzare coi familiari, mostrandosi serena e senza alcun segno di turbamento.

Secondo lo specialista, Daniela Cecchin è sì affetta da un disturbo di personalità, però non così grave da averle limitato le capacità d'intendere e di volere.

Trent'anni di carcere, questo chiede la Procura, e la richiesta viene accolta dalla Corte.

Ma nel 2008, alla fine di un lungo percorso giudiziario, la Cassazione dichiara Daniela Cecchin semi-inferma di mente, ritenendo che l'omicidio sia stato condizionato da uno stato di malattia: il gesto non sarebbe espressione del suo essere criminale, quanto del suo manifesto disturbo della personalità.

Paolo Botteri si costituisce parte civile contro la sentenza, ritenendola, sono le sue parole, «vergognosa».

Però la sua protesta non cambia le cose.

La condanna definitiva parla di vent'anni di reclusione, che con le attenuanti diventano solo tredici.

Inoltre, la sentenza prevede che, scontata la pena, Daniela rimanga per tre anni in una residenza per criminali pericolosi; tuttavia il magistrato di sorveglianza ritiene la misura controproducente dal punto di vista terapeutico.

Così, il 1° agosto 2017 Daniela Cecchin esce dal carcere. Oggi è una donna libera.

L'odio dello stalker

Quello di Daniela Cecchin è un caso di stalking da manuale.

Ma chi è uno stalker?

La parola viene dal gergo tecnico dei cacciatori, e indica l'appostamento e poi l'inseguimento di una preda. Si tratta di un comportamento articolato, in cui lo stalker prima individua una vittima su cui riversare i propri sentimenti, positivi o negativi, dopo di che cerca di stabilire un contatto attraverso la sorveglianza e il controllo.

La maggior parte delle aggressioni di uno stalker è perciò di tipo diretto, a distanza ravvicinata.

Quasi mai lo stalker è un killer professionista, ma nella gran parte dei casi fantastica a lungo e pianifica il delitto.

Quando passa all'azione, scarica la rabbia accumulata accanendosi sugli organi vitali della vittima, così come è accaduto a Rossana D'Aniello, colpita alla gola.

Anche le molestie telefoniche sono tipiche dello stalking,

insieme ai messaggi anonimi, inviati ben prima dell'attacco. Occorre infatti del tempo prima che il bisogno di controllo si trasformi in ossessione, l'ossessione che nessuno debba avere ciò che allo stalker è negato.

Secondo l'FBI, esistono tre tipologie di stalking: i casi domestici, quelli non domestici e quelli di fissazione erotomanica.

È in quest'ultima categoria che sembra rientrare Daniela Cecchin.

L'erotomania è un particolare tipo di amore, un amore distorto che genera odio. Lo stalker, infatti, matura una fissazione per un legame idealizzato, che non prevede un'attrazione sessuale, e non tiene conto dei dati di realtà. Il suo obiettivo è fondersi spiritualmente con l'oggetto amato, una fusione impossibile, e quando il molestatore lo comprende, l'odio esplode.

Alle volte, come nel caso di Daniela Cecchin, la vittima è l'ostacolo che si frappone fra lo stalker e il suo sogno. In altre circostanze, è la stessa persona da cui lo stalker si sente respinto a divenire un potenziale bersaglio.

Quando l'amore diventa odio

Non sorprende che i primi casi di stalking a essere studiati riguardino i personaggi famosi, con cui il molestatore è convinto di avere un rapporto sentimentale privilegiato.

E dalla frustrazione all'odio, il passo è breve.

Succede a Mark David Chapman, che l'8 dicembre 1980 spara a John Lennon dopo avergli chiesto un autografo.

Ma la storia più incredibile è certamente quella di John Hinckley junior.

John è un ragazzo nato e cresciuto in una famiglia senza grandi problemi. Eppure qualcosa in lui non funziona, perché se ne sta sempre da solo, perso nei suoi pensieri, avvolto da un velo di malinconia. Fino a quando incontra lei, una ragazza carina che frequenta il college. Non che sia proprio una sconosciuta, anzi, perché aveva solo tredici anni quando si era ritrovata a recitare accanto a De Niro in *Taxi Driver*.

John si innamora perdutamente di Jodie Foster, la riempie di messaggi, di lettere, di pensieri. Sa tutto della sua vita, e la segue in continuazione. Lei nemmeno se ne accorge.

I signori Hinckley si preoccupano, e portano il figlio da uno psichiatra, ma lo specialista non riscontra gravi malattie in John. Certo, è immaturo e troppo dipendente dalla famiglia, basta però spingerlo a trovarsi un lavoro, a diventare più autonomo, e di sicuro migliorerà.

In ogni caso deve iniziare una psicoterapia, e sottoporsi a visite periodiche.

Quello che lo psichiatra non immagina, però, è il fatto che il ragazzo, tra una seduta e l'altra, attraversi gli Stati Uniti per stare vicino alla sua Jodie.

Che continua a non considerarlo.

Così decide di compiere un gesto che lei non potrà ignorare.

Prima però le scrive una lettera, che la ragazza riceverà quando tutto sarà finito.

Cara Jodie,

c'è la possibilità concreta che possa essere ucciso nel mio attentato a Reagan. È proprio per questo che sto scrivendoti ora. Come ormai tu ben sai, io ti amo moltissimo. Negli ultimi sette mesi ti ho lasciato dozzine di poesie, di lettere e messaggi, nella fievole speranza che tu potessi mostrare un interesse per me.

Anche se abbiamo parlato un paio di volte per telefono, non ho mai avuto il coraggio di rivolgermi semplicemente a te e presentarmi. A parte la mia timidezza, onestamente non volevo darti noia. So che i molti messaggi che ti ho lasciato alla porta e nella cassetta delle lettere sono una seccatura, ma io sentivo che erano il modo meno doloroso di esprimerti il mio amore.

Sono molto felice del fatto che alla fine tu abbia conosciuto il mio nome e ciò che provo per te. E girando per il tuo campus, ho scoperto che io sono il tema principale di più che una semplice conversazione, per quanto ridicolo possa essere. Alla fine tu saprai che ti amerò per sempre.

Jodie, abbandonerei in un secondo l'idea di colpire Reagan se solo potessi vincere il tuo cuore e passare con te il resto della mia vita. Non posso che riconoscere che la ragione per cui proseguo nel progetto di un attentato è che non posso più attendere per far colpo su di te. Devo fare subito qualcosa per farti capire senza mezzi termini che sto agendo per causa tua. Sacrificando la mia libertà, e forse la mia vita, spero che cambierai la tua idea nei miei confronti. Questa lettera è stata scritta un'ora prima che io lasci l'Hilton Hotel.

Jodie, ti chiedo per favore di guardare dentro il tuo cuore e darmi almeno l'occasione, con questa mia storica impresa, di ottenere il tuo rispetto e il tuo amore.

Ti amerò per sempre,
John Hinckley

Il 30 marzo 1981 Ronald Reagan viene raggiunto dai proiettili sparati da Hinckley.

Non muore, conquistando il non trascurabile primato di essere l'unico presidente degli Stati Uniti sopravvissuto a un'aggressione armata.

John finisce dritto al manicomio criminale, con una diagnosi stampata sul frontespizio della sua cartella clinica.

Sta scritta in grande e dice: «Erotomania».

11
La droga e l'odio

Pietro De Negri, «Er Canaro»

La storia risale al 1988, ma sono in molti a ricordarla ancora.

Perché quello di Pietro De Negri, noto come «Er Canaro della Magliana», è uno degli omicidi che ha più colpito e inquietato gli italiani negli ultimi quarant'anni.

Un delitto feroce, con particolari tragicamente grotteschi, anche se gran parte delle torture subite dalla vittima, l'ex pugile dilettante Giancarlo Ricci, sono avvenute dopo la sua morte.

Un crimine dell'odio legato a uno stato allucinatorio, probabilmente indotto dalla cocaina.

La cocaina, infatti, ma anche le amfetamine e l'ecstasy possono incidere sull'intensità delle emozioni distruttive, diminuendo la capacità di gestirle in modo razionale.

Tutto dipende, ovviamente, dalla frequenza del loro uso e abuso, dalla qualità e dalla quantità assunta.

In ogni caso, le droghe possono generare stati di euforia, confusione e disinibizione; tuttavia, paradossalmente, pure il distacco emotivo può costituire un incentivo all'odio.

Accade che sotto l'effetto di stupefacenti le emozioni possano sfumare, l'empatia venir meno, trasformando la vittima da persona a oggetto su cui condurre sadici esperimenti.

L'intossicazione cronica porta poi a stabili danni strutturali, a livello epatico, ma soprattutto a carico del sistema nervoso centrale, provocando malattie mentali come la depressione e le psicosi.

C'è infine da considerare l'aspetto sociale, particolarmente importante nel caso di Pietro De Negri. È infatti frequente che il consumo abituale di droghe avvenga in contesti degradati, alimentato da dinamiche fondate sulla prevaricazione e la delinquenza.

In ambienti simili, l'odio trova ancor più spazio, per la difficoltà a tracciare un confine netto tra ciò che è lecito e ciò che non lo è. Si assiste anzi a un ribaltamento: da sentimento distruttivo, l'odio diviene strumento per imporsi, difendendosi aggredendo.

E quello del Canaro è un caso da manuale.

Una vendetta atroce

A Roma si dice in giro che Giancarlo Ricci, detto «Er Puggile», abbia le «mani grosse», nel senso letterale del termine, cosa che lo avvantaggia nella carriera sportiva, e che non si faccia pregare ad alzarle. Anche fuori dal ring.

Ha ventisette anni ed è un tipico esempio della piccola delinquenza di borgata. Oltre a quel poco che guadagna con la boxe, arrotonda con qualche furto e un po' di spaccio.

Pietro De Negri ha cinque anni in più, ed è tutto il contrario. Piccolo, magrolino, dall'aspetto insignificante; a prima vista sembra una persona innocua e educata. Inoltre è legatissimo alla figlia ancora piccola, che ogni giorno va a prendere all'uscita da scuola.

Anche sua moglie Maria è una donna minuta, col naso lievemente all'insù e l'aria mite.

Vicini e conoscenti parlano bene di Pietro, descrivendolo come una persona gentile e rispettosa; c'è chi ricorda, per esempio, che prima di entrare in casa d'altri aveva sempre la premura di spegnere la sigaretta per timore di dar fastidio.

Il mestiere che si è scelto è singolare, e il modo in cui lo pratica muove quasi a tenerezza: ha un negozio, che in realtà è solo una stanza piastrellata di un bianco reso opaco dal tempo, di toelettatura per cani. All'interno c'è un bancone di metallo che va da un muro all'altro, con gabbie per gli animali e alcuni ganci appesi al muro.

Ma in quel negozio un po' trascurato i cani entrano arruffati o feriti ed escono ripuliti e medicati; la sua è una piccola oasi di gentilezza e tranquillità in un quartiere difficile.

Quello fra De Negri e Ricci è un rapporto di forza, come tra servo e padrone. Ricci comanda, fa il bello e il cattivo tempo, s'infiamma appena qualcosa lo intralcia ed è subito pronto a menare le mani.

Una volta gli ruba lo stereo, e per restituirlo chiede duecentomila lire. Però questa è solo la punta dell'iceberg, perché ogni giorno arriva a battere cassa; e se non c'è denaro sono botte.

Ma c'è di più. C'è che il pugile fa anche il piccolo spacciatore, ed è lui a passare al Canaro la cocaina da cui dipende.

Peccato che il vizio costi, e il negozio non renda poi molto. Nemmeno Ricci naviga nell'oro, ragion per cui i due organizzano una rapina.

È probabile che l'idea l'abbia avuta Giancarlo, e che Pietro gli sia andato appresso; in ogni caso le cose vanno storte, almeno per De Negri, che viene catturato, mentre Ricci riesce a scappare con il bottino.

La galera è dura, tuttavia il Canaro tiene la bocca chiusa e sopporta, perché una volta scontata la pena sa di poter contare su metà della refurtiva.

Però non ha fatto i conti con Ricci, l'infame, che spende fino all'ultimo centesimo del maltolto, così quando De

Negri esce non è rimasto più nulla: il suo sacrificio – finire in galera senza mai fare il nome del complice – è stato completamente inutile.

Il 18 febbraio 1988 i due hanno di nuovo un appuntamento, ma stavolta è il Canaro a prendere l'iniziativa. Dice a Ricci di raggiungerlo in negozio, in via della Magliana 253, perché aspetta uno che deve dargli della cocaina.

Il piano è semplice: uccidere lo spacciatore e impossessarsi sia della droga sia dei soldi che avrebbe avuto con sé.

Per farcela, bisogna che il Canaro si comporti normalmente, parlando con il pusher, e che Ricci, nascosto, salti fuori all'improvviso.

Magari proprio da una delle gabbie che il Canaro usa per gli animali di taglia più grossa.

Sono le tre del pomeriggio, e Pietro è decisamente alterato, per via della cocaina sniffata in quantità.

Ricci arriva con un amico, Fabio Beltrano, uno di cui si fida e che può tornare utile nel caso di imprevisti.

Ma al Canaro la cosa non sta bene: dice che in tre si è in troppi, che lo spacciatore rischia di mangiare la foglia. Insomma, meglio lasciar stare, e allora Beltrano se ne va, convinto che Pietro non voglia rinunciare a una fetta della torta per spartirla con lui.

Difficile capire come Ricci sia così ingenuo da cascarci, eppure accetta di infilarsi nella gabbia, per sentire appena entrato lo scatto del lucchetto.

È in trappola, allora si mette a urlare, mentre cerca di forzare serratura e sbarre.

Ma niente. Non c'è modo di liberarsi.

I rapporti si sono rovesciati.

È così che iniziano nove ore da incubo.

Nove ore in cui l'odio prende le forme della tortura, delle sevizie continue e orrende.

Il Canaro alza la musica dello stereo a tutto volume. Si comincia.

Per prima cosa, gli getta addosso della benzina per bruciargli il volto.

Poi infila il braccio nella gabbia, gli tira una bastonata in testa e lo stordisce.

A quel punto, quando vede che il suo nemico barcolla come un pugile vicino al KO, decide che è il momento di colpire duro.

Lo tira fuori e lo lega a un tavolaccio.

Gli fa posare una mano sul ripiano. Ricci esegue, stordito e ormai in balia del suo carnefice. Il Canaro allora afferra un tronchese e gli trancia il pollice. Poi l'indice. Dopo passa all'altra mano.

Adesso, alla fine delle braccia, Ricci non ha più due mani, bensì delle specie di zampe, come quelle dei cani.

Ma il lavoro del Canaro non è finito, c'è ancora tanto da fare, e il sangue lo intralcia. Senza contare il rischio che muoia dissanguato, quando la vendetta è appena cominciata.

Prende allora dell'altra benzina e la getta sulle ferite, cauterizzandole con le fiamme.

Il dolore è atroce, tanto da risvegliare Ricci, che si riprende e torna a urlare minacce.

Tuttavia gridare non serve a nulla, perché il Canaro sta iniziando a fargli capire chi comanda davvero. Glielo sibila in faccia, prima di scoppiare in una folle risata che sovrasta il fragore della musica.

Lo rimette nella gabbia, dopo di che, a sorpresa, gli dice che deve portare pazienza, perché c'è una cosa che deve fare, una cosa cui non rinuncerebbe mai, nemmeno per tutto l'oro del mondo.

I bambini delle elementari escono alle quattro del pomeriggio. E lui deve andare a prendere sua figlia a scuola.

Appena fuori dal negozio di toelettatura per cani, il violento cocainomane torna a essere Pietro De Negri: il torturatore eccitato dall'odio indossa nuovamente i panni del padre di famiglia responsabile.

Va a scuola, dà la mano alla piccola chiedendole come ha passato la giornata e la accompagna a casa dalla mamma, alla quale dice di non preoccuparsi se farà tardi, perché c'è un lavoro urgente che deve finire.

Quindi si ripresenta nel negozio, dove ricomincia la tortura.

Ricci è ancora vivo, nonostante le ustioni, le mutilazioni e il sangue sparso sul tavolo e sul pavimento.

Il Canaro si avvicina nuovamente al suo viso, ma stavolta non per dirgli qualcosa o per ridergli in faccia, bensì per strappargli il naso, amputandolo con un tronchese. Poi passa alle orecchie, prima una e poi l'altra.

Ricci continua a gridare e a insultarlo, animato dalla rabbia e dal terrore, e, pur di non sentirlo più, Pietro decide di risolvere il problema alla radice: gli apre la bocca, gli afferra la lingua con le dita e gliela mozza.

Il pugile ormai non sembra più un essere umano ma una creatura deforme, incapace di articolare suoni.

L'effetto della cocaina però non smette di farsi sentire; come estrema umiliazione, Ricci, l'uomo che si era sempre comportato da maschio alfa, viene castrato.

E la galleria degli orrori non termina qui.

A questo punto, il Canaro apre la scatola cranica di Ricci, e alla vista della materia grigia ha un'idea del tutto folle: da una mensola afferra lo shampoo per cani e con questo si mette a lavargli il cervello.

Sono passate nove ore dall'inizio della mattanza. Approfittando del buio, l'assassino infila il cadavere in un grande sacco di plastica, lo ripone in macchina e si dirige alla discarica di via Belluzzo, in zona Portuense.

Lì il Canaro afferra ciò che resta del suo odiato nemico e gli dà fuoco.

La verità della giustizia

Alle otto e mezzo del mattino seguente, un uomo che sta portando al pascolo il suo cavallo intravede qualcosa che gli sembra un corpo, e dà subito l'allarme.

Nonostante lo scempio, le forze dell'ordine non faticano a identificare nella vittima Giancarlo Ricci, pugile dilettante noto in commissariato per piccoli precedenti.

Le indagini si concentrano allora sulla sua cerchia di amici e potenziali complici, fino a che non si arriva a Beltrano, che è stato l'ultimo a vederlo, intorno alle quindici del 18 febbraio.

L'uomo racconta che lo aveva lasciato dopo uno screzio con Pietro De Negri, detto «Er Canaro», per qualche affare losco che doveva accadere nel negozio di toelettatura per cani di via della Magliana.

Bastano tre giorni, insomma, per chiudere l'inchiesta.

Quando gli agenti si presentano dal Canaro, lui confessa immediatamente, senza battere ciglio.

Non è pentito. Ammette l'accaduto con freddezza; sembra ancora mosso dall'odio che lo ha portato a sequestrare, a torturare, a uccidere.

Un odio che ha trovato sfogo ma che continua a scorrere placido e lento, come un fiume d'inverno sotto la coltre ghiacciata.

«Sì» dice il Canaro agli inquirenti «sono stato io. Gli ho sciacquato il cervello con lo shampoo dei cani, a quell'infame. Gli ho amputato le dita, poi gli ho tagliato le orecchie, il naso, i genitali. Gli ho detto: adesso non sei più neanche un uomo. Lui è svenuto, io ho bruciato le ferite con la benzina per fermare il sangue e l'ho fatto rinvenire. Parlava troppo, continuava a insultarmi, così gli ho tagliato la lingua. Ma non voleva saperne di morire, quell'infame. Alla fine gli ho sfondato la testa e lavato il cervello.»

Il giorno dopo, i titoli dei giornali sono clamorosi.

Quello del «Corriere della Sera» è *Fatto a pezzi, vivo, dal tosacani*, e continua con «l'allucinante confessione del balordo della Magliana che ha massacrato il complice troppo prepotente»; «Evirato, tagliuzzato, bruciato lentamente con la benzina: "Non moriva mai"»; «L'assassino imbottito di cocaina ha inchiodato la vittima al pavimento e ha usato sadicamente forbici, martello e tronchesino. In questura: "Lo rifarei subito"».

In carcere De Negri scrive un memoriale, trenta pagine in cui racconta nel dettaglio gli eventi del pomeriggio da incubo. La calligrafia è bella, come per un compito in classe, e anche l'italiano è ricercato, più di quanto ci si potesse aspettare.

«Da più parti mi si accusa di essere un pazzo, un mostro» scrive «e la cosa mi fa molto male. Sono lucidissimo, non sono pazzo. Se qualche perizia dovesse darmi torto, mi ammazzerei.

«Ho fatto quel che ho fatto sotto l'effetto della cocaina. La prendevo per darmi coraggio, ma non ero esaltato, stavo bene. Ero cosciente e sono tuttora cosciente di quello che ho fatto. Sono un uomo, e sono disposto a pagare il mio debito con la giustizia.»

Poi aggiunge: «A undici giorni dal fatto, con la mente lucida, non sono assolutamente pentito. E se mi si proponesse una cosa del genere, la rifarei, per altre undici volte consecutive»; anche se ammette che «con questo gesto ho infangato la mia famiglia, la cosa più cara che ho».

Conclude dicendo che alla Magliana «la gente fa festa»,

perché lui, Er Canaro, l'ha liberata da un delinquente detestato da tutti.

Agli occhi degli inquirenti, in realtà, il comportamento del Canaro non pare proprio quello di una persona equilibrata. E infatti, nel corso del processo, la perizia psichiatrica lo trova affetto da un disturbo paranoide legato all'abuso di cocaina.

È stata dunque la droga a liberare l'odio del Canaro.

È stata l'intossicazione da stupefacenti a fargli vedere in Ricci non solo una persona che lo aveva tradito e vessato, non solo un complice di cui disfarsi, ma un corpo privato di ogni umanità su cui accanirsi.

Il Canaro ha agito in uno stato delirante e allucinatorio, e la prova sta nel fatto che la versione della giustizia non coincide con la sua.

Il racconto del Canaro, con Ricci che continua a offenderlo e a insultarlo anche dopo torture mortali, viene smentito dai fatti.

I fatti veri, quelli dimostrati dalla scienza.

L'autopsia, condotta dal medico legale Giovanni Arcudi, dimostra che, per uccidere Ricci, al Canaro sono bastati sì e no quaranta minuti.

Ecco come sono andate realmente le cose: il Canaro si è accanito sul Ricci con un martello, lo ha colpito alla testa una decina di volte, provocandogli un'imponente emorragia cerebrale e un rapido decesso.

Solo dopo che Ricci è morto, il Canaro si è dato alle mutilazioni, anche se lui è convinto di averle praticate mentre il suo nemico era in vita.

Quanto invece alle torture, alle sevizie più crudeli che il Canaro sostiene di aver compiuto, ebbene, il professor Arcudi dimostra che non sono mai avvenute.

L'odio e la cocaina si sono impossessati della mente di

Pietro trascinandolo in un vortice delirante, alimentato dal bisogno di rivalsa.

Ma nessuno ha mai fatto lo shampoo al cervello del pugile.

Nessuno gli ha mai aperto la testa. Nessuno gli ha cauterizzato le dita amputate con la benzina, e nessuno lo ha mai fatto entrare in una gabbia per cani.

Gabbia che gli inquirenti non sono riusciti a trovare, né in negozio né nella discarica del quartiere Portuense, e che probabilmente non è mai esistita.

Sul Canaro, dice la perizia, la droga ha agito tre volte.

Innanzitutto scatenando l'odio nel momento in cui si è trovato solo con Ricci, attivando la voglia di vendetta per le angherie subite per anni.

Quindi non ponendo limiti al disprezzo e al rancore mentre disumanizzava la sua vittima; infine impedendogli di fermarsi davanti alla morte, una morte di cui il Canaro nemmeno si accorge, convinto di seviziare e torturare un corpo ancora vivo, per ore e ore.

Un odio inarrestabile, ma non abbastanza da dimenticarsi di passare a prendere l'adorata figlia a scuola.

Eppure i riscontri delle indagini dimostrano che anche in questo caso le cose sono andate diversamente: lui non si è mai allontanato dalla scena del crimine per compiere quel gesto di tranquilla quotidianità.

A prendere la bambina a scuola ha mandato sua cognata.

Il mistero del Canaro

Vista la confessione, la condanna appare inevitabile.

Tuttavia il 12 maggio 1989 Pietro De Negri viene scarcerato: la perizia psichiatrica, attribuendo alla droga la responsabilità delle sue azioni, ha concluso per la presenza di un vizio di mente e ha escluso la sua pericolosità.

In sintesi, il Canaro non rischia di tornare a uccidere; basta tenerlo lontano dall'uso di sostanze capaci di aggravare il suo disturbo paranoide di personalità.

Non prova a suicidarsi, come aveva prospettato nel memoriale, e viene internato in una struttura psichiatrica, così da essere curato.

Una decisione contestata dall'opinione pubblica, e a dire il vero anche da molti professionisti del settore.

In ogni caso, man mano che il processo prosegue viene disposta una nuova perizia, che porta a conclusioni ben diverse.

È il secondo grande colpo di scena nella vicenda del Canaro, dopo le verità svelate dall'autopsia.

Si stabilisce che De Negri ha sì agito sotto l'effetto della droga, ma che la cocaina ha influito solo in parte sulle sue azioni.

Per il resto, sapeva benissimo del male e del dolore che stava infliggendo, non importa se credendo ancora viva una persona già morta o immaginando di torturare qualcuno che in realtà aveva già ucciso.

La condanna definitiva è a ventiquattro anni di reclusione.

Ma la storia non è ancora finita.

Se nulla torna nella versione del Canaro, perché essere certi che abbia agito da solo?

Ed è qui che Fabio Beltrano torna protagonista: l'uomo si è davvero limitato ad accompagnare Ricci nel negozio di via della Magliana, o è stato complice di Pietro, non nella finta imboscata allo spacciatore bensì nell'agguato all'ex pugile?

Le indagini non portano a nessun risultato certo.

In carcere ci finisce soltanto De Negri, ormai ex Canaro, unico colpevole dell'omicidio di Giancarlo Ricci. E dietro le sbarre sembra ravvedersi, confermando quanto la cocaina abbia giocato un ruolo decisivo nella genesi e nella dinamica del delitto.

Torna la persona gentile che tutti conoscevano, così da

guadagnarsi – dopo sedici anni di reclusione – la libertà anticipata per buona condotta.

All'inizio di ottobre 2005 il Canaro è di nuovo un uomo libero. Torna a vivere con la moglie e la figlia, che ormai non è più la bambina che andava a prendere a scuola.

Inizia a lavorare come fattorino, con un paio di regole da rispettare: ogni giorno deve rientrare a casa per passarci la notte e se ha bisogno di allontanarsi da Roma deve chiedere l'autorizzazione in Questura.

È sufficiente, insomma, che sia tenuto sotto controllo.

Ora il suo più grande desiderio è quello di essere dimenticato, ma non è così semplice.

L'opinione pubblica torna a interessarsi all'incredibile e inquietante storia del Canaro nel 2018, a trent'anni dal delitto, quando al cinema escono due film.

Uno, *Dogman* di Matteo Garrone, è ambientato nel 2017 ed è la storia di Marcello, un uomo che ama due cose: stare con la figlia piccola e toelettare i cani. È una persona mite, ma viene taglieggiato da un ex pugile cocainomane con l'aria da bullo, Simone, che decide di fare del suo negozio la base dei propri traffici illegali. Ed è questo che, come in un piano inclinato, conduce inevitabilmente al delitto. La locandina ritrae Marcello di schiena, mentre tiene sulle spalle il cadavere di Simone, seguito da un cane che scodinzola. Anche se i nomi sono stati cambiati, e molti particolari romanzati, non c'è dubbio che la sceneggiatura si sia ispirata alle vicende del Canaro.

L'altro film è *Rabbia furiosa* di Sergio Stivaletti, ambientato nel Mandrione, quartiere alla periferia di Roma. Fabio, il protagonista, è appena uscito di galera, dove ha scontato la pena per un crimine per cui l'ha invece fatta franca il suo amico Claudio, ex pugile. Claudio organizza combattimenti fra cani, che vengono poi curati nel negozio di toelettatura di Fabio, che fa da copertura. Fra i due si sviluppa un ambiguo rapporto schiavo-padrone, che si rovescia nel finale.

Le due produzioni risvegliano l'interesse del pubblico per la vicenda, giornali e televisioni tornano a commentarla, fino a quando, ancora una volta, c'è un colpo di scena.

La madre di Giancarlo Ricci, intervistata, dichiara che Pietro De Negri è stato solo un pupazzo, che non è stato lui ad ammazzare suo figlio.

Non lo ha toccato nemmeno con un dito, perché non era compito suo uccidere, ma solo coprire i veri responsabili, i quali hanno lasciato le loro impronte sulla scena e la scientifica le ha trovate.

Peccato che della cosa la signora non abbia alcuna prova.

Eppure il silenzio del Canaro, ormai libero e riabilitato, non cancella tutti i dubbi.

Luca Varani e i suoi carnefici

C'è però una storia che riaccende i riflettori sul Canaro, sulla droga e sull'odio, e purtroppo non si tratta di un'opera di fantasia.

La sera del 5 marzo 2016 i carabinieri arrestano due persone per l'omicidio di Luca Varani.

Partiamo dalla vittima, da Luca, che non è nato in Italia ma a Sarajevo, subito dopo lo scoppio della guerra civile.

I genitori non li ha, vive in un orfanotrofio, dove lo trovano Silvana e Giuseppe Varani; rapiti dalla dolcezza di quel bimbo, lo adottano e lo portano con loro a Roma.

Crescono un bambino felice; Luca è sereno, gentile, disponibile. A quattordici anni si fidanza con Marta Gaia, il suo grande amore. Di giorno lavora in un'officina meccanica; poi, dopo aver passato ore ad aggiustare motori, frequenta le scuole serali per prendere il diploma.

Ma i sogni di Luca si infrangono a soli ventitré anni.

Il suo corpo, nudo e avvolto in un piumone, viene trovato in una camera da letto nel quartiere Collatino, a Roma, con una lama piantata nel petto. Con un altro coltello, e con un martello, gli hanno inferto più di cento colpi, sfigurandolo in volto.

Le tapparelle sono abbassate fino a metà.

Accanto a lui dormono abbracciati due giovani uomini.

Uno si chiama Marco Prato, ha trent'anni e indossa abiti femminili; l'altro, Manuel Foffo, di anni ne ha ventinove.

Sono loro gli altri protagonisti della tragedia.

Marco Prato, un ragazzo di buona famiglia, cresce con qualche complesso per via dei chili di troppo e di una calvizie precoce, cui rimedia indossando un parrucchino.

Dopo una delusione amorosa tenta il suicidio, e il trauma lo porta a interrogarsi, a chiedersi se si senta felice e realizzato.

Quali sono davvero le sue fantasie, i suoi desideri, i suoi sogni?

Quelli che fino ad allora aveva cercato di reprimere, così prende la decisione più importante della sua vita, e inizia il percorso di transizione che lo avrebbe portato in Thailandia per cambiare sesso.

Per realizzare il suo progetto, però, ci vuole tempo e soprattutto denaro, motivo per cui si mette a fare il PR nell'ambiente delle feste romane.

O meglio, dei festini, durante i quali conosce Manuel Foffo.

Anche Manuel è una persona confusa e irrisolta.

Ormai da anni è uno studente fuoricorso della facoltà di Giurisprudenza, perché così vuole il padre. Che gli ha anche detto che se proprio non riuscirà a diventare avvocato potrà sempre dare una mano nell'agenzia di pratiche automobilistiche di famiglia.

Un obiettivo difficile da realizzare, perché Foffo ha un problema con l'alcol, e nel 2015 lo hanno fermato in stato di ebbrezza e gli hanno ritirato la patente.

Vive al decimo piano di un palazzone in via Igino Giordani, sopra la casa dei genitori, il che equivale a una specie di libertà condizionata.

La notte di Capodanno del 2016, Manuel e Marco, complici l'alcol e la droga, finiscono a letto. Cosa che turba Foffo, che tuttavia non tronca la relazione, o il loro rapporto, comunque lo si voglia chiamare.

Ma cosa c'entra Luca Varani con le loro incertezze e ambiguità? Cosa ci fa il suo cadavere massacrato e avvolto in un piumone intriso di sangue?

Il segreto di Luca

È la mattina di venerdì 4 marzo 2016 quando sul cellulare di Luca compare un messaggio. È Marco, che gli fa un'offerta: cento euro per qualche ora di divertimento in compagnia di un amico.

Luca accetta. S'inventa una scusa al lavoro e si presenta all'appuntamento, al decimo piano di un palazzone dall'aria triste di via Igino Giordani.

Non può immaginare che da due giorni Prato e Foffo non fanno che sballarsi, fino a che, a un certo punto, hanno scoperto un desiderio condiviso e oscuro, un desiderio inconfessato e inconfessabile.

Uccidere qualcuno.

Una persona qualsiasi.

Per capire che sensazione si prova.

Luca non è il primo che contattano. Ma chi è arrivato prima di lui ha avuto paura e se n'è andato.

Luca Varani no.

Appena entrato viene accolto con sorrisi, abbracci calorosi e un cocktail, corretto con dosi generose di un potente sedativo.

Bastano pochi minuti prima che faccia effetto, e a quel punto inizia la mattanza.

Prato e Foffo afferrano un coltello ciascuno e iniziano a colpirlo. Poi, irritati dai suoi lamenti, provano a strangolarlo. Però non ce la fanno, e allora si affidano alle martellate.

Passano due ore, due ore di pura crudeltà, di un odio liberato ma non generato dall'abuso di sostanze.

Alla fine, esausti, si addormentano accanto al corpo martoriato, dopo averlo avvolto in un piumone, come fosse sufficiente per nasconderlo e dimenticare.

Lasciato l'appartamento, si fermano al primo bar e tornano a bere; poi le loro strade si dividono.

Prato va in una camera d'hotel, dove scrive biglietti farneticanti e tenta il suicidio.

Foffo, invece, accompagna i familiari fuori Roma, al funerale di uno zio.

Durante il viaggio, suo padre non può fare a meno di notare quanto sia agitato, e allora gli domanda cosa sia successo.

Manuel resiste qualche minuto, ma poi crolla e confessa tutto. È il padre stesso ad avvertire le forze dell'ordine, la sera del 5 marzo.

I carabinieri si dividono; alcuni vanno a cercare Prato, lo trovano svenuto e chiamano un'ambulanza.

Quando si riprende, dopo la lavanda gastrica, non sembra troppo pentito.

Proprio come il Canaro, trent'anni prima.

Altri corrono in via Igino Giordani, al decimo piano del palazzone; anche qui occorre un'ambulanza, ma senza fretta, e senza accendere sirene e lampeggianti.

I due assassini vengono interrogati separatamente.

Manuel ammette l'omicidio e spiega che non c'è stato un movente, se non quello di scoprire che effetto fa sedurre una persona, sequestrarla, seviziarla e infine ucciderla.

Gli inquirenti insistono.

Nessun motivo passionale?

Nessuna ragione economica?

Niente, Luca Varani non è stato ucciso né per gelosia né per soldi. Solo per provare un'emozione nuova.

A processo, i complici fanno due scelte diverse. Manuel Foffo opta per il rito abbreviato, e nel 2019 viene condannato in via definitiva a trent'anni di reclusione.

In attesa di giudizio nel carcere di Velletri, Marco Prato non aspetta che i giudici gli dicano che passerà gran parte della sua vita dietro le sbarre.

Il 19 giugno 2017 prende un sacchetto della spazzatura e ci infila dentro la testa e la bomboletta di gas che usa per cucinare. Di notte, quando nessuno se ne accorge.

La mattina dopo, insieme al cadavere, gli agenti trovano anche una lettera in cui afferma d'essere innocente, e che la colpa è stata tutta di Manuel.

12
Odiare la famiglia

Il caso Virdis

«Tutte le famiglie felici si somigliano; ogni famiglia infelice è invece infelice a modo suo.»

Con questo incipit geniale inizia *Anna Karenina*, il capolavoro di Lev Tolstoj pubblicato nel 1877; e certo quella di Francesco Virdis è una storia di legami familiari disperati e disperanti, capaci d'innescare un odio mortale.

Nato il 1° aprile 1937 alle pendici del Gennargentu, Francesco vanta uno zio paterno nel novero dei briganti sardi, e questo per Cesare Lombroso già sarebbe un segnale preoccupante; ma sono ben altre le vicende che marcano la sua vita.

Suo padre Battista ha quasi sessant'anni quando torna in Italia dopo un lungo periodo da immigrato negli Stati Uniti. A quel punto ha messo da parte un po' di denaro, che gli permette di prendere in moglie Maria Mereu, ben più giovane di lui.

Dal matrimonio, prima nasce Giovanni, poi Giuseppina, quindi tocca a Francesco e infine alla sfortunata Angela, affetta da una malformazione che le impedirà per sempre di camminare.

Sarà per la fame patita, o per un'innata propensione al sospetto, che Battista si convince che tutti vogliano approfittarsi di lui, rubandogli quanto ha risparmiato con fatica.

Per questo intenta negli anni una ventina di cause, con processi che regolarmente perde, ritrovandosi poi davvero senza soldi.

Nel 1943, però, finisce in tribunale dalla parte degli indagati, per via di una denuncia per maltrattamenti fatta da sua moglie; condannato, campa solo pochi mesi in carcere, dove muore all'età di settant'anni.

Maria resta in Sardegna per qualche tempo, poi si trasferisce a Torino, tenendo con sé il primogenito, sistemando Giuseppina e Francesco in collegio e piazzando Angela all'Istituto Cottolengo per disabili.

Giovanni ricambia la scarsa attenzione fuggendo di casa e rubando una pistola con cui tenta una rapina e ferisce un taxista; arrestato, gli toccano sette anni di galera.

Nel frattempo Giuseppina e Francesco lasciano il collegio, ma se la giovane è tranquilla e posata, il ragazzo crea un sacco di problemi.

Francesco

A tredici anni Francesco trova lavoro in un caffè, ma dura poco, perché lo sorprendono a rubare dalla cassa; non va meglio con l'impiego successivo, da cui viene licenziato per la malavoglia con cui svolge ogni incombenza.

Mamma Maria, provata da una vita difficile, con il figlio è capace solo di critiche e rimproveri: anziché offrirgli comprensione e sostegno, cerca un istituto «correzionale» noto per la disciplina ferrea e lì abbandona Francesco, facendo passare dei mesi tra una visita e l'altra.

È in questo periodo che nella testa del ragazzo viene piantato il seme dell'odio.

Alla prima occasione ruba una bicicletta e, denunciato dalla stessa madre, finisce in riformatorio.

Qui Francesco si tiene lontano dai guai, sta in disparte, e una volta scontata la pena torna a casa e cerca lavoro.

Ne cambia tanti, che non durano mai più di due mesi.

Con Maria, inutile dirlo, il rapporto è complicato.

Ci litiga furiosamente, ma è pur sempre a lei che chiede i soldi per poter frequentare i bar, dove passa gran parte delle giornate. Maria arriva perfino a regalargli una Vespa, con cui il ragazzo percorre in lungo e in largo le strade della periferia.

Eppure Francesco non è felice, nemmeno con la sorella va d'accordo, finché capisce che al mondo non c'è posto per lui; così, nel luglio 1957, prende una manciata di barbiturici e tenta il suicidio.

Maria e Giuseppina, però, se ne accorgono in tempo e lo portano in ospedale, dove una lavanda gastrica gli salva la vita.

Per Francesco si tratta di un momento di svolta.

Una svolta drammatica, perché il ragazzo non vuole più star male, e ora ha capito che l'unica cosa da fare è eliminare tutti, tutti quelli che lo fanno soffrire, compreso l'uomo che Maria ha trovato, un compagno che le ha dato una casa e che la vuole sposare.

Francesco non parla.

Se ne sta per conto suo.

Passa le notti fuori casa, non si sa dove né con chi.

Ma ogni tanto esplode, e allora fa veramente paura.

Minaccia la sorella, le ruba il denaro che guadagna come parrucchiera, la picchia se reagisce, tanto che Giuseppina teme il peggio, e lo annota nel suo diario.

Il gas, la morte

Sono le 2.45 del mattino del 12 novembre 1957 quando un ragazzo si presenta all'Ospedale Martini di Torino chiedendo aiuto, la voce rotta dallo sgomento: per l'amor di Dio, che corressero a dare aiuto ai suoi familiari, perché appena tornato a casa li ha trovati che non respiravano più.

Quando è rientrato c'era odore di gas, così ha aperto subito la finestra prima di soccorrere la madre, la sorella e il fratello; e siccome non rispondevano è corso in ospedale, perché non abita lontano.

I poliziotti pensano a un suicidio collettivo, poi considerano l'ipotesi di un omicidio, e allora vanno a interrogare il compagno di Maria Mereu, anche se non si capisce quale movente potrebbe avere avuto; in ogni caso, l'uomo ha un alibi inattaccabile.

Quello di Francesco Virdis, invece, li convince poco.

L'autopsia fissa la morte tra le 23 e le 24 dell'11 novembre e il ragazzo dichiara di essere uscito alle 22, d'essersi fermato in un locale e di avere poi incontrato una ragazza.

Però i testimoni non ricordano d'averlo visto prima delle 23, ed è impossibile rintracciare la donna, perché Francesco non ne ricorda nemmeno il nome.

Gli inquirenti sono perplessi: Francesco è il primo sospettato, anche se continua a ripetere la sua versione, e si vede che non è uno sciocco; allora perché avrebbe commesso errori tanto grossolani?

E se fosse uno di quei rari casi di follia lucida?

Approfittano così del riconoscimento dei corpi in obitorio, compito che spetta a Francesco, che non batte ciglio davanti ai cadaveri, ma poi, uscito dalla camera mortuaria, sviene di colpo.

All'alba del quarto giorno di interrogatori gli investigatori sono certi della sua colpevolezza, tuttavia in mancanza di prove sono costretti a rilasciarlo.

Proprio allora, Francesco chiede del commissario, e a lui, spontaneamente, confessa ogni cosa.

La confessione

«Mi opprimevano con le loro parole, mi annoiavano con le loro prediche. Li odiavo e ho deciso di ucciderli. Mi rincresce solo per mia sorella, che non mi voleva tanto male: per eliminare gli altri, ho dovuto sacrificare anche lei.»

Una volta rotti gli indugi, ecco tutta la drammatica verità sulla strage.

Impiegato in una piccola officina, circa una settimana prima del delitto Francesco aveva litigato col caporeparto, e anticipando un sicuro licenziamento aveva deciso di non presentarsi al lavoro. L'ennesimo fallimento era stato mal sopportato in casa, dove ora viveva anche il fratello Giovanni, tornato libero dopo aver scontato la condanna e deciso a mettere la testa a posto.

Non bastasse, alla madre era venuta la pessima idea di parlare del figlio maggiore come di un esempio da imitare, col risultato che l'odio di Francesco verso la donna si era allargato e ora comprendeva anche il fratello.

Quanto al piano, nell'appartamento messo a disposizione dal compagno di Maria si era deciso di non utilizzare il gas, bensì l'energia elettrica, motivo per cui l'erogatore era stato sigillato e il contatore rimosso.

Ma, all'insaputa di tutti, Francesco aveva sbloccato i meccanismi di sicurezza, in attesa dell'occasione propizia.

Lunedì 11 novembre non si era alzato fino a mezzogiorno, per poi andare al cinema e rientrare alle 5 del pomeriggio. Quando Giovanni era tornato a casa e l'aveva trovato di nuovo a letto, era scoppiata l'ennesima lite.

La classica goccia che fa traboccare il vaso.

Perciò quella sera aveva atteso che madre e fratelli si addormentassero, poi aveva aperto piano il rubinetto, in modo che non si sentisse il sibilo del gas, infine era uscito. Si era fermato in un bar vicino, dov'era arrivato verso le 11 di sera, e lì si era trattenuto fino all'1.

Ma giunto davanti a casa, gli era preso il dubbio che i suoi fossero ancora vivi, perciò era risalito sulla Vespa e aveva girovagato per un'altra ora.

Quando aveva aperto la porta, senza accendere la luce per il timore che una scintilla potesse far esplodere l'appartamento, tutto era silenzioso.

Il cuore di Maria, Giuseppina e Giovanni si era fermato. A quel punto Francesco aveva indossato un paio di guanti, perché gli era venuta un'idea.

Aveva afferrato il cadavere del fratello e lo aveva trascinato fino al tubo del gas, passandoci sopra le mani ormai fredde, in modo da lasciare le sue impronte e addossargli la colpa.

Poi, non si capisce perché, aveva cambiato la federa del cuscino che la madre aveva sporcato negli ultimi momenti di agonia.

Ecco, adesso era pronto per la sceneggiata.

Si era diretto con passo tranquillo verso l'ospedale, fino a quando mancavano poche centinaia di metri, che aveva coperto correndo a perdifiato.

Il processo

Passano sei mesi dall'arresto al processo, perché i giudici vogliono capirci di più, e allora ordinano sia fatta una perizia psichiatrica.

Francesco collabora. Racconta che non è pentito del suo gesto e non chiama mai le vittime per nome, ma ne parla come di «loro».

«Loro» che non lo avevano mai amato, rimproverandolo sin da quando era bambino. «Loro» che, se non avesse agito lui, un giorno o l'altro l'avrebbero ucciso.

E tra «loro» ci mette anche l'uomo di sua madre, cui avrebbe presto pensato, se non l'avessero arrestato.

Alla fine agli psichiatri tutta quella storia sembra il frutto di una mente malata, di una psicopatia aggravata da manie di persecuzione, e concludono per la presenza di un vizio parziale di mente.

La prima udienza in Assise si tiene il 22 aprile 1958.

Francesco Virdis pare indifferente, ripete il suo racconto con voce piatta, ritrattando solo in parte ciò che gli inquirenti hanno già messo a verbale.

Non è vero che aveva voluto ucciderli tutti, intendeva solo spaventarli, perché capissero il dolore che gli stavano procurando e la smettessero di tormentarlo.

Alla Corte bastano poche ore per condannarlo all'ergastolo, senza le attenuanti di alcun disturbo mentale.

Francesco sta in silenzio.

Dichiara solo di rinunciare a qualunque appello.

Non vuole più sentir parlare di processi, tantomeno di «loro».

In carcere prende il diploma di geometra, poi si iscrive all'università.

Gli affidano qualche piccolo lavoro, e ciò che ne ricava lo manda alla sorella Angela.

Una ventina d'anni dopo la strage si sparge la notizia che sia prossimo alla laurea in Sociologia.

A motivarlo, la curiosità di comprendere i meccanismi del comportamento umano.

Il caso Maso

Un figlio che chiede aiuto perché ha trovato i suoi cari senza vita. La stessa scena interpretata da Francesco Virdis si ripropone una trentina d'anni dopo, in tutt'altra parte d'Italia.

È la notte fra il 17 e il 18 aprile 1991.

A Montecchia di Crosara, un piccolo paese in provincia di Verona, piove da giorni e giorni.

È passato uno dei soliti weekend, tutti uguali, con le chiacchiere dopo la messa, il pranzo con i parenti e i giovani che cercano di divertirsi, chi in centro a bere qualcosa, chi prendendo l'auto per raggiungere una delle discoteche nei dintorni.

Sono circa le 2 di notte quando gli inquilini di una villetta di via San Pietro si svegliano di soprassalto.

C'è il figlio dei vicini che sta urlando di correre, che è successa una disgrazia.

Lui era stato al solito bar John, poi era andato in discoteca a Verona con i suoi amici Giorgio, Paolo e Damiano. Quando era rientrato si era sorpreso di vedere le luci di casa ancora accese.

E appena aperta la porta d'ingresso, aveva visto un corpo a terra in un lago di sangue.

Terrorizzato, era scappato via ed era corso dai vicini.

In realtà i corpi a terra sono due.

Appartengono ad Antonio Maso, cinquantasei anni, e a sua moglie Maria Rosa, quarantotto.

Sono i genitori di Pietro, e qualcuno li ha massacrati di botte.

Si tratta certamente di una rapina finita male, come dimostra il disordine della casa, i cassetti aperti e ribaltati, il contenuto sparso a terra; d'altronde, le stesse vittime avevano più volte espresso il timore d'essere aggredite e derubate.

Peccato che, misteriosamente, non sembri mancare nulla.

I carabinieri chiedono allora al ragazzo di accompagnarli nel sopralluogo e di raccontare nei dettagli tutto quello che è successo.

Pietro non ha problemi, anzi, si esprime con una compostezza fin eccessiva; lo stesso distacco con cui risponde ai giornalisti accorsi sulla scena.

«Normale... Ho trovato porte aperte, luci accese... Sono andato a vedere e ho visto delle gambe che uscivano. Allora sono andato a chiedere aiuto. Boh, non lo so...»

Le sue non sembrano proprio le parole di un ragazzo distrutto dal dolore, di un figlio che ha perso i genitori. E poi c'è l'alibi, fatto di una serata al bar proseguita in discoteca, che sembra fabbricato apposta.

I carabinieri decidono allora di mettere pressione sia a lui sia ai suoi amici, e la recita dura meno di ventiquattr'ore.

Il più fragile dei quattro è Damiano, ancora minorenne.

Il maresciallo insiste, lo spinge a contraddirsi, lo incalza fino a che il ragazzo non scoppia a piangere e gli getta le braccia al collo.

È stato un omicidio. Lui c'era, ma non aveva colpito; si era rifugiato nel bagno, in preda al disgusto.

Con in mano la confessione di Damiano, il carabiniere passa a Pietro.

Lo guarda a lungo, quel diciannovenne elegante, con i capelli curati e l'aria strafottente di chi pensa d'essere il più furbo e il più intelligente.

Quando parla è per dirgli che è finita, perché Damiano ha detto tutto.

Pietro non si scompone, tuttavia sul suo viso compare un bruciante sorriso di sconfitta.

Allunga la mano verso un bicchiere d'acqua, ne beve un sorso e inizia a raccontare.

La dolce vita a Montecchia

Quella messa su da Antonio e Maria Rosa, è una tipica famiglia della provincia del Nordest.

Antonio, detto «Toni», è un contadino che possiede un piccolo appezzamento di terreno, ma cura anche poderi non suoi; Maria Rosa gli dà una mano, e insieme hanno costruito una villetta a due piani che tengono pulita come uno specchio.

Pietro nasce il 17 luglio 1971.

Primo figlio maschio dopo due femmine, a Pietro vanno tutte le attenzioni dei genitori; mamma e papà non hanno occhi che per lui, e fin da piccolo lo coccolano, lo viziano, non gli negano mai nulla.

Da bambino Pietro è timido, e a scuola non brilla.

Così, dopo la terza media, smette di studiare e cerca lavoro. Lo trova come commesso in un supermercato, poi lo assumono in una concessionaria d'auto.

È appena un ragazzino, ma Montecchia gli sta stretta.

Vuole fare la bella vita, finendo per spendere più di quanto guadagna; però non è un problema, perché basta che chieda ai genitori per essere sempre accontentato.

Se la spassa fra le discoteche di Verona e il bar John, dove offre da bere, gioca a carte e a biliardo. Gli piace correre in macchina e farsi vedere in giro con ragazze sempre nuove.

Si sente forte, invincibile e insuperabile.

Arriva così il 1990, e Pietro compie diciannove anni.

Condurre quella che lui stesso chiama «una vita brillante» è diventata un'ossessione. Ha bisogno di soldi, molti soldi, ma non ha nessuna intenzione di lavorare e sacrificarsi come hanno fatto i genitori.

E quindi?

Ne parla con il suo amico più caro, Giorgio Carbognin.

Gli dice che c'è un modo per diventare ricchi; basta eliminare qualche ostacolo. Giorgio è perplesso, ma lo lascia parlare, e Pietro gli spiega che si tratta di intascare l'eredità della famiglia Maso. Per farlo bisogna uccidere i suoi genitori e le due sorelle, Nadia e Laura, e forse anche Stefano, il marito di Laura.

Pure Giorgio ha sempre vissuto a Montecchia, e la sua vita sembra la fotocopia di quella dell'amico. I signori Carbognin sono persone perbene, con il padre contadino e la madre casalinga.

Come Pietro, dopo le medie Giorgio va a lavorare in un supermercato, e anche lui sogna un futuro diverso, qualcosa di bello e di grande che lo porti via da Montecchia.

L'amicizia con Pietro nasce proprio dall'illusione che quel ragazzo un po' più grande di lui nasconda da qualche parte il segreto per la fuga, le chiavi del successo.

Il complice

La villetta, i campi, i risparmi in banca: messi insieme valgono almeno un miliardo e mezzo di lire. Pietro ha pensato tante volte a come eliminare i genitori per incassare quell'eredità.

Ora che ha il sostegno di Giorgio, è arrivato il momento di agire.

La sera del 3 marzo 1991 in casa Maso ci sono tutti, tranne Pietro: i genitori, le sorelle e il cognato.

Pietro e Giorgio hanno piazzato in taverna due bombole a gas e una luce che, azionata da un timer, funziona da innesco; per impedire qualsiasi fuga d'aria, hanno otturato il camino con degli abiti vecchi e un cuscino.

Poi se ne sono andati, con il proposito di tornare a strage compiuta.

Antonio, però, sente un ticchettio che proviene dalla taverna. Scende a controllare e scopre le bombole e il timer, puntato sulle 21.30. Mancano pochi minuti, il tempo sufficiente a portare le bombole in giardino e scongiurare l'esplosione.

Quando Pietro torna è quasi mezzanotte.

Per più di due ore ha creduto d'essersi disfatto della famiglia.

Ma anziché vigili del fuoco e macerie fumanti trova suo padre che lo aspetta e gli chiede ragione delle bombole e del resto. Pietro ha la scusa pronta e se la cava, rispondendo che erano tutte cose che gli servivano per una festa che stava organizzando con Giorgio e altri amici.

Antonio preferisce credere a quella spiegazione piuttosto che accettare anche solo l'idea che il figlio volesse ucciderli; intollerabile perfino immaginarlo!

Passa qualche settimana e ad aprile Maria Rosa trova in tasca a Pietro una grossa somma di denaro. È confusa, perché sa che il figlio si è da poco licenziato.

Anche in questo caso, Pietro risponde prontamente: si tratta dell'ultima provvigione che il proprietario dell'autosalone gli ha pagato in contanti.

Meno ingenua del marito, Maria Rosa ha però dei dubbi, perciò gli propone di andare insieme dal concessionario, per scoprire se davvero le cose si siano svolte così.

Il sabato mattina seguente Pietro è alla guida. Di fianco a lui c'è Maria Rosa, mentre sul sedile posteriore si è sistemato Giorgio, che per i Maso è uno di famiglia.

Maria Rosa non sospetta che Giorgio nasconda sotto la giacca un batticarne, col quale colpirla in testa per ammazzarla.

Il piano consiste nell'ucciderla così, dopo di che avrebbero sistemato il cadavere nel bagagliaio e sarebbero tornati a casa. Una volta arrivati, avrebbero attirato il padre in garage ed eliminato pure lui.

A quel punto, caricati entrambi i corpi nell'auto, Pietro e Giorgio avrebbero simulato un incidente, facendo precipitare l'auto dopo aver abbattuto un guard-rail.

Ma Giorgio non ce la fa.

Al freddo contatto delle dita con il batticarne scopre di non avere il coraggio di colpire, non lì, non in quel momento. Allora fa un cenno all'amico e il piano fallisce.

L'idea del garage, però, non è del tutto da buttare.

Pietro la ripropone a Giorgio in una versione semplificata: basta nascondersi con una mazza e aspettare che i familiari scendano nel box: uno avrebbe colpito e l'altro avrebbe nascosto il corpo. Così per ciascun membro della famiglia Maso.

A uno a uno, inevitabilmente, sarebbero scesi tutti in garage a controllare cosa accadeva.

Tuttavia Giorgio, ancora una volta, si tira indietro.

Non ha il coraggio di Pietro, l'amico che ammira come un leader.

Il delitto

Pietro è combattuto.

Vorrebbe accelerare i tempi assoldando un sicario, ma oltre ai costi, c'è il rischio di coinvolgere persone sconosciute.

Succede allora un fatto che fa precipitare le cose.

Anche Giorgio desidera una bella auto, come quelle che piacciono a Pietro, e si innamora di una Lancia Delta usata, che costa 23 milioni di lire.

Soldi che, ovviamente, non ha.

Chiede allora un prestito in banca e lo ottiene, ma quando i suoi genitori vengono a saperlo si oppongono all'acquisto, e lo costringono a restituire il denaro.

Pietro tuttavia convince l'amico a non farlo: ora che hanno tutti quei soldi, tanto vale spenderli; cosa che puntualmente accade, e nel giro di pochissimi giorni della somma non resta più nulla.

Solo a quel punto Giorgio si rende conto della sciocchezza che ha combinato. Pietro gli propone allora una soluzione: prende il libretto di assegni di sua madre Maria Rosa e stacca un assegno da 25 milioni, che consegna all'amico.

Ma cosa accadrà quando la donna se ne accorgerà?

Non si accorgerà di nulla, perché la uccideranno prima.

E lo faranno con l'aiuto degli amici Paolo Cavazza e Damiano Burato.

Paolo ha iniziato a lavorare dopo la terza media, facendo di tutto: il muratore, l'operaio e il commesso nello stesso supermercato dove era impiegato Pietro.

Damiano è il piccolino del gruppo, ancora minorenne. Dopo le medie ha frequentato un corso di avviamento professionale e adesso è un operaio: è nel suo garage che i complici si ritrovano, ed è a casa sua che tengono ciò che occorre per commettere gli omicidi: tute da lavoro, maschere di carnevale e un tubo di ferro lungo mezzo metro.

È il 17 aprile 1991, mercoledì sera.

Verso le 10, i quattro ragazzi entrano in casa Maso.

Antonio e Maria Rosa sono a un gruppo di preghiera a Lonigo, distante una ventina di chilometri.

I ragazzi si infilano le tute e svitano le lampadine, poi vanno a nascondersi fra la cucina e la sala da pranzo.

Pietro si sistema subito dietro la porta, col tubo di ferro in mano. Damiano e Giorgio si mettono dietro il divano, mentre Paolo è in agguato dietro la dispensa. Anche Giorgio ha in mano una spranga. Damiano e Paolo sono armati ciascuno di una padella.

Un'ora più tardi sentono un'auto che rallenta e parcheggia.

Sono le 23.10.

Il primo a entrare in casa è il padre. Schiaccia l'interruttore ma la luce non si accende, e ancor prima che possa chiedersi il perché, suo figlio gli è addosso e lo colpisce col tubo di ferro.

Poi lo affianca anche Damiano, che usa la padella con tale violenza che il manico si stacca.

Mentre Antonio cade a terra, arriva Maria Rosa.

Su di lei balzano Paolo e Giorgio, colpendola alla testa. La donna però resiste, si trascina fino alla porta che dà sulla cucina.

Giorgio allora afferra una coperta e gliela getta addosso per bloccarla, poi le salta sopra a cavalcioni. Quando Pietro vede che la madre continua a muoversi e a gridare, la colpisce sulla testa con il tubo in ferro, con odio, fino a che Maria Rosa non perde coscienza.

Il padre, però, continua a respirare, per quanto debolmente. Accecato da una rabbia incontenibile, Pietro gli mette un piede in faccia. Ma si sente sporco degli schizzi di sangue, vuole andare in bagno a ripulirsi, allora chiede a Giorgio di sostituirlo.

Antonio e Maria Rosa muoiono dopo venti minuti di agonia.

Il processo

Questo è quanto accaduto, nella confessione di Pietro Maso.

La perizia psichiatrica lo dichiara «affetto da disturbo narcisistico di personalità in modalità pervasiva», e afferma che è dotato «di grandiosità nella fantasia e nel comportamento, di ipersensibilità al giudizio degli altri, di mancanza di empatia, dalla prima età a quella adulta».

Propellente al suo disturbo è stato l'odio cieco per la famiglia, in particolar modo per i genitori; un odio che ha spazzato via chi era di ostacolo alla realizzazione dei suoi desideri, sempre più sfrenati.

Un odio che lo ha spinto a pretendere per sé tutto ciò che i genitori avevano faticosamente accantonato.

Pietro non è in grado di percepire gli altri se non in rapporto ai propri interessi, come strumenti per la sua soddisfazione.

L'incapacità di amare gli impedisce di considerare gli altri per ciò che sono: delle persone, che meritano rispetto.

Certo, l'ambiente in cui ha vissuto non lo ha aiutato a sviluppare la propria personalità in modo equilibrato: né i genitori, incapaci di opporsi alle sue continue richieste di denaro, né il paese in cui è cresciuto, dominato dalle apparenze e dall'ossessione per i soldi.

Così Pietro ha raccolto attorno a sé una piccola corte di ragazzi immaturi, utili come complici materiali, dotati di una sconfinata ammirazione nei suoi confronti.

Lo hanno messo su un piedistallo e lì, dall'alto, Pietro si è illuso d'essere diverso da ciò che è: un mediocre ragazzo di provincia, arrogante e senza talenti, che si fa bello coi soldi dei genitori.

Ecco cosa devono valutare i giudici, oltre all'efferatezza del delitto, all'aggravante del parricidio e del matricidio, all'evidente premeditazione, ai futili motivi e alla giovane età: devono considerare il complicato rapporto psicologico all'interno del gruppo criminale.

Nel contesto di un piccolo paese, gli amici occupano lo spazio tra famiglia e società, e il collante è il bisogno di sentirsi accolti e riconosciuti.

Per questo, Giorgio è il complice ideale di Pietro.

Secondo la relazione dello psichiatra, Giorgio è «affetto da disturbo dipendente di personalità fondato sul legame d'onore stabilito con Pietro, incline alla subordinazione e alla sottomissione, soggiogato dal rapporto di totale dipendenza stabilito con l'amico, del quale esegue ciecamente gli ordini».

Paolo, invece, non presenta problemi mentali importanti; ha deciso di partecipare al delitto per un movente economico, e la sua timidezza non gli ha impedito di portarlo a compimento, senza rimorsi. A differenza di Damiano, il più sensibile del gruppo, che a un certo punto si è rinchiuso in bagno, terrorizzato.

Al processo, Pietro si presenta elegantissimo, sfoggiando un foulard al collo che si aggiusta nervosamente.

In aula l'atmosfera è tesa, e certo non aiuta il modo in cui il ragazzo descrive il delitto, con assoluta freddezza.

Continua a reclamare il suo diritto all'eredità davanti a un uditorio incredulo, e solo le insistenze del suo avvocato, che giustamente teme un aggravio di pena, riescono a zittirlo.

La sentenza della Corte d'Assise di Verona viene poi confermata in Appello e in Cassazione: i maggiorenni sono responsabili del delitto, pur con un vizio parziale di mente.

Pietro Maso viene condannato a trent'anni di reclusione, Giorgio Carbognin e Paolo Cavazza a ventisei anni ciascuno.

Quanto a Damiano, processato dal Tribunale dei Minori di Venezia, la sentenza stabilisce la pena di tredici anni di detenzione.

In carcere, Pietro Maso dà segni di pentimento, ritrova l'affetto delle sorelle e si apre a una sincera fede cattolica.

Dopo anni di reclusione ottiene la semilibertà: esce ogni mattina per andare al lavoro, in una ditta di computer, e torna in carcere ogni sera; lì insegna body building, e partecipa anche a un musical messo in scena dietro le sbarre.

Risponde a tutte le lettere che riceve e legge, legge molto; mai nulla sul proprio caso, che cerca di lasciarsi alle spalle, ma i classici della filosofia greca.

Finalmente, sente l'odio placarsi.

Nel 1996 scrive una lettera al vescovo di Vicenza, Pietro Nonis, chiamandolo «padre» e chiedendo perdono a Dio. I due si incontrano.

Parlando col vescovo, Pietro gli mostra le mani e gli dice

che, col senno di poi, se le sarebbe tagliate, se solo avesse saputo di quale delitto sarebbero state capaci.

La sua pena, grazie all'indulto, termina il 15 aprile 2013.

Pietro Maso oggi è un uomo libero dal carcere.

Ma certamente non dal rimorso.

13
Odiare compagni e professori

Trench Coat Mafia

> Odio. Sono pieno di odio e questo mi piace: è l'unica cosa che amo davvero. Tempo fa credevo nell'uomo, poi mi sono svegliato. Ora sono arrivato al punto in cui non sento altro che odio per la razza umana. Piuttosto che vivere a lungo e infelice, preferisco morire. Questa è la mia guerra, la guerra di un uomo contro l'umanità. Non ho scelto la mia vita, ma ho scelto come finirla.

Questo sta scritto nel diario di Eric Harris, che nella primavera del 1999 varca l'ingresso della Columbine High School insieme al suo amico Dylan Klebold e inizia a sparare.

Il giorno della strage non lo hanno scelto a caso, perché il 20 aprile cade l'anniversario della nascita di Adolf Hitler. Un fatto che certo interessa a pochi, ma tra loro ci sono i membri di una piccola confraternita nata tre anni prima, un gruppetto di studenti che si è dato il nome di Trench Coat Mafia, la mafia degli impermeabili.

Si chiamano così perché amano indossare lunghi trench scuri, cercando di apparire sinistri e minacciosi. Il motivo è che non sopportano più i compagni dal fisico prestante e i sorrisi smaglianti, i tipici ragazzi americani che conquistano le più carine della scuola. Sono stanchi d'essere umiliati e derisi, con gli insegnanti che fanno finta di non vedere.

Si riuniscono per parlare delle loro passioni, che poi sono soltanto due: il bowling e le armi da fuoco. Tuttavia, neppure nella Trench Coat Mafia Eric e Dylan trovano attenzione, troppo sfigati perfino tra i perdenti.

Iniziano perciò a meditare vendetta, per dimostrare a tutti chi sono veramente: non vittime inermi, ma spietati carnefici.

Nessuno immagina che l'odio covato da due ragazzi introversi possa tradursi in un massacro.

In auto, sulla strada che li separa dalla morte, si filmano.

Klebold, con gli occhi spiritati, guarda dritto nella videocamera, e simulando il rumore di uno sparo esclama:

«Cucù! Sei morto.»

Il massacro di Columbine

Sono le 11.10.

Harris e Klebold arrivano a scuola e puntano dritti verso la mensa, che di lì a poco accoglierà decine di studenti.

Senza che nessuno faccia caso a loro, piazzano due bombe al propano da 9 chilogrammi, ordigni rudimentali ma drammaticamente efficaci; li hanno assemblati in casa, collegando un timer, un contenitore di benzina e una bombola di gas.

Il loro piano è aspettare l'esplosione, e poi sparare agli studenti in fuga. Harris imbraccia una carabina da 9 millimetri Hi-Point 995; Klebold una TEC-9, sempre da 9 millimetri.

Per sicurezza si sono portati anche un coltello e un machete.

Tuttavia il piano non funziona, qualcosa va storto con gli inneschi, e le bombe non scoppiano.

Non importa, faranno altrimenti.

I primi studenti su cui aprono il fuoco sono Rachel Scott e il suo amico Richard Castaldo.

A Richard, ferito, Klebold chiede: «Ma tu credi in Dio?». Castaldo gli risponde di no, e allora Dylan gli spara otto colpi, senza riuscire a ucciderlo.

Eric intanto afferra Rachel per i capelli, e anche lui le domanda se creda in Dio. La ragazza gli risponde di sì, quindi Harris le punta l'arma alla tempia e la uccide.

Nel frattempo, sulla scalinata ovest, Dan Rohrbough cerca di scappare insieme a due amici. I proiettili di Klebold li lasciano tutti a terra, feriti; Dan striscia cercando di guadagnare l'ingresso della mensa, ma viene raggiunto e finito.

Scavalcato il suo cadavere, Dylan si imbatte in Lance Kirklin, che gli chiede aiuto con voce flebile.

«Certo, ti aiuto io» gli risponde Klebold, puntandogli l'arma in faccia.

Incredibilmente, Kirklin sopravvive, ma sviene o comunque si finge morto, convincendo l'assassino a proseguire; si trova così davanti il corpo di un altro ferito, cui d'istinto chiede scusa mentre lo scavalca.

Harris intanto è impegnato a colpire i ragazzi che fuggono dal lato opposto della scalinata. Spara più di dieci volte rispetto a Dylan, forse perché la sua arma è più efficace, forse perché è lui il trascinatore.

Comunque sia, li accomuna un piacere mai provato prima: «È quello che abbiamo sempre sognato di fare!» esclamano. «È meraviglioso!»

Patti Nielson, un'insegnante della Columbine, ha visto due ragazzi vestiti di nero sparare all'impazzata, e gli altri scappare urlando e cadere a terra, ed è convinta si tratti di una prova del corso di cinema o, nel peggiore dei casi, di uno scherzo di cattivo gusto.

Comunque sia, il troppo è troppo. Così, insieme a uno studente, affronta i due assassini e dice loro di smetterla. Per tutta risposta Harris e Klebold le sparano addosso, costringendola a fuggire verso la biblioteca, dove numerosi ragazzi stanno facendo i compiti. La donna grida a tutti di infilarsi sotto i banchi e di non fare rumore, poi prende il cellulare e compone il 911, il numero delle emergenze.

«Pronto, polizia? C'è uno studente con una pistola. Credo abbia sparato attraverso la finestra proprio adesso. Sento qualcosa di conficcato nella spalla, non so se sia vetro o altro. Sì, sì, ci sono feriti. La scuola è nel panico. Io sono in biblioteca, insieme a me ci sono degli allievi, tutti sotto i banchi. Sono terrorizzati. Gli insegnanti stanno cercando di mantenere il controllo.»

Sono le 11.23.

Dall'inizio della sparatoria sono passati solo quattro minuti.

Il primo poliziotto ad arrivare sulla scena, Neil Gardner, si avvicina alla scuola dall'entrata ovest, ma quando Harris se ne accorge lo costringe a cercare riparo dai proiettili.

L'agente contatta la centrale e avverte che la situazione è gravissima: occorrono subito ambulanze e rinforzi.

Sangue in biblioteca

Alle 11.29 Harris e Klebold entrano in biblioteca, dove si trovano cinquantadue studenti, un altro insegnante oltre a Patti, e due bibliotecari.

Si sono rifugiati sotto i banchi, e quando Harris grida loro di alzarsi, nessuno obbedisce; allora i due assassini iniziano a muoversi avanti e indietro, fermandosi di tanto in tanto a sparare agli studenti accovacciati.

Colpiscono alla testa e alla schiena Kyle Velasquez, sedici anni, rannicchiato su una sedia nella speranza di non essere visto.

Adesso, però, occorre ricaricare le armi. Hanno anche capito che la polizia ha cominciato a evacuare la scuola.

Si sentono braccati, e questo, anziché intimorirli, li eccita ancora di più, scatenando la loro insensata crudeltà.

Continuano a sparare senza nemmeno prendere la mira, alla cieca. Un proiettile raggiunge Steven, quattordici anni, atterrito e immobile accanto al cadavere di Velasquez; anche Kacey viene colpita, e quando grida per la paura e il dolore, Eric le dice di smettere di fare la stronza.

Va peggio a Cassie Bernall, che sta raggomitolata sotto un banco con la sua amica Emily. Harris si accovaccia, le dice: «Cucù!» e le spara in testa.

Inspiegabilmente ignora Emily e si avvicina a Bree, seduta lì accanto. Le domanda se voglia morire, e quando la ragazza gli risponde citando un passo del Vangelo, Harris le dà le spalle e si allontana.

Dylan non capisce, e chiede all'amico perché l'abbia risparmiata. «Tanto faremo saltare in aria tutta la scuola.»

Così muoiono Isaiah, Matthew e Lauren.

A Valeen, Klebold domanda se creda in Dio.

«Sì, perché?» risponde lei. E il ragazzo ribatte, senza alcuna logica, «Dio è omosessuale», citando un verso della canzone dei Nirvana uscita nel 1991, *Stay Away*.

Kelly Fleming viene ferita a morte, ed Eric spara anche a Lauren, nonostante sia già morta.

A questo punto, tra gli studenti, Harris nota un ragazzo che conosce. Si chiama John Savage e gli chiede cosa stiano facendo, se siano completamente impazziti. «Niente» risponde disinvolto Eric, «stiamo solo uccidendo gente.» E poi lo invita a togliersi di lì, ad andarsene subito, dopo di che si gira e se la prende con un ragazzino di quindici anni, Daniel Mauser. Daniel tenta di ripararsi come può, è ferito a una mano e a un orecchio ma trova lo stesso il coraggio di lanciare una sedia contro l'assassino, cercando poi di afferrargli una gamba.

Un gesto che gli costa la vita.

Adesso le vittime sono diventate dodici, che salgono a tredici con Corey DePooter, diciassette anni.

Sono le 11.35. Harris e Klebold hanno ucciso tredici persone e ne hanno ferite ventiquattro in soli sedici minuti.

Sanno di avere poco tempo a disposizione. Si dirigono al laboratorio di scienze, cui cercano di dar fuoco; ma basta l'intervento di un insegnante, nascosto in un ripostiglio, per spegnere l'incendio.

Alle 11.44 rientrano nella mensa.

Le bombole di propano sono ancora lì. Harris prova a spararci contro, nella speranza di farle esplodere, ma non ci riesce; allora prende qualcosa da bere dai distributori, mentre Klebold cerca di capire come incendiarle.

Ancora una volta, non succede nulla.

La scena dura pochi minuti, dopo di che i due si mettono a setacciare i corridoi.

La tensione è irreale. Gli insegnanti e gli studenti che la polizia non è riuscita a evacuare stanno nascosti nelle aule, al buio e in silenzio, nella speranza di non essere scoperti.

Si fa mezzogiorno.

Alle 12.02 Harris e Klebold sparano gli ultimi proiettili contro la polizia.

Alle 12.08 Patti Nielson sente i due assassini urlare in coro: «Uno, due, tre!».

Poi due spari simultanei.

Harris e Klebold si sono tolti la vita.

L'incubo lascia il posto al dolore.

E a mille domande.

Identikit di due killer

Ma chi sono gli autori della strage scolastica che più di tutte ha scosso le coscienze degli americani, obbligando il presidente Bill Clinton a intervenire con un messaggio rivolto alla nazione?

Harris è uno psicopatico violento, il suo obiettivo è sterminare. Klebold è votato all'autodistruzione, un depresso cronico la cui massima aspirazione è morire; se possibile, con i riflettori puntati addosso.

Incontrandosi, le loro personalità malate hanno generato un cocktail micidiale.

Eric David Harris nasce il 9 aprile 1981 a Wichita, in Kansas.

Suo padre è un pilota dell'aeronautica militare, un lavoro che obbliga lui e la famiglia a continui spostamenti.

L'ultimo trasferimento avviene nel 1993, destinazione Littleton, in Colorado, dove Eric inizia a frequentare le scuole superiori.

Dylan Bennet Klebold ha cinque mesi in meno e non si è mai mosso dal Colorado. È nato nella cittadina di Lakewood, a una decina di chilometri dalla Columbine High School.

Anche Dylan da bambino cresce senza dare troppi problemi; va bene a scuola, è tranquillo e gli piace giocare a baseball, come milioni di ragazzi americani.

Tutto cambia con l'adolescenza, e nella scuola di Littleton Harris e Klebold legano subito.

Hanno in comune la passione per l'informatica e per gli «sparatutto», i videogiochi dove uno sterminatore abbatte chiunque incontri sul suo cammino.

Per comunicare senza farsi capire da compagni e genitori studiano il tedesco, di cui apprezzano i toni secchi e aspri. Se nelle foto degli annuari appaiono mingherlini, biondicci e con la faccia spaesata, nel momento in cui rimangono soli si caricano scambiandosi slogan nazisti, come JUDEN RAUS! (Via gli ebrei!).

È il 1996 quando Harris, quindicenne, crea un sito web per appassionati di videogame, che presto trasforma in un blog cui affida le proprie frustrazioni, e dal quale lancia minacce a insegnanti e studenti della Columbine.

«Odio» è la parola chiave.

«Odio questo fottuto pianeta» scrive; e poi aggiunge: «Noi, gli dei, ci divertiremo a uccidere i nemici. A distruggere tutto. Lo sapete cosa odio? Odio la gente».

E firma tutto con un nickname di tre lettere: NBK. *Natural Born Killer*.

Il 30 gennaio 1998 Harris e Klebold vengono arrestati per aver rubato alcuni pezzi in un negozio di elettronica. È uno di quei *petty crimes* per cui gli adolescenti americani si beccano una ramanzina dal giudice, e magari passano qualche giorno nello *juvie*, il carcere minorile. Ma già allora a Harris e Klebold il magistrato contesta la totale assenza di giudizio morale, e chiede per entrambi un aiuto psichiatrico.

È così che Eric inizia a prendere antidepressivi; tuttavia, nonostante la cura, la sua mente si riempie di pensieri di morte, verso sé stesso e i genitori.

Chiude il sito Internet e comincia a tenere un diario, dove pianifica il massacro. Il suo obiettivo è fare almeno cinquecento vittime, e Klebold è d'accordo con lui.

Da due anni fanno parte della Trench Coat Mafia, ma non per questo le cose vanno meglio; anzi, perfino gli altri membri della confraternita li ritengono dei perdenti.

Sono in guerra contro tutti.

In guerra contro un mondo che odiano.

Procurarsi le armi non è un problema, e nella cantina

di casa Harris fabbricano le bombe artigianali da usare nell'attacco.

Si sentono potenti e invincibili, e approfittano di una cinepresa per riprendersi mentre guardano dritto in camera e annunciano: «Abbiamo le armi, fottutissimi figli di puttana!».

E ancora, come se avessero di fronte un nemico: «Non me ne frega un cazzo, io con un colpo di pistola ti stacco la testa. Hai capito, piccolo pezzo di merda?».

Nell'ottobre 1998, sulle pagine del suo diario, Harris fa un primo elenco delle persone che vuole far fuori, di fianco a schizzi di bare accatastate su un carretto. Nella lista ha messo tutti quelli che lo hanno ferito: compagni di scuola che lo hanno bullizzato, ragazze che lo hanno respinto, persone che invidia.

In tutto sono quarantadue nomi, incolonnati uno sotto l'altro. «Questi devono morire» scrive. «Una volta che si inizia a uccidere, bisogna tenere presente che a scuola c'è almeno un centinaio di persone che non deve assolutamente morire. Ma questi devono morire.»

Tutte cose di cui la famiglia di Harris è forse a conoscenza, senza capirne la gravità. Almeno fino alla mattina del 20 aprile 1999, quando il signor Harris sente la notizia della sparatoria, chiama il 911, e alla polizia dice che tra i responsabili della carneficina potrebbe esserci anche suo figlio Eric.

Ma, ovviamente, è troppo tardi.

Virginia Tech

Purtroppo, quello di Harris e Klebold non è un caso isolato.

Si è certamente meritato un posto d'onore nella triste classifica dei crimini più efferati, ma le sparatorie nelle scuole rappresentano una radicata e tristissima consuetudine nel mondo americano.

Risale al 1927 il massacro della Bath School, nel Michigan, dove Andrew Philip Kehoe uccide quarantaquattro bambini prima di chiudersi nella propria auto e farla esplodere.

Un mese dopo la strage di Littleton, il 20 maggio 1999 a Conyers, in Georgia, il quindicenne Anthony Thomas Solomon spara ai propri compagni di classe, ferendone sei.

Il 7 marzo 2000 a Williamsburg, in Pennsylvania, Elizabeth Bush, quattordici anni, ferisce una studentessa con un colpo di arma da fuoco.

Il 21 marzo 2005 a Red Lake, in Minnesota, il sedicenne Jeff Weise spara uccidendo nove persone tra parenti, insegnanti e studenti, per poi suicidarsi.

Sono solo alcuni esempi, perché le statistiche riportano 80 casi nei dieci anni dopo la strage della Columbine, e altri 262 nel decennio successivo.

Ma l'avvenimento che più di ogni altro fa ripiombare gli Stati Uniti nel terrore accade il 16 aprile 2007, in uno dei campus più prestigiosi, quello del Virginia Tech.

Il Virginia Polytechnic Institute è un enorme complesso che si estende per oltre mille ettari, e che ospita più di venticinquemila studenti.

Fra loro c'è Cho Seung-Hui.

Nasce ventitré anni prima a Seul, città che lascia per trasferirsi negli Stati Uniti con la famiglia quando ne ha solo otto; mantiene però la cittadinanza coreana, e forse anche questo contribuisce al suo senso di straniamento.

Cho è preda di un'ansia continua, che non di rado lascia spazio a una profonda tristezza; a scuola viene sistematicamente bullizzato, e già da ragazzino inizia ad assumere psicofarmaci.

Nel campus se ne sta isolato, salvo di tanto in tanto esplodere in momenti di rabbia all'apparenza immotivati. Trascorre gran parte delle giornate davanti al computer, lo sguardo fisso sullo schermo e le cuffie alle orecchie.

Quello che i suoi compagni di studi e i docenti non sanno, è che l'informatica non è l'unico hobby di Cho. Ha anche la passione per le armi. Ne acquista tante, tutte legalmente, e tra queste ci sono una Glock 19 e una Walther P22.

Alle 7.15 di mattina del 16 ottobre 2007, con addosso le due pistole e una giacca senza maniche, di quelle da cacciatore, Cho entra nel dormitorio Ambler Johnston.

Apre la porta della camera in cui dorme Emily Hilscher, diciannove anni, e le spara, così come spara a Ryan Clark, accorso al rumore dei colpi.

A quel punto torna nella propria stanza e lì si cambia, risponde alle e-mail, distrugge l'hard disk del proprio computer, prima di uscire e dirigersi all'ufficio postale, dove alle 9.01 spedisce un misterioso pacco.

A questo punto riprende a uccidere, stavolta partendo dalla Norris Hall, la sede della facoltà di Ingegneria meccanica.

Una volta dentro, blocca l'ingresso con una catena e inizia a fare fuoco con sistematica freddezza, mentre alcuni ragazzi si gettano dalle finestre, e nelle aule e sulle scale iniziano ad ammassarsi feriti e corpi senza vita.

Alle 9.50 gli agenti della SWAT fanno irruzione. Cho li sente avvicinarsi, e capisce che per lui è finita. Apre la porta dell'aula 211, in cui si è rifugiato, e osserva il corridoio da uno spiraglio. Poi si piazza esattamente al centro della stanza e lì, tra i cadaveri degli studenti uccisi, si spara alla tempia con la Glock.

Alla fine, i morti sono trentadue – trentatré se si considera anche il suicida –, fra cui cinque insegnanti, e ventitré i feriti, sei dei quali per il disperato volo dalle finestre, pur di evitare i proiettili.

Resta il mistero del pacco, che due giorni dopo, il 18 aprile 2007, arriva alla NBC, l'emittente televisiva di New York.

Dentro ci sono alcune foto del killer, e in una è vestito

esattamente come la mattina del massacro: il giubbotto da cacciatore e il berretto da baseball con la visiera sul retro, una pistola per mano e le braccia allargate, a tenere tutti sotto tiro.

Ci sono anche ventotto videoclip e un lungo scritto, il testamento mediatico di Cho Seung-Hui.

Come Harris e Klebold, anche lui odiava il mondo, la scuola e tutti i suoi studenti e professori. Per anni ha covato un astio che trabocca in parole agghiaccianti: «Come avrei potuto essere felice fra voi edonisti, se solo non mi aveste fottuto la vita. Ci siamo, questa è la fine. Avete avuto cento miliardi di possibilità per evitare ciò che accade oggi, ma avete deciso di versare il mio sangue. Mi avete messo all'angolo, lasciandomi un'unica opzione».

E ancora: «Mi avete costretto a farlo. La decisione è stata vostra. Adesso avete sulle mani del sangue che non potrà mai venire lavato».

A tratti, il delirante lascito assume toni vittimistici, o addirittura messianici, come nel passaggio in cui Cho dice: «Grazie a voi io muoio come Gesù Cristo, per ispirare generazioni di deboli e di indifesi».

Allo stesso modo di Harris e Klebold, pure a Cho i medici hanno prescritto psicofarmaci sin da quando era ragazzo, ma è impossibile dire se al momento di uccidere fosse pienamente in sé. Certo, nel modo in cui ha pianificato e realizzato il suo progetto criminale si è mostrato lucido e coerente; è più probabile allora che abbia interrotto all'improvviso le terapie, cosa che ogni medico sconsiglierebbe di fare.

Otto anni dopo la strage della Columbine High School, anche George Bush junior è costretto a rivolgersi alla nazione, chiedendo di tenere a mezz'asta tutte le bandiere a stelle e strisce.

L'opinione pubblica è frastornata.

La National Rifle Association, che supporta il possesso delle armi da fuoco, organizza pochi giorni dopo una convention, non lontano dal luogo del massacro.

L'associazione sostiene che non sono le armi a uccidere, ma il loro utilizzo sbagliato, e richiama il diritto sancito sin dal 1791 dal secondo emendamento della Costituzione, il «diritto a custodire e a portare armi».

Per questo annuncia il finanziamento di una scuola di tiro, lo Shooting Education Camp ad Appomattox, a due ore di macchina dal Virginia Tech.

Ma c'è un particolare, che a molti sembra una provocazione: ai corsi potranno iscriversi ragazze e ragazzi fra i dodici e i quattordici anni d'età.

Del resto, in Virginia almeno una famiglia su tre ha in casa una pistola, e per poterla tenere basta essere incensurati.

Emulazioni pericolose

Non succede solo negli Stati Uniti: nel nuovo millennio anche le scuole d'Europa sono teatro di drammatiche sparatorie.

È quanto avviene a Erfurt, città della Turingia, in Germania.

Robert Steinhäuser ha diciannove anni, e la mattina del 26 aprile 2002 sembra un po' teso. Non è niente – tranquillizza i genitori –, è solo preoccupato per la verifica di matematica.

Peccato che la scuola non la frequenti più da mesi, perché l'hanno espulso dal Gutenberg Gymnasium per aver falsificato una firma.

I professori l'hanno umiliato e punito, e per questo ha iniziato a detestarli, anzi, di più: a odiarli con tanta violenza che solo vederli morti può dargli soddisfazione.

Quella mattina si avvia verso la scuola, nello zaino un fucile a pompa e una 9 millimetri. Ha partecipato a corsi di tiro e ha un'ottima mira, e una volta entrato nel liceo si dirige verso i bagni, dove si cambia.

Indossa vestiti neri, una maschera e un passamontagna, dopo di che percorre i corridoi, spalanca le porte delle aule e spara agli insegnanti.

Robert uccide sedici persone, centrandole alla testa con precisione chirurgica. Smette solo quando si imbatte in Rainer Heise, il professore di arte.

Heise ha un gran coraggio, lo affronta senza mostrare paura e alla fine lo convince a interrompere quella folle carneficina. Il ragazzo abbassa lo sguardo e lascia cadere le braccia lungo il corpo, come svuotato: «Ha ragione, prof. Per oggi è abbastanza».

In attesa dell'arrivo della polizia, Heise chiude Robert in un'aula vuota, ma non riesce a disarmarlo.

Non percorre che pochi metri, prima di sentire il rumore secco di uno sparo: l'omicida si è suicidato.

Cinque anni dopo, a Tuusula, non lontano da Helsinki, è la volta di Pekka-Eric Auvinen. Pekka nasce e cresce in una buona famiglia, va bene a scuola, legge molto e gli piacciono i grandi utopisti, i rivoluzionari: non solo Platone e Nietzsche, ma anche Hitler e Stalin.

A non piacergli sono invece i suoi compagni di scuola, che reputa mediocri.

Si definisce un «esistenzialista cinico» e tiene un blog con lo pseudonimo di «Sturmgeist89», «spirito di tempesta», seguito dal suo anno di nascita.

Ci scrive messaggi inquietanti, cose come: «Quando verrà del tutto annientata la razza umana, sarà meglio. Nessuno dovrà rimanere vivo. Non deve esserci scampo per la feccia dell'umanità. Sono in missione per eliminare gli inadatti, sciagure per la razza umana. Ci vuole la selezione naturale, affinché le persone superiori siano libere e comandino nella società».

Anche lui è bravo a sparare. Si esercita nei boschi innevati, dove registra un video in cui colpisce una mela, alla maniera di Guglielmo Tell.

Alle 11.40 del 7 novembre 2007 entra a scuola in ritardo. Indossa una maglietta con la scritta HUMANITY IS OVERRATED, «L'umanità è sopravvalutata».

Incrocia uno studente nei corridoi e fa fuoco con un calibro 22. Poi, come un automa, spara altre 75 volte, uccidendo otto persone: la preside, un'infermiera, una studentessa di venticinque anni e cinque ragazzi tra i sedici e i diciotto anni.

Una ventina di minuti più tardi si ripete il solito copione, con il killer che tiene per sé l'ultimo colpo di pistola.

Passa meno di un anno e a Kauhajoki, sempre in Finlandia ma più a nord, il ventiduenne Matti Saari, armato di una Walther P22, irrompe nell'istituto alberghiero e uccide nove studenti e un insegnante.

Anche Matti registra un video, in cui simula l'attacco: grida alla telecamera «Sarai il prossimo a morire», e poi spara tre volte verso l'obiettivo.

Il fatto arriva alla polizia, che lo interroga ma non va oltre, perché ha un regolare porto d'armi. Online si descrive come un «ragazzo interessato ad armi, computer, sesso, birra e film dell'orrore». Ma anche questo non è un reato.

Più allarmante è la sua ammirazione per gli assassini della Columbine, per Cho Seung-Hui, che ritiene un maestro, e soprattutto il fatto d'essere stato a lungo in contatto via Internet con Pekka-Eric Auvinen.

Il 23 settembre 2008 Matti arriva a scuola con addosso un lungo impermeabile nero e un borsone pieno di munizioni.

Apre la porta di un'aula dove una ventina di compagni sono impegnati in una verifica, e inizia a sparare all'impazzata, uccidendo una decina di persone. L'ultimo colpo è per sé stesso, davanti al terrore dei sopravvissuti.

L'elenco sembra infinito, e lo stesso copione va in scena l'11 marzo 2009, nella scuola Albertville di Winnenden, in Germania.

Tim Kretschmer, un ex alunno del liceo, passa gran parte della notte in chat con un amico, cui scrive: «Merda, non ne posso più di questa vita da schifo. Tutti mi sfottono. Ma adesso ho le armi e domani li farò tutti arrosto».

Tim ha diciassette anni, è clinicamente depresso e va male negli studi. Suo padre frequenta abitualmente il poligono e lo porta con sé, anche per distrarlo; in casa il signor Kretschmer ha un vero e proprio arsenale, regolarmente detenuto e custodito in un armadio blindato.

È tutto chiuso a chiave tranne una Beretta calibro 9 con tante munizioni, ed è con questa e una mimetica che Tim si presenta all'istituto Albertville. In pochi minuti uccide tre insegnanti e nove studenti, prima di fuggire prendendo in ostaggio un automobilista.

Gli ordina di imboccare l'autostrada verso Stoccarda e poi di fermarsi a una concessionaria, dove uccide un impiegato e un cliente.

La sua fuga finisce nello spiazzo di un centro commerciale.

Non smette di sparare fino a quando gli agenti non lo colpiscono alle gambe, e allora decide di farla finita.

Nelle tasche gli trovano ancora un centinaio di proiettili.

Sono le 12.30: la caccia è durata tre ore.

Nella testa degli school shooter

Si chiamano *school shooter*, hanno tutti fra gli undici e i ventisei anni, sono quasi sempre maschi che vivono ai margini della società. Spesso hanno un rapporto morboso con la morte e affidano i loro messaggi alla rete, annunciando stragi e omicidi.

La loro vita sociale è pressoché assente, e non è facile cogliere l'odio che si portano dentro prima che esploda nel luogo in cui ogni giorno si sono sentiti rifiutati, esclusi e derisi.

Il killer uccide solo per placare il proprio odio, senza rivolgere il minimo pensiero al futuro.

«Odio questo mondo fottuto, che non è più un mondo ma un inferno in terra» scrive nel suo diario Eric Harris, uno dei due assassini della Columbine High School.

Molti di loro assumono psicofarmaci, spesso prescritti senza le debite cautele. Perché nei bambini e negli adolescenti gli antidepressivi possono aumentare il rischio di comportamenti suicidari, di manifestazioni aggressive, espressione di rabbia intensa e di odio.

In sostanza, lo stesso farmaco che può far bene a un adulto, in un bambino o in un ragazzo causa più danni che vantaggi.

Se essere stati sottoposti a cure antidepressive è il comune denominatore fra gli *school shooter*, è innegabile che a legarli c'è anche l'incapacità di stabilire rapporti adeguati con il mondo che li circonda.

Per questo gli *school shooter* sentono di recuperare una propria dimensione e di affermare il proprio valore soltanto online, nella cornice distruttiva dell'*hate speech*, le parole d'odio in rete.

La strage, tuttavia, non colma il vuoto.

Quando attorno a sé non vede che cadaveri e sangue, il killer si convince che l'unica soluzione rimane il suicidio.

L'azione che nelle sue fantasie malate doveva renderlo glorioso, ha generato soltanto orrore e disprezzo.

Allora l'odio verso la scuola, l'odio verso il mondo, si trasforma in odio verso sé stesso.

E per metterlo a tacere c'è solo una cosa da fare.

14
Odio e follia

La storia di Adam Kabobo

Succede tutte le volte.

Davanti a un fatto di sangue, i telegiornali lanciano la notizia e i talk show la riprendono, dando spazio ai cronisti sul campo, che cercano tra la gente chi sia disponibile a un commento.

Immancabilmente, ciò che ottengono sono le affrettate opinioni di chi sapeva che sarebbe finita male, e di chi invece non se lo sarebbe mai aspettato.

Ma la vera questione, quella che più attrae e inquieta il nostro lato oscuro, è un'altra.

Come può un essere umano arrivare a tanta crudeltà, a tanta efferatezza, da affrontare un proprio simile e ridurlo a oggetto da distruggere?

«Deve trattarsi per forza di un mostro» è la prima risposta, che però non soddisfa, e lascia presto spazio a una reazione ferma e indignata: «Ci manca solo l'alibi della follia, che arrivi uno psichiatra e ci dica che chi ha ucciso era incapace di intendere e di volere».

Non è questo il compito degli psichiatri, gli specialisti cui si chiede di stabilire la responsabilità di un gesto criminale.

A loro spetta capire, mai giustificare.

Così, il 6 giugno 2013 il giudice per le indagini preliminari affida la perizia a due esperti, chiedendo loro di incontrare Adam Kabobo e di rispondere a tre quesiti: il primo riguarda la sua capacità di intendere e di volere al momento degli omicidi, il secondo se si tratti di un soggetto pericoloso e, da ultimo, se sia in grado di partecipare al processo, di capirne gli scopi e le dinamiche.

Ma di cosa è accusato Adam Kabobo, nato in un villaggio nel Nord del Ghana, nemmeno lui sa quando?

Il resoconto della tragedia sta nel verbale che il Comando operativo dei Carabinieri trasmette alla Procura della Repubblica di Milano:

> In data 11.05.13 la locale centrale operativa inviava pattuglia del Nucleo Radiomobile in Piazza Belloveso per un soggetto armato di ascia, rivelatasi poi essere un piccone da cantiere, autore di un'aggressione.
>
> Successivamente, così come emerge dal verbale d'arresto, le aggressioni e quindi i soggetti feriti risultavano essere molteplici. Il reo veniva subito bloccato nelle vie limitrofe e, poco distante, veniva ritrovata l'arma del delitto.

L'informativa continua, e racconta che il primo attacco è avvenuto alle 4.30 del mattino ai danni di Andrea Canfora, che riesce a parare con il polso un colpo di spranga diretto alla testa, per poi fuggire.

L'aggressore avanza quindi minaccioso verso un uomo uscito a passeggio con il cane, ma per fortuna l'animale si mette a ringhiare, costringendolo ad allontanarsi.

A questo punto il criminale abbandona la spranga per armarsi di un piccone, con cui colpisce alla testa Francesco Niro, per fortuna senza ucciderlo.

Una quarta aggressione, solo tentata, si svolge circa 45 minuti dopo.

È da questo momento in poi che Adam Kabobo si trasforma in un micidiale assassino, come torna a raccontare il verbale dei carabinieri.

> Il reo proseguiva verso l'area verde di Viale Adriatico, ove consumava la sua quinta aggressione ai danni di Ermanno Masini, aggredito con violenza inaudita e colpito alla testa e all'addome, accanendosi più volte sul corpo già esanime del malcapitato e asportando il suo telefono cellulare [...]
>
> A questo punto il Kabobo si dirigeva verso Piazza Belloveso. Arrivato sul posto dava sfogo per la sesta volta alla sua indole violenta colpendo con il medesimo piccone Alessandro Maria Carolè, seduto ai tavolini esterni del Bar «Del Rosso», provocandone la morte e infierendo con sconvolgente brutalità sull'ennesima vittima, dalla quale asportava il telefono cellulare [...]
>
> La settima e ultima aggressione avveniva dopo le ore 06.30 circa in Via Monterotondo, ai danni di Daniele Carella, giovane di vent'anni impegnato insieme al padre nella consegna dei giornali.
>
> Il padre del ragazzo usciva sulla strada pochi secondi dopo le sei picconate inferte sul capo e sull'addome, e dichiarava di aver visto l'arrestato rivolgersi minaccioso anche verso di lui, e con in mano il telefono cellulare del figlio...

Dopo tre omicidi e due tentati omicidi, l'uomo si allontana lungo la via Monterotondo, dove un automobilista lo vede nascondere il piccone e chiama i carabinieri. Intercettato, l'assassino tenta di fuggire, ma viene subito bloccato e portato in carcere.

Davanti al giudice

Passano due giorni prima che Adam Kabobo venga interrogato dal giudice per le indagini preliminari.

Il 13 maggio, con l'aiuto di un'interprete, il magistrato gli chiede perché lo ha fatto, perché ha colpito dei passanti innocenti; Kabobo dice che non lo sa, che è tutta colpa delle voci che sente nella testa, che gli dicono cose cattive.

Il giudice lo incalza; vuole sapere se rammenta quello che ha fatto, e Kabobo risponde: «Mi ricordo di avere ucciso un uomo, anzi, di averne colpiti diversi, e non appena mi hanno arrestato mi hanno detto che li avevo uccisi. Quando mi sono svegliato, quella mattina, sentivo le "cose" in testa, allora ho preso dapprima il palo di ferro e quindi il piccone. Sono state le voci a dirmi di prendere la sbarra e di usarla per colpire qualcuno; ho abbandonato la sbarra nel momento in cui si è rotta, e ho recuperato un piccone da un cantiere dove stanno costruendo una casa».

Prima di chiudere il verbale c'è una nota che il magistrato chiede di aggiungere: bisogna scrivere che l'arrestato fatica a farsi capire, che appare come... «smarrito».

Un appunto che poco aggiunge alla comprensione dei fatti.

In fondo, che l'autore di un triplice omicidio si mostri un po' confuso non dovrebbe sorprendere.

La perizia

Il 17 giugno 2013 comincia la perizia per accertare le condizioni mentali dell'imputato.

Ai due esperti nominati dal giudice si aggiungono tre consulenti, e poi un'interprete, così ogni domanda e risposta passa attraverso una gentile e attenta ragazza di origini ghanesi, che ci tiene subito a precisare come, nel suo Paese, si parlino lingue diverse, frutto di una combinazione del dialetto del posto e di inglese; perciò si scusa in anticipo se anche lei si perderà qualche passaggio.

Si comincia con la parte più semplice, quella che riguarda la biografia; semplice si fa per dire, perché Adam non sa nemmeno quando è nato, non lo ha mai saputo, e la data che ha sui documenti, il 1° gennaio 1982, se l'è inventata.

Però sull'età più o meno ci siamo, perché dovrebbe avere circa una trentina d'anni.

La sua famiglia vive nella parte Nord del Ghana, vicino alla città di Wa; o sarebbe meglio dire ciò che resta della sua famiglia, perché il papà, contadino, è morto da tempo, così come il fratello maggiore, Kuako.

Ma non è tutto, perché c'è la questione dell'altro suo fratello, Santo, una storia veramente brutta.

Un giorno, Santo si è spogliato in mezzo alla strada principale del villaggio e, afferrato un machete, ha minacciato la moglie e ha cercato di uccidere la madre.

Sono riusciti a fermarlo in tempo, e lo hanno fatto con modi brutali, tanto che di lì a pochi giorni è morto per le ferite riportate.

Quando era successo, lui, Adam, era lontano, però un'idea se l'è fatta: «Uno che fa così è matto; per me una persona che prende un machete e decide di uccidere la propria madre picchiando [...] se è morto ha dovuto morire; io dico solo che una persona che si spoglia in mezzo alla gente non ha coscienza di sé e tantomeno una persona che prende il machete e decide di uccidere la propria madre. È una storia che mi fa molto male».

Non era la prima volta che Santo faceva cose stravaganti, anche se non sa precisare di che tipo; sa solo che i suoi genitori l'avevano portato da un «prete feticcio».

Evidentemente con scarsi risultati.

Tornando alla sua vita, Adam Kabobo è ancora un ragazzo quando si sposta in un villaggio non lontano, nel quale fa il contadino e incontra un gruppo di giovani musulmani; grazie a loro si converte all'Islam e prende a frequentare la moschea ogni venerdì, tra la sostanziale indifferenza dei genitori, che non praticano alcuna fede.

Trova anche una ragazza, e con lei ci passa un anno, però gli uomini del villaggio lo accusano d'averla sedotta e messa incinta, e lo costringono a fuggire.

Non conoscerà mai sua figlia, non rivedrà più la donna; quanto a lui, non avrà altre storie importanti, ma solo incontri occasionali.

Con i pochi soldi messi da parte fa tappa in Nigeria, dove rimane un paio d'anni, impara un po' d'inglese e campa d'espedienti. Poi è la volta della Libia, in cui si ferma tre anni lavorando come muratore.

La sua meta finale è la Spagna, però sarebbe rimasto anche in Libia, non fosse stato per la guerra, con il carico di miseria e morte che si porta appresso.

Così si imbarca su una carretta piena di disperati, per un viaggio di tre giorni che finisce a Lampedusa.

A poche ore dallo sbarco lo portano in un centro di accoglienza a Bari, dove tre mesi dopo scoppia una rivolta; viene arrestato, anche se lui giura di non aver fatto nulla, d'essersi solo trovato in mezzo.

Lo trasferiscono quindi nel carcere di Lecce, e qui cominciano i problemi.

Le voci, gli odori

In cella si agita all'improvviso, sfascia uno dopo l'altro tre televisori, e quando gli chiedono il perché, lui risponde: «Io avevo questi problemi... questi pensieri per la testa, e continuavo a chiedere aiuto, però mi davano delle medicine, ma con le medicine non... non andava a posto... Io a quel tempo pensavo come una persona che stesse per diventare... stesse impazzendo... Quando guardavo la televisione qualcosa nella mia mente mi diceva che queste persone erano quelle che mi provocavano le cose che pensavo nella testa... Percepivo questa cosa che quelle persone nella televisione mi mandavano... mi stavano facendo impazzire... è per questo che dico che secondo me avevo problemi mentali... Quando guardavo la televisione vedevo delle persone, e queste persone erano più grandi di me e nella mia mente... la mente mi diceva di insultare queste persone però siccome io non volevo farlo, allora... qualcosa mi diceva per non arrivare a farlo devi... devi rompere la televisione».

Non ci sono soltanto le voci a preoccuparlo, perché quando mangia avverte un'orribile puzza di feci e di cadaveri; le voci però gli dicono di stare tranquillo, di non preoccuparsi, perché le «persone morte sono le stesse che sono vive».

Lasciato il carcere di Lecce e rientrato a Bari, dopo un paio di settimane Adam prende un treno diretto in Svizzera.

Ha un problema a una gamba per via di una vecchia ferita, e ha scoperto che in Svizzera c'è un campo profughi con un ospedale dove possono curarlo.

Ed è quanto accade; ma se i chirurghi si occupano delle sue ossa, nessuno gli chiede cosa gli succede nella testa.

Nel marzo 2013 rientra in Italia e si ferma a Milano, città che non conosce e dove nessuno lo conosce.

Non si lava, dorme per strada, e se gli serve qualche vestito lo recupera dai cassonetti. Vive di elemosina, bloccando i passanti che incontra. Però la gente lo scansa, tutti girano la faccia, anche i fratelli di colore fingono di non capire cosa dica, e questo gli mette addosso una gran rabbia.

Decide di mollare tutto, prendere un treno e tornarsene

in Puglia, ma è confuso: ogni volta che parte e si allontana dalla stazione, gli sembra di fare un lungo giro per ritrovarsi sempre a Milano.

Ad accompagnare la frustrazione d'essere ignorato, le voci si fanno più forti. Ora le sente tutto il giorno, anche quando dorme; partono dal centro della sua testa, cominciano piano per poi aumentare di volume fino a esplodere, e non cambia niente se cerca di tapparsi le orecchie.

Non è semplice capire i discorsi di Kabobo, nonostante l'interprete ce la metta tutta, e anche lui faccia il possibile per spiegarsi, aggiungendo che «non era solamente una persona, erano tante persone, nel senso che era come se io camminassi in mezzo a tantissime persone e queste persone mi dicevano che la lingua tramite la quale mi parlavano ero solamente io che la sentivo, tutti gli altri non capivano».

I periti ascoltano, prendono appunti, fanno domande.

Ed è allora che Kabobo li sorprende, tirando fuori la storia del «creatore», che poi sarebbe lui, il «creatore del mondo».

Sono state le voci a dirglielo, spiegandogli che proprio per questo deve patire fame e sofferenze, perché Adam Kabobo è una specie di messia.

Le aggressioni

Si arriva così a parlare dei delitti, e lui la prende alla lontana, spiegando che in Africa c'è una parte al Nord e una al centro, che è quella dov'è nato.

Di solito si usa lottare per il possesso dei terreni, e allora, siccome lui è il creatore, a un certo punto non ci ha visto più e ha colpito. La popolazione africana che vive nella parte Nord stava uccidendo le persone con i picconi, quindi si è sentito di fare la stessa cosa.

Un discorso poco chiaro, cui Adam aggiunge una nota più

sensata, che rimanda alla rabbia: «Visto che io ero il creatore e poi dormivo in mezzo alla strada, avevo freddo, non avevo da mangiare... tutti questi problemi li ho accumulati e mi hanno portato a fare quello che ho fatto».

C'è però qualcosa che non torna: perché, in mezzo a tanta confusione, ha deciso di prendere il cellulare e il portafoglio delle sue vittime?

Risponde d'aver pensato che così, se l'avessero catturato e gli avessero chiesto perché aveva ferito e ucciso, lui avrebbe potuto raccontare qualcosa.

Dopo i colloqui, i test psicologici, gli esami neurologici con tanto di risonanza magnetica, arriva il momento dell'ultimo incontro, quello in cui gli si chiede cosa s'aspetti dal futuro. Non sa quale sarà il suo destino, e anche se le voci gli dicono che le vittime non sono morte, anche se lui forse non ha ucciso nessuno, capisce di aver fatto qualcosa di male: «Il mio desiderio è di morire da un giorno all'altro oppure, perché no, se mi vogliono mandare giù in Ghana ben venga, siccome ci sono queste cose nella mia mente se mi mandano in Ghana va bene, questa volta».

Ma si contraddice subito: «Dovessero portarmi in Ghana in prigione, sofferenza per sofferenza preferisco morire».

Schizofrenico!

Per gli specialisti non ci sono dubbi.

Adam Kabobo soffre di una grave malattia mentale.

E non c'entra la cultura.

Ci sono quelli che in psichiatria si chiamano sintomi positivi, come i deliri e le allucinazioni, insieme a quelli negativi, quali l'appiattimento delle emozioni.

E questo vuol dire solo una cosa: Kabobo è affetto da schizofrenia.

A sostenere la diagnosi contribuisce la povertà del suo funzionamento sociale; non ha mai avuto una passione, né ha mai fatto parte di un gruppo, cosa frequente tra migranti, anche solo per l'opportunità di darsi un reciproco sostegno.

Il fatto è che la presenza di una patologia psichiatrica, pur grave, non esclude per forza la responsabilità: bisogna valutare il movente e la dinamica.

Ma perché?

Tocca ai periti provare a dare una spiegazione, e loro scrivono:

> Nella situazione in oggetto non vi è un movente chiaro e univocamente in grado di spiegare i fatti: aggredire sei persone (tre senza esito, tre uccise) per sottrarre qualche spicciolo e i cellulari senza alcun tentativo di nascondere le prove dei reati, camminando per lungo tempo con un piccone sulla spalla appare quanto meno illogico e bizzarro, cioè non immediatamente comprensibile in base al senso comune.

Secondo gli psichiatri, la mattina dell'11 maggio 2013 si è realizzato un improvviso agito psicotico, dove le difese più elementari sono saltate. Kabobo, incapace di soddisfare bisogni primari quali cibo, sonno e protezione, per la confusione e la mancanza di risorse emotive e di pensiero ha messo in atto un comportamento predatorio primitivo, senza essere in grado di valutare razionalmente il rapporto costi-benefici delle sue azioni.

Ma non è tutto. C'è anche l'ipotesi che l'assassino abbia aggredito e ucciso con la perversa e non del tutto inconscia motivazione d'essere arrestato, in modo da non doversi più preoccupare del freddo e della fame.

In ogni caso, la follia sta nel tipo di scelta, o non scelta, operata da Kabobo: per farsi catturare gli sarebbe bastato urlare, distruggere delle auto, una vetrina, o fare qualcos'altro di clamoroso, senza arrivare a uccidere.

Così, alla fine dell'accertamento disposto dal giudice, si legge:

> L'analisi complessiva dei dati porta a concludere per la presenza
> - di una grandemente scemata, ma non totalmente assente, capacità di intendere, definita come l'idoneità del soggetto a rendersi conto del valore sociale delle proprie azioni, e quindi percepirne il significato;
> - di una sufficientemente conservata capacità di volere, definita come attitudine dell'individuo ad autodeterminarsi, e quindi orientare gli atti compiuti in modo finalistico rispetto al significato percepito.

Quanto agli altri due quesiti, la risposta è più semplice: l'imputato è in grado di partecipare al processo, ed è certamente da ritenersi un soggetto pericoloso.

I processi e le condanne

Gli avvocati di Kabobo non hanno grandi spazi di manovra: le conclusioni della perizia, ben costruite e argomentate, gli hanno già concesso lo sconto di un terzo della condanna per il vizio parziale; puntano allora sul rito abbreviato, evitando il dibattimento e garantendosi la riduzione di un altro terzo della pena.

Il 15 aprile 2014 Kabobo viene condannato a vent'anni di reclusione più altri tre da trascorrere in un ospedale psichiatrico giudiziario, dopo l'espiazione della pena.

Il 20 gennaio 2015 la Corte d'Assise d'Appello di Milano conferma la condanna pronunciata in primo grado e il 31 marzo 2016 la Corte di Cassazione mette la parola fine alla vicenda giudiziaria.

In carcere Kabobo studia e lavora, riceve cure psichiatriche e partecipa ai programmi di recupero organizzati dalla casa di reclusione.

Quando chiedono al figlio di Ermanno Masini, vittima della follia di Kabobo, se mai riuscirà a perdonarlo, lui risponde senza esitazioni: «Il perdono? No, mai. Mio padre era una brava persona ed è stato ucciso senza motivo. Come si può perdonare?».

Mad or bad. *Una storia esemplare*

In lingua inglese, questioni di imputabilità come quelle sollevate dal caso Kabobo si riassumono così: *mad or bad*, folli o cattivi; o anche con *evil or ill*, malvagi o malati.

E a proposito di *mad or bad*, di *evil or ill*, vale la pena raccontare il caso di Daniel M'Naghten, uno dei capisaldi nella storia del diritto anglosassone; un episodio che ancor oggi viene citato nelle aule di tribunale, nonostante sia accaduto nel lontano 1843.

Tornitore come il padre, di cui è figlio illegittimo, Daniel M'Naghten possiede una buona mano e un cervello pronto; almeno fino all'età di ventisette anni, quando lascia l'attività per una vita di vagabondaggi.

La sua mente cede improvvisamente, e da allora Daniel vaga tra Londra e Glasgow, raccontando a tutti d'essere minacciato dai Tories, i sostenitori del partito conservatore, e seguito dalle loro spie.

Pian piano al centro del suo delirio paranoide finisce Robert Peel, il primo ministro della Corona.

Nel pomeriggio del 20 gennaio Daniel M'Naghten si apposta dalle parti di Downing Street, e non appena vede Robert Peel arrivare da Charing Cross, gli spara un colpo di pistola alla schiena.

Peccato che l'uomo che colpisce non sia il primo ministro, ma il suo segretario, Edward Drummond.

A un primo esame, le condizioni di Drummond non paiono drammatiche, tuttavia in capo a cinque giorni insorgono complicanze, con esiti fatali.

Quanto a M'Naghten, comparso il giorno successivo davanti al magistrato, chiede di fare una breve dichiarazione in cui accusa i Tories di averlo costretto all'aggressione distruggendogli la mente, e che di tutto quanto produrrà prove schiaccianti.

Poi tace, e di lì in poi non rilascerà alcuna dichiarazione.

Durante il processo a M'Naghten si scatena una battaglia tra l'accusa, che invoca la pena di morte, e la difesa, determinata a sostenere la non punibilità per insanità mentale.

Alla fine l'omicida, non senza polemiche, evita d'essere appeso per il collo, e viene accolto nel manicomio criminale di Bedlam, prima di essere trasferito, nel 1864, nella nuova struttura di Broadmoor, aperta solo l'anno prima.

Se evita la forca, è perché la giuria decide che

> per stabilire una difesa sulla base della follia, deve essere chiaramente dimostrato che, al momento della commissione dell'atto, la parte accusata lavorava sotto un tale difetto della ragione, da malattia della mente, per non conoscere la natura e la qualità dell'atto che stava compiendo; o se lo sapeva, che non sapeva che stava facendo ciò che era sbagliato.

La follia di Arturo

Adam Kabobo ha ucciso perché condizionato da un vizio parziale di mente; Daniel M'Naghten ha schivato l'impiccagione perché totalmente incapace, per un delirio di persecuzione che ha generato in lui un odio mortale.

La stessa cosa è accaduta ad Arturo Geoffroy, in una delle storie criminali più tristi mai capitate in Italia.

Arturo è uno stimato specialista in psichiatria e una persona benvoluta, con un carattere socievole; almeno fino al giorno in cui un paziente lo aggredisce.

È il 1993, e l'episodio sembra risolversi senza gravi conseguenze; tuttavia il dottor Geoffroy comincia a non sentirsi più tanto sicuro al lavoro, a temere le reazioni dei malati e a non fidarsi dei colleghi.

Ne parla, e fa bene, perché con l'aiuto degli amici pian piano riconquista la serenità e il sorriso.

Ma la sfortuna sembra accanirsi contro di lui.

Quattro anni dopo succede un fatto che gli cambia la vita, e non solo la sua. Il paziente che gli affidano è un caso difficile, per le sue manie di persecuzione e per la rabbia che si porta appresso; è convinto d'aver diritto a una pensione d'invalidità che nessuno gli vuole riconoscere, e, stanco di rassicurazioni e promesse, durante una visita tira fuori un coltello e lo punta alla gola del medico, tenendolo in ostaggio per ore.

Arturo ne esce ancora una volta incolume, però il suo equilibrio è sconvolto.

Ha paura di tutto, non riesce a dormire la notte, e per questo si assenta dal lavoro, sempre più spesso e per lunghi periodi.

Nella sua mente è chiaro che tutto quello che gli sta capitando dipende dall'aggressione, e l'aggressione è avvenuta mentre cercava di svolgere il suo lavoro.

Chiede allora che gli sia riconosciuto un danno, il diritto a un risarcimento, ma non ottiene nulla.

Anzi, dopo due anni l'azienda sanitaria dove lavora decide di licenziarlo, e la commissione che valuta il suo caso conclude che non c'è relazione tra il sequestro e le sue condizioni: se Arturo Geoffroy si è ammalato, ciò dipende dalla sua personalità, probabilmente dai suoi cromosomi. È solo un caso se a rovinarlo sia stato un paziente con un coltello, perché altri fatti stressanti avrebbero potuto avere su di lui lo stesso effetto: un divorzio, la morte di una persona cara, oppure un incidente stradale.

Rabbioso, vendicativo, inizia a querelare, a inoltrare esposti in Procura.

Ma non ottiene nulla, anzi.

Nel 2001 lo vanno a prendere per un ricovero coatto e gli fanno un TSO, perché sta sempre più male e rifiuta ogni cura.

Il certificato lo firma lo psichiatra Lorenzo Bignamini, ed è certo un errore che un ex collega finisca nello stesso reparto dove lavorava fino a pochi anni prima.

Per Arturo è un'umiliazione cocente, e la prova definitiva che il complotto contro di lui è reale, che tutti sono d'accordo per distruggerlo.

Comincia a pensare ai suoi persecutori, fa una lista di persone che gliel'avrebbero pagata, a cominciare da chi lo ha rinchiuso in un reparto psichiatrico.

Nel luglio 2003 viene sfrattato dalla casa in cui abita, e finisce a vivere e a dormire nella sua vecchia auto.

Un mese dopo passa all'azione.

È il pomeriggio dell'8 agosto. Lorenzo Bignamini ha finito la sua giornata in ambulatorio e sta tornando a casa in bicicletta, quando incrocia il suo assassino.

Arturo prima cerca di colpirlo con un coltello, poi imbraccia una balestra che si è portato appresso e lo trafigge con un dardo. Bignamini prova a fuggire, ma la ferita è grave e lui cade a terra. In un attimo Geoffroy gli è addosso, e finalmente ottiene la sua rivincita.

Lo trovano due giorni dopo che prende il sole sulla spiaggia di Camogli.

In macchina ha ancora la lista dei nemici da abbattere. Al posto numero dodici, dopo una serie di magistrati, psichiatri e funzionari della ASL, c'è il nome di sua madre.

Anche quest'ultima è parte della cospirazione, e bisogna eliminarla.

Prima che siano lei e i suoi complici a eliminare lui.

Follia?

Certamente, tanto che i periti che hanno esaminato Geoffroy hanno concluso per la sua totale incapacità di intendere e volere, chiudendolo dietro le sbarre dell'ospedale psichiatrico giudiziario di Aversa, quello che un tempo si chiamava manicomio criminale.

L'inchiesta aperta dopo la tragedia ha riconosciuto come tutto sia iniziato con il trauma del sequestro, e proseguito con il mancato riconoscimento di quanto quell'esperienza abbia precipitato Arturo Geoffroy nell'odio, e pian piano lo abbia accompagnato negli abissi del delirio.

15
Odiare le vecchiette

Vittime fragili

Truffe, ma non solo.

Anche crimini violenti, fino all'omicidio.

Le donne anziane sono vulnerabili.

Anzitutto perché spesso vivono da sole; in secondo luogo sono fisicamente deboli, hanno meno possibilità di opporre resistenza a un aggressore; infine, effetto collaterale della solitudine, perché tendono a fidarsi troppo degli sconosciuti, prestando scarsa attenzione ai pericoli cui possono andare incontro.

Per questo sono un bersaglio facile per gli assassini.

Ma quali assassini?

I manuali di criminologia ci raccontano che ad aggredire donne anziane sono in gran parte giovani uomini, che paiono mossi dall'odio verso le generazioni che li hanno preceduti. A loro non importa chi sia la vittima; di solito nemmeno la conoscono.

Il più delle volte vivono a pochi isolati di distanza e colpiscono in casa. Sul luogo del delitto ci arrivano a piedi, e a piedi se ne vanno. Non di rado hanno precedenti penali per furti e rapine, e i loro attacchi sono improvvisi e incontrollati.

Colpiscono con violenza, e più gravi e profonde sono le ferite inferte, più giovane è l'assassino.

Sono disorganizzati, agiscono sotto l'impulso di uno stimolo incontenibile, senza particolare preparazione, e sovente lasciano tracce del loro passaggio.

Socialmente inadeguati, spesso disoccupati, non hanno legami affettivi, anche per l'abitudine di consumare alcol e droghe in eccesso.

Ciò che impressiona è la grande differenza d'età rispetto alle loro vittime. Si accaniscono su persone di almeno settant'anni, quando loro ne hanno all'incirca trenta, a volte meno.

È improbabile che prendano dei souvenir dalla scena del crimine, oggetti che permettano loro di ricordare e rivivere l'emozione e il piacere provato nel colpire; al più arraffano il denaro che trovano, insieme a qualche oggetto di valore, che cercano poi di rivendere.

Al momento dell'arresto, circa la metà dei criminali nega di aver ucciso. Con loro, durante l'interrogatorio, conviene tenere un approccio calmo ed empatico, insistendo sul movente economico del delitto, per quanto pretestuoso.

Il perché è semplice: agiscono sulla spinta di emozioni tanto intense da azzerare la loro parte razionale, e della cosa non vanno per nulla fieri.

In alcuni casi aggrediscono spinti da una sessualità malata, che li porta a desiderare il corpo delle persone anziane, ma il più delle volte l'impulso distruttivo si scatena per un altro motivo: l'odio.

Non uccidono la persona, uccidono ciò che quella persona rappresenta: i traumi del passato e la debolezza della vecchiaia.

Morte nei bassi

A partire dal 1995, fra gli abitanti dei bassi pugliesi si diffonde il terrore, per via di un lungo elenco di vecchiette aggredite e uccise, con particolari che sembrano collegare tutti i delitti.

I bassi sono le case che sorgono nel centro dei paesini del Sud; hanno l'ingresso a livello della strada, che si apre su uno o due locali, senz'altra via d'uscita.

Ci vive la gente delle classi popolari, ed è frequente si tratti di persone sole, soprattutto anziane vedove, che passano le giornate fra i lavori domestici, la messa, i programmi TV e tanta solitudine.

Sulla scena c'è sempre un incredibile disordine: mobili rovesciati, armadi aperti, oggetti distrutti. Ma non si tratta di rapine finite male, perché il bottino è davvero misero: un orologio che perde colpi, pochi pezzi di bigiotteria, talvolta solo qualche spicciolo.

Nell'arco di due anni quattordici anziane vengono assassinate senza pietà, con più fendenti al collo inferti dalla stessa lama.

Pure il modus operandi sembra ripetersi, con la porta di casa che non viene mai forzata.

Nelle indagini emerge inoltre un dato curioso: parecchie vittime hanno nomi legati alla devozione religiosa, come Maria, Grazia, Santa, Celeste... però è solo una coincidenza.

In ogni caso, il killer è una persona astuta, spietata e crudele. Ma anche ingenua, tanto che in casa di una delle vittime, Giuseppina Garbetta, viene trovato un cappello da uomo, e in quella di Anna Maria Stella un mozzicone di sigaretta.

Per non parlare delle numerose impronte digitali lasciate sulla scena dell'omicidio di Maria Totaro.

Per gli esperti della scientifica non c'è dubbio: si tratta sempre dello stesso uomo.

La storia di Celeste

È il 25 aprile 1996.

Siamo a Lucera, in provincia di Foggia, cittadina fondata da Federico II di Svevia intorno a un presidio militare.

In uno dei bassi del centro storico vive Celeste Madonna, un'anziana signora che non chiude mai a chiave l'uscio di casa.

In paese ci si conosce, e l'ingresso è sempre aperto per chi può aver bisogno di qualcosa.

È primo pomeriggio, e tutti riposano dopo il pranzo in famiglia. Celeste, nel silenzio del basso dove vive sola, sta pulendo del pesce.

Non si accorge che qualcuno è entrato alle sue spalle.

Ha la pelle scura, puzza di alcol e farnetica, dice cose senza senso. La donna ha paura e inizia a urlare. Temendo che qualcuno possa sentirla, lui le balza addosso.

La getta a terra e cerca di farla tacere, mettendole una mano sulla bocca.

Ma Celeste reagisce, si divincola, e allora l'uomo afferra il coltello a serramanico che ha in tasca e la colpisce alla gola con brutale ferocia, squarciando di netto il foulard che tiene al collo.

Questione di pochi secondi e la donna smette di gridare. Il killer, in preda alla frenesia, inizia ad aprire i cassetti, li svuota, li ribalta. Butta tutto per terra, camminando nervosamente per le stanze.

Poi si tranquillizza.

Si lava il sangue dalle mani, ruba pochi spiccioli da un vasetto di vetro e se ne va, col cadavere ancora caldo sul pavimento insanguinato.

Nessuno lo nota.

L'arresto

Palagianello è una tranquilla cittadina della provincia di Taranto, dove la gente è affabile e cordiale.

Il parroco, don Nunzio, ha fatto della propria chiesa il centro della comunità; gioca a bocce coi fedeli, chiacchiera con loro, conosce tutti.

Tuttavia, una sera d'estate del 1997 incontra un uomo che non ha mai visto, uno straniero dalla pelle scura che parla un italiano un po' stentato, ma si fa capire; gli dice d'essere tunisino, ha l'aria mite e sembra una brava persona.

Terminata la partita coi parrocchiani, il prete ordina focaccia per tutti, e invita lo straniero a dividere la cena.

L'uomo accetta di buon grado, e poi aggiunge che non sa dove andare a dormire. Allora il parroco gli offre un giaciglio improvvisato in sagrestia, però dopo un paio d'ore l'ospite gli dice che ci sono troppe zanzare, e che preferisce andarsene.

Don Nunzio non lo trattiene.

Nelle settimane successive, il tunisino torna a farsi vivo.

Gironzola attorno alla chiesa, spesso entra e si siede su una panca, come affascinato dalla cantilena del rosario recitato dalle anziane del paese.

Lo straniero si avvicina, ci parla, chiede la carità o semplicemente un po' di compagnia; generose, le signore non vedono in lui una minaccia, piuttosto un figlio o un nipote venuto da lontano.

Si fidano.

E così lo straniero inizia a conoscerle bene; scopre dove vivono, impara le loro abitudini, gli orari con cui scandiscono le giornate.

È passato poco più di un anno dall'omicidio di Celeste Madonna.

Il 15 settembre 1997 a Palagianello fa ancora un gran caldo.

Alle 2 del pomeriggio chi ha finito di pranzare si riposa, e sul paese cala un silenzio profondo.

È la controra.

Solo un giovane uomo dalla pelle scura cammina per i vicoli del centro, fino a trovarsi davanti alla casa di Lucia Nico, una delle vecchiette della parrocchia. La segue da giorni, conosce le sue abitudini, sa che lascia sempre aperto l'uscio di casa, che dà direttamente sulla strada.

Allora entra e si richiude la porta alle spalle. Dall'altra stanza, però, la signora Lucia sente dei rumori, e va a controllare cosa stia succedendo.

Si trova così faccia a faccia con lo straniero.

È proprio il tunisino che ha visto tante volte in chiesa, e che sembrava una brava persona, ma ora è fuori controllo: ha bevuto, è confuso e aggressivo.

Spaventata, la signora Lucia gli chiede di andarsene, e siccome lui non reagisce, alza la voce.

Alle grida scatta un copione già visto: il coltello a serramanico, la mano sulla bocca; e a ogni tentativo di reazione, una coltellata sempre più forte.

Il sangue schizza ovunque, anche sui vestiti e sulle mani dell'assassino, che si spoglia, e con addosso i soli boxer inizia a rovistare nei cassetti di casa e nella borsa della signora Lucia.

Rosa ha otto anni, e abita nella casa di fianco.

Ogni giorno passa da Lucia per prendere la spazzatura e andare a buttarla. Glielo hanno chiesto mamma e papà, perché la signora vive da sola, ed è anziana e malandata.

Così Rosa apre tranquillamente la porta, ma quando vede che tutto è sottosopra si blocca: i tiretti sono aperti, il televisore rovesciato per terra, e dallo specchio nell'ingresso vede riflessi il sangue e una figura riversa sul letto.

C'è una gran puzza di sudore, e un uomo in mutande che fruga nella borsa della signora Lucia.

L'assassino si volta e si trova davanti la bambina, che non ha sentito entrare. Le rivolge una sola parola, in dialetto, per mandarla via: «*Vattìnn*», vattene.

Glielo dice calmo, guardandola dritto negli occhi.

Sono le 14.40.

Rosa corre a cercare aiuto, perché c'è un ladro in casa della signora Lucia, e forse l'ha picchiata.

La prima ad arrivare è la zia della piccola, che apre la porta e scopre che la bambina ha ragione: c'è davvero un uomo dalla pelle scura; adesso però è vestito.

«Stanno a rubare, stanno a rubare a Lucia!» grida la donna fuggendo.

Lo straniero sa che deve scappare, ma deve farlo senza dare nell'occhio. Si affaccia alla finestra, e quando vede che non passa nessuno, apre la porta ed esce.

Però dal balcone di casa la madre di Rosa lo vede allontanarsi con una borsa in mano.

Il killer non corre, cammina con calma.

Nel frattempo, allertato dalle urla, un vicino entra dalla signora Lucia. Il ladro è scomparso, c'è solo il cadavere insanguinato della donna, e allora chiama subito il 112.

I carabinieri accorrono, accertano la morte dell'anziana e si mettono sulle tracce dell'assassino.

Uno straniero dalla pelle scura con una borsa, specie a quell'ora, dopo pranzo, non passa inosservato. In molti lo hanno visto dirigersi verso la stazione, ed è lì che lo trovano, in attesa che arrivi il primo treno.

«Non ho fatto niente» grida l'uomo mentre lo arrestano. «Sto solo facendo una passeggiata!»

I testimoni si precipitano e lo riconoscono.

Manca solo la borsa.

È nascosta maldestramente lì vicino, sotto una catasta di traversine; dentro ci sono un paio di pantaloni e un coltello, sporchi di sangue.

La signora Lucia è la quattordicesima e ultima vittima uccisa in Puglia nel giro di due anni.

Il serial killer non colpirà più.

Il serial killer delle vecchiette

In caserma lo straniero s'inventa un nome, dicendo di non avere con sé i documenti, ma i carabinieri scoprono che si chiama Ben Mohamed Ezzedine Sebai, e che è residente a Cerignola, in provincia di Foggia.

Lì possiede una casetta di due stanze comprata a poco prezzo in vico Matera, nel rione Terra Vecchia. I locali sono angusti, senza finestre, ci sono giusto un fornello da campo, un lavandino e un water; Sebai li condivide con il fratello, insegnante di educazione fisica, e con un amico.

Dalla perquisizione della casa salta fuori un secondo coltello a serramanico, un anello con una pietra di poco valore e un orologio femminile senza una lancetta; ma a colpire gli inquirenti è una collezione di ritagli di giornale, articoli sugli omicidi delle donne anziane in Puglia.

Una di loro viveva proprio a Cerignola. Si chiamava Maria Totaro, settantasei anni, uccisa il 15 gennaio 1997; anche lei abitava da sola in un basso, e anche lei è morta per le ferite alla gola inflitte con un coltello. L'anello trovato in casa di Sebai è suo.

Santa Leone invece, che aveva ottantadue anni, è morta a Canosa di Puglia il 9 maggio 1997, ed è stata assassinata con lo stesso modus operandi.

La mattina del 28 luglio è toccato a Maria Valente, ottantaquattro anni, raggiunta da ventiquattro coltellate.

Fa specie il caso di Angela Sansone, anche lei ottantaquattro anni, uccisa a Spinazzola il 27 agosto. L'orologio senza lancetta è suo. Come le altre vittime era vedova, viveva da sola ed è stata uccisa a coltellate. La differenza che sconvolge è che la signora Angela è stata violentata, e l'abuso è avvenuto dopo la sua morte. È l'unico caso di aggressione sessuale nella serie di delitti, tanto che gli inquirenti pensano a un depistaggio; ma le tracce di DNA lasciate sul corpo della vittima corrispondono con il profilo genetico del serial killer.

L'omicidio Sansone è il penultimo dei quattordici delitti commessi dal killer, ed è certo il più ripugnante.

Accade all'ora di pranzo del 27 agosto 1997.

La signora Angela si è preparata un pasto semplice, un piatto di fagiolini lessi. Li ha cucinati e poi lasciati a raffreddare sul tavolo dove pranza.

Però non ha fame, è stanca, e preferisce stendersi sul letto.

Mentre è in camera, all'improvviso sente dei passi.

Qualcuno è entrato in casa, e pochi attimi dopo eccole comparire davanti un uomo con in mano un coltello.

Guarda la vecchietta, che resta immobile, paralizzata dal caldo, dalla stanchezza, ma soprattutto dal terrore.

L'uomo è uno straniero, ha la pelle scura. Puzza di alcol.

Senza dire una parola inizia a colpirla alla gola, come tutte le altre vittime. Le sferra otto coltellate, fino a che non vede la chiazza di sangue allargarsi sul materasso.

A quel punto, preso da una furia incontrollabile, la violenta, accanendosi sul corpo senza vita.

Quando ha terminato, si accorge che l'orrendo crimine gli ha stimolato l'appetito.

Sul tavolo da pranzo, già pronto, c'è un piatto di fagiolini. Sebai si accomoda e mangia.

Dopo di che si infila in tasca un piccolo orologio da polso a cui manca una lancetta, si cambia la maglia, esce dalla casa della signora Angela e se ne va tranquillo, convinto che nessuno riuscirà mai a scoprirlo.

La storia di Ezzedine Sebai

Quando lo arrestano, il serial killer delle vecchiette, come viene soprannominato, vanta una lunga lista di precedenti penali; un passato criminale che lo ha costretto a cambiare più volte identità, fornendo nomi diversi ogni volta che veniva fermato.

Nasce a Kairouan, in Tunisia, il 15 ottobre 1964.

È il secondo di otto fratelli, quattro maschi e quattro femmine. Non si sa bene il perché, ma il padre lo tratta con disprezzo fin da quando è un bambino; gli dice di non averlo mai voluto, che è un figlio indesiderato, e che se anche morisse non lo rimpiangerebbe nessuno.

A cinque anni Sebai inizia a frequentare la scuola, dove scopre un mondo diverso: imparare gli piace, e così sopporta pure l'umiliazione di doverci andare scalzo, per aver diritto alle scarpe usate che lo Stato regala agli allievi più poveri.

Una volta a casa, il padre lo picchia regolarmente.

Ogni giorno lo costringe ad alzarsi all'alba per imparare a memoria il Corano. Essendo analfabeta, per verificare se abbia appreso porta il figlio alla moschea, e al minimo errore aggiunge le sue botte a quelle dell'imam.

Tuttavia c'è una punizione peggiore delle percosse. Succede quando il padre lo lega a due ganci appesi fuori di casa e lo lascia lì, a guardare i fratelli e le sorelle che vivono la vita di tutti i giorni, mentre lui è l'escluso, quello che non conta niente e di cui non importa a nessuno.

Per il piccolo Sebai è quindi un dramma fallire l'esame della licenza elementare. La scuola gli sembrava l'unico rifugio, un posto al riparo dalla famiglia, ma la bocciatura lo fa sentire vittima di un'ingiusta umiliazione.

Così si chiude in sé, e gli altri sembrano appartenere a un mondo incomprensibile: non riesce a capire cosa vogliano da lui, li avverte come minacce, come nemici.

Del resto, per molti serial killer tutto parte da un trauma subito nell'infanzia, una ferita che non sanguina fino a che, da adulto, il soggetto non incrocia l'alcol, la droga o la pornografia, e l'incontro dà vita a immagini sempre più violente, destinate a rompere gli argini e a trasformarsi in azioni criminali.

È ancora un ragazzino quando inizia a passare le notti fuori casa. Dorme sotto i ponti, gironzola per la campagna, dove libera il bestiame, prende a calci gli asini e manda in frantumi i vetri delle case; e poi beve, beve continuamente.

In breve tempo finisce nel mirino della polizia, schedato per il disturbo alla quiete pubblica e gli atti di vandalismo.

Capisce che non può più vivere in quel modo.

Glielo dicono le voci che sente nella testa ogni volta che è ubriaco: nell'orecchio sinistro gli parla una persona giovane, in quello destro un uomo adulto e una donna anziana, e tutti lo invitano a cercare vecchiette fragili e sole. Entra nelle loro case con in mano una pietra o un coltello chiedendo cibo e ascolto. Qualcuna lo tratta con gentilezza, altre lo cacciano in malo modo, e allora lui le picchia, fino a quando non arriva la polizia.

E in commissariato non sono certo teneri, sotto gli occhi impassibili del padre, che li invita a usare le maniere forti.

Anche sua madre lo punisce, e lo fa con sadismo, mettendogli del tabacco negli occhi e del peperoncino nell'ano.

Solo il nonno lo difende, e va a recuperarlo ogni volta che si mette nei guai.

Con le donne, Sebai è un disastro.

Ha il suo primo rapporto a diciott'anni con una ragazza fuggita di casa, ma la relazione tra i due si interrompe presto, perché Sebai, incapace di controllare i propri impulsi, l'aggredisce e la violenta.

È la prima volta che finisce in prigione, la prima di una lunga serie: prova ad abusare di una donna, lo arrestano, lo tengono in carcere qualche settimana, esce, ci riprova e il ciclo ricomincia.

In Italia

Sebai arriva in Italia, a Cerignola, nel luglio 1988.

Trova lavoro come bracciante agricolo, ma è un impegno troppo faticoso per lui, che resiste solo un paio d'anni.

Si sposta quindi a Merano, dove fa il lavapiatti e poi l'operaio.

Però anche lì dura poco: nel dicembre 1990 viene arrestato per tentata violenza sessuale.

Sperava d'essersi liberato dei suoi demoni, d'aver imparato a governare la violenza, invece l'episodio gli dimostra che nulla è cambiato: è sempre il solito Sebai, il delinquente alcolizzato con cui nessuno vuole avere a che fare.

Ottiene la sospensione della pena, insieme a un decreto di espulsione, ma per lui è solo un pezzo di carta, che getta via alla prima occasione.

Torna a Cerignola, da suo fratello, e ricomincia a lavorare nei campi. Nel gennaio 1993 rapina un sacerdote e viene di nuovo arrestato e condannato a un anno e undici mesi; di nuovo gli concedono la condizionale, e tre mesi dopo lo ritroviamo in commissariato a Pescara, e poi ancora in Puglia.

Il fatto è che ogni volta fornisce identità diverse, per questo riesce a sgusciare tra le maglie di una giustizia inefficace.

Il 15 maggio 1995 Sebai compie la sua prima aggressione a una donna anziana. La vittima si chiama Luigina, ha settant'anni e la sua reazione mette in fuga Sebai, che viene comunque arrestato. La condanna, però, è a soli quattro mesi di carcere, perché non ha documenti, e poi, al solito, s'inventa un nome, un luogo e una data di nascita.

Nel 1996 prende la residenza a Cerignola, e nel marzo 1997 acquista i due locali senza finestre nel rione Terra Vecchia. Nessuno può immaginare che dietro quel trentenne dall'aspetto insignificante si nasconda un serial killer spietato, l'assassino che da due anni terrorizza la Puglia uccidendo fragili vecchiette che vivono sole nei bassi del centro.

Sei mesi dopo aver comprato casa, finisce in manette alla stazione di Palagianello.

Il processo

In caserma, durante gli interrogatori, Sebai dà del filo da torcere agli investigatori. Ha una personalità complessa, ricca di sfaccettature che lo rendono imprevedibile. In genere mantiene un atteggiamento di grande tranquillità e gentilezza, ma di tanto in tanto sceglie la strada della provocazione e della sfida.

Un giorno, nel bel mezzo di un interrogatorio, inizia a sbattere la testa contro la scrivania, e in cella tenta il suicidio.

Durante il processo nega ogni accusa, con un'ostinazione che rasenta il patologico, tanto da sembrare il frutto di una strategia.

Il suo avvocato chiede dunque di poter nominare un consulente psichiatra, che insieme a uno psicologo lo visita più volte.

Per gli specialisti, l'assassino presenta una fragilità profonda e strutturale, che vive con estrema angoscia. Le sue azioni sono il tentativo di mascherare quest'angoscia in ogni modo. Tutto orienterebbe verso una diagnosi di disturbo dello sviluppo con tratti autistici e disturbi del comportamento.

Per la difesa ci sarebbero quindi gli estremi per una perizia, ma i giudici respingono la richiesta: per loro non c'è nulla nelle azioni di Sebai che faccia pensare alla follia.

Alla fine il killer viene riconosciuto colpevole degli omicidi di Lucia Nico, Maria Totaro, Maria Valente e Angela Sansone, la donna di cui ha poi violentato il cadavere.

La condanna è a quattro ergastoli.

Quattro non bastano

In galera, Sebai non riesce a far pace con sé stesso.

Sa d'avere ucciso, anzi, non pensa sia giusto che l'abbiano condannato solo per quattro delitti sui quattordici di cui l'hanno accusato.

Non è giusto, anche perché ci sono finite in mezzo altre persone al posto suo.

Per l'omicidio di Grazia Montemurro, avvenuto il 5 aprile 1997 a Massafra, Cosimo, il nipote della vittima, si è preso diciott'anni.

Per quello di Pasqua Ludovico, il 14 maggio 1997 a Castellaneta, è stato condannato a venticinque anni Vincenzo Faiuolo.

Per la morte di Celeste Commessatti, avvenuta il 13 agosto 1995 a Palagiano, sono stati condannati a undici anni Francesco Orlandi e all'ergastolo Giuseppe Tinelli, che ha tentato il suicidio, così come Vincenzo Donvito, che si è ucciso in cella nel 2005, impiccandosi con un lenzuolo, dopo aver trascorso dieci anni a gridare la propria innocenza.

È proprio il suicidio di Donvito a scuotere Sebai, portando a un grande colpo di scena: schiacciato dal peso della coscienza, l'uomo decide di confessare.

Il 10 febbraio 2006 ottiene d'essere ascoltato dal pubblico ministero di Milano, Alberto Nobili, e a lui racconta i dettagli degli omicidi, addossandoseli tutti.

Dichiara: «Più queste donne sole avevano paura di me, più le picchiavo, le prendevo a pietrate, le spingevo. Ho chiesto di parlare in quanto è mia intenzione ammettere le mie responsabilità in ordine a quattordici omicidi. Preciso che per quattro di questi omicidi sono già stato condannato, per ciascun caso, alla pena dell'ergastolo. Ma in realtà sono responsabile anche di altri dieci omicidi. Per alcuni di questi so che sono state condannate persone innocenti. Quindi voglio liberarmi la coscienza da questo peso: chiedo di poter rilasciare spontanee dichiarazioni anche senza la presenza di un difensore».

Infatti, in base a quanto sostiene Sebai, sarebbero stati i suoi legali a sconsigliargli di confessare. Ma, come si dice, il condizionale è d'obbligo, e i contorni della faccenda restano poco chiari.

Non sarebbe il primo killer mitomane, uno di quelli cui il narcisismo porta a vantare stragi eccezionali, pur di tornare sulle prime pagine dei giornali.

Continua Sebai: «Ho sempre agito in stato di ubriachezza contro donne anziane. Ho un peso enorme sulla coscienza. È tutta colpa del mio vizio dell'alcolismo, che mi portava a perdere la testa e a cercare di rapinare anziane signore che vivevano sole. Facevo la stessa cosa nel mio Paese, dove peraltro fui anche arrestato in più di un'occasione, anche se lì non ho ucciso nessuno. Bevevo di tutto, superalcolici compresi, praticamente ogni giorno. Ogni tanto decidevo di rapinare le donne con un coltello. Dal 1993 al 1997 avrò fatto circa milleduecento rapine, in certi periodi anche quattro o cinque al giorno. Se le donne reagivano o cominciavano a gridare, le uccidevo. Ho sempre agito da solo».

Si riaprono quindi le indagini, e viene chiesta la revisione dei processi per i presunti innocenti.

La Procura è divisa fra chi crede che Sebai sia colpevole di tutti i delitti di cui si autoaccusa, e chi invece continua a perorare l'ipotesi della mitomania.

Alla fine, dopo tre anni di dibattimento, si arriva a una sorta di compromesso.

Oltre all'omicidio di Celeste Commessatti, Sebai viene accusato anche di quello di Celeste Madonna, di Anna Stano, ottantacinquenne di Ginosa, e di Rosa Lucia Piscopia, novantenne di Laterza.

Così i delitti che vengono attribuiti a Sebai salgono a sette; viene invece assolto per i restanti, a causa dell'insufficienza di prove.

In carcere, dopo la confessione, le voci che sentiva nella testa scompaiono; ma probabilmente dipende dall'aver smesso di ubriacarsi.

Si riavvicina alla fede islamica, e nella sua piccola cella si alza ogni mattina alle quattro per recitare la prima delle cinque preghiere di rito. È un detenuto modello, e decide di prendersi un diploma di perito elettrotecnico.

Intanto i suoi avvocati continuano a chiedere che si faccia una perizia psichiatrica. Perché salta fuori che, quando era bambino, il padre lo aveva colpito in testa con una chiave inglese; forse c'è stata una lesione, che spiegherebbe gli improvvisi momenti di confusione in cui si presentava farneticando a casa delle vecchiette, per poi riprendersi alla vista del sangue.

La tesi dell'infermità mentale però non passa.

Sebai viene sempre ritenuto responsabile degli omicidi che ha compiuto.

Finché, in una gelida mattina di dicembre 2012, gli agenti trovano Sebai impiccato nella sua cella, nel carcere di Padova. Impiccato come Donvito, il detenuto ingiustamente condannato per colpa sua.

Respira ancora, e allora lo portano in rianimazione, dove resta solo un paio di giorni.

Ben Mohamed Ezzedine Sebai muore così, a quarantanove anni, portandosi nella tomba i segreti sulle quattordici vecchiette uccise alla fine degli anni Novanta nei paesini della Puglia.

16
L'odio omofobico di un serial killer

Gli «anormali»

Il numero di denunce rimane purtroppo basso, tuttavia non c'è dubbio che i crimini legati al pregiudizio sull'orientamento sessuale e sull'identità di genere siano tra i più diffusi.

A caderne vittime, almeno una volta nella vita, sono un gay su quattro e una lesbica su cinque; e se i primi sono spesso colpiti in luoghi pubblici, alle donne accade soprattutto in spazi privati.

Ma le statistiche non si fermano qui, e ci raccontano che i giovani della comunità LGBT sono aggrediti verbalmente o fisicamente in misura doppia rispetto ai coetanei etero.

Quanto all'autore, agisce per lo più da solo, e il suo attacco è mirato alla persona, ovviamente, non alla proprietà.

In ogni caso, quello omofobo è un delitto particolare, per tutta una serie di motivi.

Innanzitutto gay, lesbiche e transgender non sempre sono accettati e supportati dai propri familiari; capita così che all'insofferenza della gente si aggiunga il rifiuto dei genitori, in un processo di vittimizzazione secondaria.

In seconda battuta, il pregiudizio contro i gay è ancora grandemente diffuso: se in molti paiono appoggiarne i diritti, nel privato continuano ad avvertire nei loro confronti una qualche forma di disagio, prendendone le distanze.

A complicare il quadro, c'è poi la posizione delle principali confessioni religiose, unite nella condanna esplicita di tutto ciò che etichettano come «innaturale».

Ecco perché, in caso di episodi di violenza, la paura di rivelare il proprio orientamento sessuale o identità di genere porta spesso la vittima a non denunciare il suo aggressore.

Da ultimo, l'omosessualità, quella maschile in primis, viene ancora associata all'AIDS.

L'odio omofobico è sempre esistito, ben prima che si diffondesse il virus dell'HIV, ma il timore del contagio regala agli ottusi un modo semplice per razionalizzare il pregiudizio.

Nei confronti dei transgender accade poi un fatto particolare: la nostra cultura ha definito costrutti sul significato d'essere femmina, e soprattutto maschio. E l'integrità dei costrutti deve essere mantenuta, i confini ben presidiati, i trasgressori puniti.

Per il criminale spinto dall'odio, chi rifiuta il proprio genere biologico è considerato pericolosamente trasgressivo; da ciò la constatazione di come le aggressioni contro i transgender siano spesso connotate da una violenza estrema.

Sono molte le storie di assassini, anche seriali, motivati dall'odio, l'odio legato all'identità di genere e all'orientamento sessuale.

Una, in particolare, sconvolge l'Inghilterra degli anni Novanta.

Un'infanzia infelice

Si è sposato, ha divorziato e di nuovo è convolato a nozze. Etero dichiarato, anzi, «sbandierato», nasconde molto bene il suo lato oscuro, quello che lo porta a incontrare uomini per giochi erotici di tipo sadomaso.

In realtà, a lui le pratiche trasgressive non interessano, perché quello che vuole davvero è uccidere.

Quando riescono a catturarlo, dichiara di averlo fatto per diventare famoso, e per un desiderio di distruzione che lui stesso descrive in questi termini: «Per certi versi, non mi sarebbe affatto dispiaciuto incendiare il mondo intero».

A parlare è Colin Ireland, il più celebre e terribile assassino omofobo nella storia della criminologia britannica.

Colin nasce nel 1954 a Dartford, nel Kent, da una coppia di ragazzini non certo pronti ad accogliere e crescere un bimbo.

Tant'è che lui, ricevuta la notizia della gravidanza, sparisce subito, mentre lei trova ospitalità dai nonni; sul certificato di nascita fa mettere solo il suo nome, e non rivelerà mai l'identità del padre.

Insofferente a qualsiasi regola, la giovane mamma prova a farcela da sola, ma non è una buona idea.

Immatura e disorganizzata, passa da un lavoro all'altro, da un uomo all'altro, con lunghi periodi di vuoto e di miseria.

Cambia casa nove volte in sei anni, finisce in un rifugio per madri senzatetto, fino a quando incontra Saker Ireland, che la sposa e accetta di crescere il bimbo dandogli il proprio cognome.

Colin ora ha un riferimento, un uomo buono, che lo tratta bene, e per di più con un discreto *sense of humour*.

Ma anche lui ha qualche problema: non riesce a tenersi un lavoro, capita che non porti a casa una sterlina, e a causa di questo fa nuovi traslochi e cambia di continuo casa, quartiere, città.

Per Colin vuol dire iscriversi in sei scuole elementari differenti, una dietro l'altra.

Diventa così il bersaglio dei bulli, che se la prendono con il «bambino nuovo».

Colin è «sempre» il bambino nuovo, e prova a difendersi come può: cerca di arrivare dopo il suono della campanella, per trovare i prepotenti già seduti ai loro banchi, ma poi deve vedersela con gli insegnanti, che lo castigano per i ritardi. Usano la verga. Gli fanno stendere le mani coi palmi bene in vista e colpiscono con soddisfatta violenza, oppure lo picchiano sugli stinchi, non coperti dai calzoncini corti della divisa.

Punizione dopo punizione, una vergata dopo l'altra, Colin sente montare la rabbia, insieme a una strana sensazione di umiliazione e piacere, che non riesce a descrivere.

Quando chiude gli occhi mentre lo colpiscono, immagina di ribaltare i ruoli, fantastica d'essere lui al posto dell'insegnante.

In Colin sta crescendo un piccolo sadico, pronto a vendicarsi con gli interessi per ciò che sta subendo.

La scoperta del sesso

Ha dieci anni quando la situazione, già precaria, precipita: Saker ha di nuovo perso il lavoro, non ha più soldi per pagare l'affitto e sua moglie è di nuovo incinta.

Vengono sfrattati, e nel tentativo di proteggere Colin, o forse per prendersi qualche spazio, sua madre lo affida a un istituto.

È un momento di rinnovate umiliazioni, che sembra concludersi per il meglio quando la coppia trova una nuova casa, e riprende Colin con sé.

Invece è solo il preludio del tracollo.

Stanco di quella vita, di una compagna difficile e di un ragazzino problematico, e spaventato dalla prospettiva di un secondo figlio, Saker se ne va.

È il secondo padre che lo abbandona, però stavolta non c'è nulla che sua madre possa fare per attutire il colpo.

Cerca di rimediare con un nuovo matrimonio, ma non funziona.

Crescendo, Colin non vorrà mai cambiare cognome, riprendere quello della madre o adottare quello del suo nuovo marito. Come a mantenere un legame con l'unico uomo di cui si sia sentito davvero il figlio, il buon Saker; che finisce per idealizzare, evitando così il profondo, doloroso senso d'abbandono che lo coglie quando guarda in faccia la realtà, il fatto che anche lui lo ha lasciato.

La famiglia si stabilisce in un'altra località del Kent, Sheerness, dove Colin scopre il sesso.

Succede poco prima di compiere dodici anni. Ha trovato un lavoretto estivo al luna park, giusto per racimolare qualche soldo e lì, un giorno, un vecchio lo avvicina e gli fa una proposta: qualcosa di proibito, in cambio di una collanina da regalare alla mamma.

A lui però gli uomini non piacciono. A Colin piacciono le ragazze.

Ma la storia si ripete, e almeno in tre, tutti piuttosto in là con gli anni, gli fanno offerte simili.

Uno lo segue in una toilette pubblica, e non appena Colin si chiude nel bagno, monta sul water di quello di fianco e si mette a spiarlo mentre si abbassa i pantaloni.

Poi è la volta del suo oculista, che un giorno lo vede al cinema da solo e ne approfitta per avvicinarsi e chiedergli qualche favore.

Dopo le umiliazioni dei bulli e le punizioni degli insegnanti, le proposte ambigue e torbide rinforzano in Colin l'idea che gli altri siano un pericolo, un nemico da cui guardarsi.

Anche se nessuno va oltre le proposte verbali, il suo odio si focalizza sugli uomini eccitati e sulle loro richieste, che gli lasciano addosso la sensazione che il sesso sia qualcosa di sporco, di morboso, di squallido.

Ecco che allora, nella sua mente, s'affaccia l'idea che la relazione fra un padrone e uno schiavo non sia tanto diversa da quella fra un adulto e un bambino.

In fondo è sempre una questione di potere, e pensa che un giorno gli piacerebbe possederlo e usarlo.

Piccolo criminale

Per tutta l'adolescenza, Colin s'ingegna in una serie di piccoli lavori che gli permettono giusto di sopravvivere.

Tira avanti così fino al 1971, quando decide di fare il salto di qualità, passando da manovale a ladro.

Il primo colpo gli frutta ben quattro sterline, che arraffa dalla cassa di un negozietto; gli bastano per un biglietto per Londra, peccato che lo prendano subito e lo spediscano nella scuola speciale di Finchden Manor.

Che non è poi un brutto posto, perché, al di là delle porte chiuse, l'istituto accoglie ragazzi difficili ma in qualche modo dotati.

Ed è lo stesso consiglio provinciale del Kent a farsi carico delle spese, dando a Colin l'occasione di fare ammenda e riprendere il suo posto nella società.

Tuttavia il ragazzo non ama la disciplina e, inoltre, anche lì ci sono bulli che lo umiliano e insegnanti che lo permettono. Questa volta però decide di reagire, dando fuoco agli effetti personali di un ragazzo che l'ha preso di mira.

Scoperto, viene cacciato e si ritrova per strada, a diciassette anni e senza un penny in tasca.

A tenergli compagnia sono i sogni che fa ogni notte, dove tutto va in fiamme mentre lui ride felice, assaporando un piacere indescrivibile.

Torna a rubacchiare qua e là e finisce in riformatorio, a Hollesley Bay; anche questa è una struttura all'avanguardia, dove incontra psicologi pronti ad analizzare e a comprendere le sue fragilità, i suoi limiti e le sue risorse.

Però Colin non ha la minima intenzione di parlare di sé e di quello che gli piacerebbe fare.

Stavolta non lo cacciano, ma è lui a scappare.

Vive di espedienti, e inizia a frequentare ragazze, con cui riesce a essere al contempo maldestro e possessivo.

Nel 1975, a ventun anni, Colin cerca di rubare un'auto.

Ora che è diventato maggiorenne non ci sono più scuole speciali e riformatori: gli tocca il carcere, dove passa diciotto mesi.

Scontata la pena, decide di cambiare aria: niente più Kent, niente più fughe a Londra; meglio Swindon, nel Sudovest dell'Inghilterra, dove conosce una ragazza con cui ha il suo primo rapporto.

I due vanno a vivere insieme, progettano il matrimonio, e per Colin sembra giunto il momento sempre atteso, quello in cui la vita gli restituisce ciò che l'infanzia gli ha tolto: affetti e serenità.

Peccato che per mantenersi non trovi altro modo che l'estorsione: si fa altri diciotto mesi di galera, poi due anni per furto.

Il matrimonio salta, e nel 1981 Colin è un pregiudicato di ventisette anni, senza talenti, senza lavoro e senza una casa. Forse per questo si appassiona al survivalismo, a come sopravvivere ad apocalissi climatiche e attacchi nucleari.

E a uno degli incontri organizzati dai survivalisti conosce una donna che si chiama Virginia. Ha una decina d'anni più di lui e sta su una sedia a rotelle, perché a ventiquattro anni ha avuto un incidente in moto.

I due legano subito.

Lui le racconta qualcosa del suo passato, lei di avere una figlia di cinque anni.

Si sposano l'anno dopo, nel 1982, vanno a vivere a Londra e Colin si affeziona molto alla bambina, dedicandole quell'affetto che a lui è mancato.

Resta sempre il problema dei soldi, e per ottenerli Colin stavolta ricorre alla truffa, ma nei suoi confronti la macchina giudiziaria si dimostra infallibile e impietosa, regalandogli una nuova condanna a sei mesi.

Quando esce, Virginia fatica a riconoscerlo: è aggressivo, distante e velenoso, e le scarica addosso, ingiustamente, tutta la propria rabbia.

Non bastasse, nel 1987 scopre che il marito l'ha tradita, nonostante l'impegno e la dedizione con cui l'ha sempre sostenuto.

Il divorzio è l'unica soluzione possibile.

Inizia così un nuovo periodo di peregrinazioni da una casa all'altra e da un lavoro all'altro: Colin si trasferisce nel Devon e fa di tutto, dal cuoco al pompiere, fino a che non accetta un posto da buttafuori.

Uno dei locali in cui lavora è frequentato da omosessuali, ed è così che si trova a osservare un mondo che lo affascina e allo stesso tempo lo disgusta.

Nel 1989 conosce Janet, la proprietaria di un pub.

Anche lei è una madre single, e vive con due bambini in un appartamentino proprio sopra il locale. Complice qualche boccale di birra, Colin e Janet iniziano a parlare, a conoscersi, a piacersi, e dopo poche settimane si ritrovano a vivere insieme.

Colin ha di nuovo una famiglia cui potrebbe dedicare il proprio affetto, tuttavia non pare più in grado di contenersi: vuole avere il totale controllo sulla compagna, teme di essere tradito, non sopporta di essere contraddetto e, se accade, è pronto ad alzare le mani.

Ciò nonostante, Janet resiste.

E sbaglia. Perché, approfittando di una sua giornata di libertà, Colin le svuota l'appartamento e, già che c'è, anche il conto in banca.

Senza un soldo, Janet e i suoi figli finiscono in una casa per madri senzatetto, squallida quanto quella che aveva ospitato Colin da piccolo. Che adesso ha trovato il modo di scaricare l'odio che cova dentro.

Ma che presto ne troverà un altro, molto più efficace.

Un Capodanno particolare

La fine dell'anno, si sa, è tempo di bilanci e di buoni propositi, soprattutto se non si è contenti della propria vita.

E Colin ha davvero poco di cui essere soddisfatto, incapace com'è di mantenere un rapporto, senza denaro e senza un vero lavoro.

Così, la sera del 31 dicembre 1992 sente che è il momento di cambiare.

Ma il suo proposito per il 1993 è quantomeno discutibile, perché Colin Ireland decide che diventerà un serial killer.

Il proposito sorge spontaneo, alimentato dall'odio e dalla passione che nutre per il *true crime*: nella descrizione dei crimini efferati ritrova il piacere perverso provato quando gli insegnanti lo punivano, e lui fantasticava d'essere al loro posto.

Si documenta sul modus operandi dei più celebri assassini della storia, sulle loro strategie per evitare la cattura, e inizia a pianificare gli omicidi.

Le sue vittime saranno uomini gay, e il lavoro di buttafuori gli permette di conoscere il modo in cui comunicano, il loro comportamento, come ottenerne la fiducia e manipolarli.

Inizia a frequentare il Coleherne Arms, un noto locale con arredi postindustriali e finestre oscurate, dove i clienti hanno una predilezione per il sadomasochismo.

Impara il codice Hanky, il linguaggio usato da chi cerca sesso occasionale per esprimere i propri gusti sessuali. Consiste nell'indossare fazzoletti colorati: verde per la prostituzione, blu chiaro per il sesso orale, blu scuro per i rapporti anali, grigio per il bondage, arancione per dire che si può fare tutto, e così via.

Lui sceglie di presentarsi con un fazzoletto nero, quello dei sadici in cerca di un partner che ami la sofferenza e l'umiliazione.

Alcuni si mostrano interessati, com'era successo con i vecchi che l'avevano avvicinato da piccolo, anche se adesso non è più un bambino ma una montagna umana, col viso un po' bolso e il corpo gonfio per l'alcol.

Altre volte, invece, è lui a farsi avanti, a tentare un primo approccio con chi non può nemmeno immaginare il rischio che corre.

Con tutti, Colin si dichiara apertamente gay, pur fermo nella convinzione che la sua sia solo una sceneggiata, che frequentare il pub sia necessario per adescare le proprie vittime.

L'8 marzo 1993 lo abborda un uomo sulla quarantina; si chiama Peter Walker e fa l'assistente regista teatrale. Ovviamente non si presenta con il suo vero nome; ha solo notato il fazzoletto che racconta di un padrone alla ricerca del suo schiavo.

E ciò che eccita Peter è proprio la sottomissione.

I due scambiano quattro chiacchiere, e dopo qualche minuto Peter propone a Colin di finire la serata a casa sua, che sta a Battersea, non troppo lontano.

Arrivati in camera da letto, inizia il gioco: tocca a Colin legare il compagno con delle corde, e imbavagliarlo con una fila di preservativi annodati.

Tutto procede come da copione, anche se Peter non ha notato che, durante il tragitto, l'amico ha indossato un paio di guanti; o forse se n'è accorto e ha pensato fosse un dettaglio eccitante.

Una volta immobilizzato, Colin comincia a colpirlo, con schiaffi, pugni, con la cintura.

Il passo successivo è quello del soffocamento controllato; Peter infila la testa in un sacchetto, certo che Colin glielo toglierà prima che perda i sensi. E la vita.

Lo fanno una volta, due, poi ancora.

Dominando, Colin prova una sensazione inebriante: per la prima volta può rifarsi delle offese, delle angherie, degli abbandoni e dei tradimenti. In Peter rivede i bulli, gli insegnanti, i giudici, i padri, e finalmente può scaricare l'odio.

Lo schiavo fatica a respirare, cerca di liberarsi, ma il padrone sta godendo del suo terrore.

Pochi minuti ed è tutto finito.

Inizia così la carriera da serial killer di Colin, che si comporta come ha imparato nei manuali di criminologia.

Innanzitutto non deve lasciare tracce, quindi si muove nell'appartamento cercando di ripulire ogni cosa.

Poi gli viene in mente di sfidare gli investigatori: tra le carte della sua vittima ha trovato il referto di un test positivo per l'HIV, e allora infila nella bocca e nelle narici di Peter tre preservativi.

Ma non basta: prende due orsacchiotti di peluche e li sistema sul cadavere, nella posizione erotica del «69».

Manca l'ultima parte del piano: sparire nel nulla.

Attende così il mattino accanto al cadavere di Peter, dopo di che, all'ora di punta, lascia l'appartamento e si confonde tra la gente che affolla i marciapiedi.

In tasca ha la carta di credito di Peter, insieme al codice per usarla, che ha trovato frugando nei cassetti.

Le altre vittime

Due mesi dopo, il 28 maggio 1993, Colin è di nuovo pronto a colpire.

Torna nello stesso locale, il Coleherne Arms, e la scena si ripete, pressoché identica.

Questa volta a cadere nella rete è un bibliotecario trentasettenne, Christopher Dunn. Anche lui ama venire sottomesso, nota il fazzoletto di Colin e lo invita a casa sua.

L'uomo abita a Wealdstone, un sobborgo nel Nordovest di Londra, e una volta arrivati i due scelgono una cassetta porno, ovviamente sadomaso, e iniziano a guardarla insieme, per poi metterne in pratica le «suggestioni».

Christopher si ritrova con la faccia contro il pavimento, ammanettato e con un legaccio che gli blocca le caviglie.

Sono d'accordo che Colin usi un accendino, ma non che si avvicini in quel modo, perché così non è più un gioco.

Con la minaccia di bruciarlo, il killer si fa dare il PIN della sua carta di credito, prima di prendere un pezzo di corda e strangolarlo.

A trovare il corpo è un suo amico, due giorni dopo.

A parte il cadavere, l'appartamento è in perfetto ordine: l'assassino non ha lasciato traccia del suo passaggio.

Adesso, per Colin, uccidere è una specie di droga.

Se fra il primo e il secondo omicidio passano due mesi, tra il secondo e il terzo trascorre meno di una settimana.

Il 4 giugno 1993 Colin torna al Coleherne Arms.

Il modus operandi non cambia, e la vittima stavolta è un texano in viaggio di lavoro, Perry Bradley.

Perry alloggia in un appartamento nell'elegante quartiere di Kensington, ed è lì che porta Colin. Però non vuole essere legato. Apprezza l'idea di un partner aggressivo, ma nulla di più.

A Colin ripugna il solo pensiero di un rapporto omosessuale, e allora s'inventa una scusa: dice a Perry che proprio non riesce a eccitarsi senza corde e nodi, e alla fine lo convince.

Gli infila un cappio al collo, inizia a fargli male, e quando l'altro gli dice di smettere, risponde che continuerà a torturarlo fino a che non gli dirà il codice della sua carta di credito.

Cambia infatti versione: confessa a Perry di non essere gay; lo ha attratto in quella trappola perché è un ladro, e ha bisogno di soldi.

Perry è atterrito, ma di fronte alla promessa d'essere liberato gli rivela il numero.

Ottenuto ciò che voleva, a Colin viene un gran sonno. Si butta quindi sul letto, lasciando la sua vittima legata e imbavagliata.

Si risveglia nel cuore della notte e pensa di andarsene subito, ma poi riflette: Perry potrebbe identificarlo, e allora lo finisce, stringendogli il cappio al collo.

Ora si sente più tranquillo, si fa un panino e si mette in tasca un centinaio di sterline in contanti, a cui ne aggiungerà duecento prelevate con la carta di credito.

Tuttavia è chiaro che il movente di Ireland non sia il denaro: non uccide perché ha bisogno di soldi, ma perché odia i gay, e dominarli fino a sopprimerli lo eccita terribilmente.

Sa che il gioco è pericoloso, ciò nonostante si ritiene abbastanza furbo da riuscire ogni volta a evitare la cattura.

Peccato che la sua parte narcisistica voglia che tutti lo conoscano, che tutti parlino del misterioso e terribile serial killer.

Per questo appoggia una bambola sul corpo di Perry, così che la polizia possa collegarla agli orsacchiotti sistemati in posa oscena sul cadavere di Peter.

Ma nessuno nota l'indizio, e questo fa arrabbiare Colin, che dopo tre giorni torna a colpire.

Il 7 giugno 1993 è di nuovo al Coleherne.

La quarta vittima si chiama Andrew Collier e ha trentatré anni.

Il modus operandi è sempre lo stesso, ma l'odio che lo muove è ancora più feroce.

Collier è sieropositivo, però non l'ha rivelato subito; e quando l'assassino lo scopre, dopo averlo immobilizzato, la rabbia è tanta che gli afferra il gatto e lo uccide davanti ai suoi occhi.

Dopo di che inizia a bruciargli la pelle con un accendino, per poi soffocarlo infilandogli un preservativo in gola.

Come di consueto, Colin aspetta che la notte passi prima di lasciare la scena del crimine.

Questa volta è certo che tutti i giornali parleranno di lui, del «Gay Slayer», l'«assassino dei gay».

Ma ancora una volta resta deluso, e allora decide di prendere l'iniziativa.

Autodenuncia e confessione

Il 12 giugno 1993, a cinque giorni dall'ultimo delitto, Colin alza il telefono e chiama la polizia.

Chiede agli agenti se siano interessati ad avere notizie sull'omicidio di Peter Walker.

Dice di essere stato lui ad ammazzarlo, confessa di aver ucciso altre tre volte, e per convincerli racconta particolari mai diffusi.

Ora ha tutta l'attenzione dei poliziotti, che gli chiedono perché l'abbia fatto.

Colin risponde di aver letto molti libri sugli assassini seriali e di aver voluto scoprire se poteva riuscire anche lui ad ammazzare un po' di gente.

Poi riattacca.

Dopo di che va al Coleherne, per l'ultima volta.

Rimorchia Emanuel Spiteri, un cuoco di origini maltesi, e dopo averlo ucciso cerca di dar fuoco alla sua casa, senza riuscirci.

Ottiene però tutte le attenzioni degli investigatori, e le indagini sono abbastanza rapide.

A essere decisive sono le riprese delle telecamere di sorveglianza sistemate lungo la strada che va dal pub all'appartamento di Emanuel, dove si vedono il cuoco e un uomo grande e grosso che gli cammina accanto.

L'identikit del sospettato compare durante i notiziari mentre Colin è al pub sotto casa, e qualcuno gli grida: «Ehi, Colin, quel tipo è uguale sputato a te!».

L'assassino capisce allora che è giunto il momento.

Va da un avvocato a cui dice di aver ucciso Emanuel Spiteri, e di aver telefonato alla stazione di polizia dopo l'omicidio di Andrew Collier.

Il 19 agosto 1993 Colin confessa tutti e cinque i delitti; il suo è un racconto privo di emozione, come se stesse parlando di un film che ha visto, non di fatti che ha vissuto.

Si anima solo quando l'argomento è il movente.

No, non ha agito sotto l'effetto di alcol o droghe.

No, non è omosessuale.

Non li odia nemmeno, i gay; li ha presi di mira perché facili da incantare: basta andare in un locale frequentato da loro con un fazzoletto nero e si lasciano fare di tutto, aggiunge con una nota di disprezzo.

Ammette tuttavia che i deviati, una categoria in cui racchiude omosessuali, molestatori e pedofili, lo irritano oltremodo, e che in fondo ha liberato il mondo da un po' di feccia.

Il giorno seguente, senza processo, perché la legge inglese lo consente, il tribunale dell'Old Bailey condanna Colin a cinque ergastoli, uno per ciascuna delle vittime.

«Lei ha ucciso perché voleva essere un serial killer» commenta il giudice. «Una scelta che può essere punita solo con il carcere a vita.»

Colin resta dietro le sbarre per quasi vent'anni, inserito nella lista limitata dei detenuti per cui non è previsto alcuno sconto di pena.

La morte lo coglie il 21 febbraio 2012 nel sanatorio del carcere di Wakefield, dov'era ricoverato per una malattia polmonare.

Odiare i gay

Anche se tecnicamente non gli è mai stata contestata l'aggravante dell'odio, quello di Colin Ireland è forse il più efferato e controverso caso di omofobia criminale.

Nella sua visione traumatica e distorta della sessualità, Colin ha sviluppato sentimenti di avversione e paura nei confronti degli omosessuali, associandoli ai molestatori e ai pedofili conosciuti nella sua triste infanzia.

Certo, molto è dipeso dalle sue esperienze, ma non va scordata la dimensione culturale nella quale Colin è nato e cresciuto, quella di una Gran Bretagna in cui, fino agli anni Sessanta, l'omosessualità era un reato perseguibile con il carcere, vedi la storia di Alan Turing e, prima di lui, quella di Oscar Wilde.

E se un Paese criminalizza le scelte sessuali, finisce per mostrare tolleranza e impunità verso chi castiga la libertà altrui con la violenza. Un atteggiamento quantomeno confuso, e nella stessa ambiguità si è mosso Colin Ireland, un uomo incapace di amare, come dimostrano i fallimentari rapporti con mogli e compagne; un killer che ha adescato le sue vittime nei locali per gay, premurandosi a ogni occasione di dichiarare la propria «normalità».

Normalità!

Anche se tramandato in latino, c'è un noto proverbio medievale che recita «*Excusatio non petita, accusatio manifesta*», la cui traduzione letterale è «Scusa non richiesta, accusa manifesta», o, in termini ancor più semplici, «Chi si scusa si accusa»...

L'avessero citato a Colin Ireland, il killer si sarebbe preso qualche secondo, ma non troppi, prima di rispondere: «Io non sono gay. Io gli omosessuali li odio!».

17
Ispanofobia

Correre davanti alla morte

È il 2020 e a Satilla Shores, sobborgo di Brunswick, cittadina di quindicimila abitanti nel Sud della Georgia, è una limpida domenica di febbraio.

Ahmaud Arbery, venticinque anni, sta facendo jogging, quando si accorge che alle sue spalle sta arrivando un furgoncino.

Ahmaud si sposta al bordo della strada, per farlo passare, ma anche se ha tutto lo spazio che gli occorre, il furgoncino non lo supera, mantenendo la sua stessa velocità; e poi, dietro il primo, ne appare un altro.

Il ragazzo continua a correre, però passa un minuto, ne passano due, e allora capisce che sono lì per lui.

Non gli resta che accelerare, tuttavia, appena allunga la falcata, uno dei mezzi lo supera e gli sbarra la strada; allora si volta, ma anche l'altro si mette di traverso.

Dal primo veicolo scende un uomo, Travis McMichael, mentre suo padre, Gregory, resta al volante. Sul secondo c'è solo un passeggero, un loro vicino di casa, William Bryan detto «Roddie».

Travis si avvicina ad Ahmaud.

Lo accusa di aver svaligiato una delle case del quartiere, e per questo sta correndo. Ahmaud replica che lui non sta scappando, sta solo facendo jogging, come gli capita tutti i giorni.

Ahmaud è un bel ragazzo, prestante, dal viso fiero e dal sorriso aperto. Nel tempo libero gli piace tenersi in forma.

Ma Travis non sente ragioni, e inizia a insultarlo.

Ahmaud risponde per le rime e l'altro gli mette le mani addosso, prendendo a spintonarlo. Ahmaud cerca allora di difendersi, sperando che i due uomini a bordo dei furgoncini non intervengano.

Altrimenti rischia di tornare a casa con le ossa rotte.

Quello che non si aspetta è che Travis tiri fuori una pistola e gli spari.

Un attimo dopo, il ragazzo che faceva jogging è steso sull'asfalto, in una pozza di sangue.

Dal suo furgoncino, Roddie Bryan ha ripreso tutta la scena con il suo smartphone.

Satilla Shores è un posto tranquillo, e il rumore di uno sparo mette subito in allarme. Bastano infatti pochi minuti perché la polizia della contea si precipiti sul posto.

Dall'auto di pattuglia scende un agente.

Punta dritto verso Gregory McMichael, il padre del ragazzo che ha sparato. I due iniziano a chiacchierare fitto. Si chiamano per nome, che negli States è come darsi del tu.

D'altra parte si conoscono bene, perché Gregory ha prestato servizio nelle forze dell'ordine, e racconta all'agente che si è trattato di legittima difesa. La vittima è un ladro che ha cercato di fuggire, e che loro hanno inseguito e bloccato.

Una volta in trappola, il delinquente ha reagito con violenza, allora Travis gli ha sparato, con una pistola per cui ha un regolare porto d'armi.

La polizia non dubita della versione fornita, e lascia andare tutti.

I McMichael sono convinti di averla fatta franca, e in un

eccesso di sicurezza lo stesso Gregory chiede che nel fascicolo d'indagine venga messo tutto, compreso il video girato da Roddie.

Peccato che la registrazione venga ripresa dal canale YouTube di una piccola stazione radio locale, e diventi rapidamente virale.

Dopo due settimane di silenzio, l'omicidio di Ahmaud diventa un caso nazionale.

L'arresto degli assassini è inevitabile.

Il 7 maggio 2020 finiscono dietro le sbarre i McMichael, e due settimane dopo tocca a Roddie Bryan.

L'accusa è di omicidio volontario, con tutte le aggravanti possibili. Perché il procuratore distrettuale Jackie Johnson è convinto che gli imputati abbiano commesso un crimine dell'odio.

Ahmaud era un ragazzo di colore, e i tre uomini che lo hanno inseguito e ucciso sono bianchi.

Travis e Gregory

Quando ferisce a morte un innocente, Travis ha trentaquattro anni.

Nato e cresciuto in Georgia, trascorre un'infanzia serena, con piccoli momenti di soddisfazione, come il premio di «Buon cittadino» che vince alle elementari.

Fa parte dei boy-scout, la sua principale passione insieme al baseball. Non ama guardare la TV o passare il tempo davanti a un computer. Vuole sempre uscire a giocare, gli piace stare all'aria aperta.

Da ragazzo fa il bagnino in piscina, per mettere da parte il denaro con cui comprarsi un'auto, e nel 2007 si arruola nella guardia costiera di stanza ad Alameda, in California.

Viene coinvolto in operazioni antidroga, distinguendosi per

il buon comportamento, e una volta trasferito a Jacksonville, in Florida, è protagonista del salvataggio di una coppia la cui imbarcazione sta affondando.

A malincuore, nel 2016 lascia la guardia costiera: la sua compagna gli ha appena dato un figlio, perciò sceglie di trascorrere più tempo in famiglia, nella loro casa di Brunswick.

Le cose però non funzionano, e i due si lasciano quando il bimbo è ancora piccolo. Travis lavora come meccanico, ma di soldi in tasca gliene entrano pochi, così, per risparmiare, decide di tornare a vivere dai genitori.

Succede nel 2018, e per due anni la vita in casa McMichael procede tranquilla.

Come Travis, anche i suoi genitori sono conosciuti e stimati nella comunità locale.

Leigh, la madre, ha fatto l'infermiera per trent'anni, mentre Gregory è un agente di polizia della contea di Glynn fin dal 1982.

Il lavoro gli piace, gli permette di stare per strada, parlare con la gente, conoscere tutti. È uno di quei poliziotti buoni che ad Halloween regala dolcetti ai bambini davanti alla centrale.

Nel 1996 Greg diventa ispettore capo, e ai nuovi colleghi si presenta come un uomo cui non piace usare le maniere forti, e per il quale conta più l'integrità della divisa.

Mentre Travis torna a vivere dai genitori, Greg va in pensione. Siamo nel 2019, un anno prima del delitto.

Un anno in cui dev'essere successo qualcosa, qualcosa capace di trasformare due brave persone in assassini a sangue freddo.

È probabile che il senso di frustrazione e fallimento per il divorzio di Travis e per il pensionamento di Gregory abbiano innescato emozioni fino ad allora negate.

Il processo

Durante il processo la versione dei McMichael non è quella di un inseguimento culminato in un omicidio.

Quella maledetta domenica Greg sta facendo le pulizie, Leigh sta cucinando, mentre Travis è appena tornato con il figlio da un grande magazzino, dove ha comprato delle sementi per il giardino.

Quand'ecco che, all'improvviso, Gregory caccia un urlo: «Rieccolo, è lui!».

Si riferisce a un ragazzo che ha sorpreso in casa qualche giorno addietro, nella notte dell'11 febbraio, e che gli è sfuggito prima che riuscisse ad acciuffarlo. È convinto si tratti di quel ladro che da qualche mese si introduce nelle case del quartiere; un giovane di colore, in base a quanto mostrano le telecamere di sorveglianza.

Per l'ex poliziotto, Ahmaud, che passa di corsa, è certamente il delinquente, e non può essere che armato.

I McMichael chiamano allora il vicino e iniziano a inseguirlo, con l'intenzione di bloccarlo fino all'arrivo della polizia. E per riuscirci non prendono solo i furgoncini. Prendono anche le pistole.

Leigh rimane in casa, terrorizzata. Sente uno sparo, poi un altro, forse un terzo. In lontananza vede la polizia che accorre. Qualcuno passa a rassicurarla: suo marito e suo figlio sono al sicuro.

Un «nero» ha provato ad aggredirli e a strappare la pistola dalle mani di Travis, ma nella colluttazione è partito un colpo che lo ha ucciso.

Peccato che il video dell'omicidio diffuso su YouTube mostri una realtà diversa. Il procuratore generale della Georgia chiede dunque l'intervento dell'FBI, trasferendo ai federali le indagini sul caso.

Il processo è rapido: inizia il 24 novembre 2021 e termina in meno di due mesi, il 7 gennaio 2022.

Travis e Gregory vengono giudicati colpevoli di omicidio volontario e condannati all'ergastolo senza condizionale, più vent'anni per le aggravanti; anche per il loro vicino e complice Roddie Bryan la sentenza parla di ergastolo, con la possibilità della condizionale dopo trent'anni di carcere.

Ma non è finita, perché in parallelo va avanti il processo federale, che il 22 febbraio 2022 stabilisce che quello di Ahmoud non è stato un semplice omicidio, ma un crimine dell'odio, fondato su un consapevole e deliberato atto di razzismo; un delitto che merita l'aggiunta di un ulteriore ergastolo per Travis e suo padre.

A Roddie Bryan invece non viene contestata l'aggravante, perché i giudici ritengono che abbia partecipato al crimine non perché mosso dal rancore, ma per l'invito dei McMichael a seguirli.

In Georgia le conseguenze del caso non tardano a farsi sentire: la prima testa che salta è quella del procuratore di Brunswick, che si era mosso per evitare l'arresto dei tre assassini; un trattamento di favore nei confronti di Gregory McMichael, per via del suo lungo passato nelle forze dell'ordine.

Nel giugno 2020, pochi mesi dopo il delitto, la Georgia rivede la propria giurisprudenza sui crimini dell'odio, rendendola più severa, ma soprattutto cancella una legge tra le più discusse, un caposaldo per molti Stati del Sud. Si tratta del *citizen's arrest*, che consente a qualsiasi cittadino di arrestare chi ritiene in flagranza di reato, anche se non ha mai prestato servizio nelle forze di polizia.

La legge viene abrogata perché c'è il rischio concreto che uno zelante cittadino consideri l'altro un criminale sulla sola base di pregiudizi, anche inconsapevoli.

Travis e Gregory McMichael sono attualmente ospiti delle carceri americane, ma continuano a sostenere di aver agito per legittima difesa e, comunque, non spinti dall'odio.

Nella primavera del 2023 hanno presentato appello contro il secondo ergastolo, quello inflitto per le aggravanti, perché, come afferma il loro legale, «non tutti i crimini commessi contro gli afroamericani sono crimini dell'odio».

Peccato che l'avvocato di Roddy Bryan, in una richiesta di riduzione della pena, scriva che il suo assistito «non è ossessionato dagli afroamericani, a differenza dei McMichael».

Il pregiudizio razziale

Cos'è il razzismo?

Si tratta di una delle forme più «classiche» di pregiudizio verso l'altro, giustificato da presunte differenze biologiche tra gruppi.

In realtà, gli studi scientifici hanno dimostrato che le diversità tra le razze umane riguardano l'immagine esteriore, legata all'adattamento all'ambiente, più che l'assetto genetico.

In fondo, la cosa non può sorprendere, vista la nostra comune origine dall'*Homo sapiens*, comparso sulla Terra «solo» centomila anni fa.

Anzi, analizzando il DNA si è scoperto che, per molte caratteristiche, le differenze nel patrimonio genetico sono maggiori tra soggetti della stessa razza che tra individui appartenenti a popoli diversi.

Se il pregiudizio razziale è vecchio come il mondo, e si è andato definendo nel Medioevo, un impulso determinante al suo consolidamento è arrivato durante l'epoca coloniale, con la necessità di legittimare la riduzione in schiavitù delle popolazioni indigene dell'Africa e delle Americhe.

Il passo successivo lo ha regalato il positivismo, con la sua cornice pseudoscientifica che sosteneva come i metodi della zoologia fossero adatti a classificare le razze, stabilendo quindi chi fosse superiore e chi inferiore in base all'evoluzione e all'intelligenza.

Quando i primi ricercatori hanno iniziato a studiare con metodo gli stereotipi e i pregiudizi legati al razzismo, negli anni Venti del secolo scorso, non ritenevano che il compito fosse poi complicato; bastava intervistare la gente, chiedendo quali caratteristiche associassero a gruppi ed etnie, per avere dati oggettivi su cui costruire ipotesi e modelli.

Pian piano, con il passare del tempo, ci si è accorti che il numero di intervistati che manifestava preclusioni verso gli altri era sempre minore.

Voleva forse dire che la società aveva compreso il valore e i vantaggi della tolleranza? La realtà è che la manifestazione del pregiudizio è mutata, intrecciandosi al disagio sociale legato alla crisi economica e alle incontenibili ondate migratorie.

A emergere è una visione secondo cui sono le differenze culturali a impedire la convivenza, e la soluzione consiste nell'evitare che etnie diverse si fondano, facendo rimanere ogni popolo nella sua terra di origine.

Si chiama «differenzialismo», e permette di etichettare il fenomeno migranti come elemento negativo e destabilizzante per le relazioni e la vita sociale.

L'orribile linciaggio

Quel tardo pomeriggio di giugno 1998 James Byrd junior sta rientrando a casa dopo essere passato a trovare un amico. Vive a Jasper, in Texas, ha quarantanove anni e di certo la sua vita non è semplice, con una moglie e tre figli cui badare e un lavoro precario.

Arrivato davanti alla casa di Shawn Berry, sente la voce

dell'uomo che lo chiama e gli offre un passaggio. A James non sembra educato rifiutare, ma di lì a poco se ne pente, perché in macchina lo aspettano Lawrence Brewer e John King.

Messa in moto l'auto, si dirigono alla periferia della città, e raggiunta una strada isolata si fermano.

Qui inizia la mattanza.

James viene spogliato, picchiato a sangue, gli spruzzano una bomboletta di vernice in faccia, poi gli urinano e gli defecano addosso. Infine gli incatenano le braccia al paraurti posteriore della macchina, e lo trascinano per cinque chilometri.

L'autopsia dirà che James è rimasto in vita per gran parte della folle corsa, nonostante le lesioni interne e le ossa fratturate.

Fino a quando il suo corpo non urta un canale di scolo, che gli recide di netto la testa e il braccio destro.

I tre uomini non se ne preoccupano più di tanto; raccattano quello che è rimasto della povera vittima e lo scaricano davanti ai cancelli del cimitero per afroamericani di Jasper.

Poi, come se nulla fosse, se ne vanno a festeggiare con un barbecue innaffiato dalla birra.

Ci vuol poco a risalire a Berry, Brewer e King, perché quello è un crimine mosso dall'odio razziale, e non è un mistero che almeno due di loro siano legati al movimento dei suprematisti bianchi.

E poi, particolare decisivo, hanno lasciato prove evidenti sulla scena del delitto, come una chiave inglese con sopra inciso il nome BERRY e un accendino con la scritta POSSUM, il soprannome che King si era meritato dietro le sbarre durante una precedente condanna.

Ad aggravare la loro posizione, una volta arrestati, ci pensa lo stesso King, che in carcere scrive all'amico Brewer. Nella lettera, ovviamente intercettata, c'è un passaggio che racchiude il pensiero degli assassini: «Indipendentemente da come andrà a finire, abbiamo fatto la storia. La morte prima del disonore».

Sul concetto di onore dei criminali è perfino inutile spendere parole. Quanto alla morte vengono accontentati, almeno Brewer e King: il primo viene giustiziato il 21 settembre 2011, il secondo nell'aprile 2019.

È loro un primato di cui avrebbero fatto a meno, quello d'essere stati i primi uomini bianchi condannati a morte nella storia moderna del Texas.

Quanto a Shawn Berry, viene condannato all'ergastolo, per via di un minimo senso di colpa mostrato durante le udienze.

L'orrore suscitato dal caso, i macabri dettagli dell'omicidio, l'indignazione della gente comune e il disprezzo per la vittima da parte di suprematisti membri del Klan hanno portato il Congresso degli Stati Uniti ad approvare quello che è noto come il *Matthew Shepard Act*, il cui nome completo è *Matthew Shepard and James Byrd Jr. Hate Crimes Prevention Act*.

Nonostante il dolore, Ross, figlio di James Byrd, ha contribuito alla fondazione del Murder Victims' Families for Reconciliation, un ente che promuove la riconciliazione tra le vittime e i loro aggressori.

E all'indomani della sentenza è comparso pubblicamente per opporsi alla condanna a morte degli assassini del padre, spezzando sul nascere la catena dell'odio.

Patrick Wood Crusius

La storia di Ahmaud e poi quella di James Byrd raccontano del razzismo nella sua forma più tristemente nota.

Ma lo stesso pregiudizio velenoso porta a odiare chi è diverso per lingua e cultura, non solo per il colore della pelle o i tratti somatici.

È il caso di Patrick Wood Crusius, un ragazzo texano di soli ventun anni.

Il 3 agosto 2019, poco prima delle undici del mattino, Crusius ferma la macchina nel parcheggio del Cielo Vista Mall, il grande centro commerciale alla periferia est di El Paso, in Texas.

Scende dall'auto con in mano un WASR-10, un fucile semiautomatico, e inizia a far fuoco, facendosi strada verso un negozio della catena Walmart.

Il direttore dà subito l'allarme, un codice marrone, quello che segnala che un uomo armato sta sparando, che i dipendenti devono aiutare i clienti a uscire o, se è impossibile, a nascondersi.

I proiettili del killer non lasciano scampo a venti persone, altre due muoiono in capo a pochi giorni e una terza otto mesi dopo. I feriti sono ventiquattro.

Scorrendo l'elenco delle vittime, il movente dell'assassino appare subito chiaro: si chiamano Benavides, Campos, Hernández, Márquez, Rodriguez, Sanchez...

Crusius ha mirato ai *latinos*.

Certo, restano sul pavimento anche un paio di americani WASP – bianchi, anglosassoni e protestanti – e pure un cittadino tedesco, Alexander Gerhard Hoffman. Ma si tratta di vittime collaterali, perché a muovere Crusius, a portarlo alla carneficina, è stato il suo odio nei confronti degli ispanici.

Come Travis McMichael, anche Crusius cresce in una famiglia all'apparenza tranquilla; vive con i genitori dalle parti di Dallas e, dopo essersi diplomato con buoni voti, inizia a frequentare l'università.

Eppure, questo ragazzo dall'aspetto anonimo nel giugno

2019 si procura il fucile semiautomatico e migliaia di munizioni, comprando tutto in maniera legale via Internet.

Lo arrestano praticamente subito, perché una volta accerchiato non cerca di uccidersi, come fa la gran parte degli autori di una strage.

E durante l'interrogatorio dichiara senza esitazioni di aver puntato il fucile contro gli ispanoamericani e i messicani.

Perché sono nemici di quelli come lui.

Perché sono nemici dei bianchi.

Una verità scomoda

Voleva imitare Brenton Tarrant, l'assassino che pochi mesi prima aveva seminato terrore e morte in due moschee in Nuova Zelanda.

Agli agenti increduli racconta di averlo spiegato per filo e per segno nel suo manifesto, un documento di otto pagine intitolato *The Inconvenient Truth*, «La verità scomoda».

Poco prima di partire per la sua missione di morte, Crusius lo pubblica su 8chan, un forum online che in nome della libertà di parola ospita pamphlet razzisti, invettive antisemite, incitamenti all'odio e materiale pedopornografico.

«Questo attacco» esordisce Crusius nel suo manifesto,

> è una risposta all'invasione ispanica del Texas. Sono loro i veri mandanti, non io. Io sto solo difendendo il mio Paese dal rimpiazzo culturale ed etnico che quest'invasione comporta. Il mio movente non è minimamente personale.

Scritto in stile piano e all'apparenza lucido, il manifesto è un ottimo esempio di come funzioni la mente di chi si appresta a commettere un crimine dell'odio razziale.

Crusius ammette di non aver mai pensato ai *latinos* come

a un bersaglio prima di scoprire la teoria del Great Replacement, la grande sostituzione etnica.

A chi potrebbe contestargli d'essere un ipocrita, di scordarsi che la comunità americana bianca ha di fatto «sostituito» quella dei nativi, replica che è proprio il precedente a far riflettere.

> In realtà, ciò rafforza la mia posizione. I nativi americani non hanno preso seriamente l'invasione da parte degli europei bianchi, e ciò che resta oggi di loro non è che l'ombra di ciò che erano.

Per Crusius gli Stati Uniti stanno marcendo, ed è impossibile arrestarne pacificamente il declino; poco importa se il presidente si chiami Obama oppure Trump.

> La verità scomoda è che i nostri leader, sia quelli democratici sia quelli repubblicani, ci hanno deluso. Sono indifferenti, o magari conniventi, rispetto a uno dei più grandi tradimenti della popolazione americana nella storia.

E una volta preso lo slancio, ecco emergere il suo delirio fantapolitico: i democratici, sostiene il ragazzo, mirano a impossessarsi della nazione e a consegnarla alle multinazionali. Per questo hanno iniziato a incentivare l'immigrazione dal Messico, garantendo ai nuovi ispanoamericani il benessere americano in cambio di un voto elettorale.

Non che i repubblicani siano meglio, continua. Anche loro sono vicini alle multinazionali, le quali non vedono l'immigrato come un problema, ma come una risorsa.

Fra i due schieramenti, i repubblicani sono solo un poco meglio, perché con loro la sostituzione etnica avverrà più lentamente.

Ma è una questione di tempo.
Scrive Crusius:

> L'immigrazione può solo fare danni al futuro dell'America. Non ha senso continuare a far entrare ondate di milioni di immigrati regolari o irregolari. Anche se gli immigrati lavorano, i loro figli no. Vogliono realizzare il sogno americano, laurearsi e ottenere posti di lavoro ambiti e ben pagati, al posto degli americani. Hanno fatto aumentare il costo delle lauree facendone precipitare il valore. Per questo l'automazione è una cosa buona, in quanto elimina la necessità di forza-lavoro che provenga da oltreconfine.

Le risorse ambientali si stanno esaurendo, le multinazionali le consumano, gli immigrati lavorano per le multinazionali, i partiti favoriscono le multinazionali, gli americani non intendono cambiare il proprio stile di vita perché temono i sacrifici.
È tempo di soluzioni drastiche.
Scrive ancora:

> Io voglio solo dire che amo il popolo di questo Paese, ma, porca miseria, tantissimi di voi sono troppo testardi. Per questo il passo successivo e logico è quello di diminuire il numero di persone che utilizzano risorse in America. Se riusciamo a sbarazzarci di un buon numero di persone, allora il nostro stile di vita può diventare più sostenibile.

Un futuro che non esiste

Patrick Wood Crusius conclude la sua lunga premessa con un appello:

> Non fare nulla è una scelta.

Per salvare il Texas e l'America è necessario agire, anzi, è inevitabile, altrimenti si finirà come gli europei, sostituiti dagli immigrati asiatici e africani.

Nella sua mente, come in quella di ogni razzista, la nazione in cui vive è inattaccabile; l'unico modo per distruggerla è sabotarla dall'interno, e chi collabora alla sua rovina, favorendo l'ingresso degli immigrati, è un traditore.

> Per questo non vedo alcuna colpa in ciò che farò. Non si tratta di un atto di imperialismo; è un atto di autodifesa.

Tutte le considerazioni del ragazzo convergono su una teoria, degna della peggior tradizione pseudoscientifica dell'Ottocento e ripresa ed esaltata dal nazional-socialismo di Hitler:

> Sono contrario al miscuglio delle razze perché distrugge la diversità genetica e crea problemi di identità. Inoltre, è una cosa completamente egoistica e non necessaria. Gli ispanici di seconda e terza generazione formano unioni interrazziali a un ritmo più elevato della media: è un altro motivo per rispedirli indietro.

Comandasse lui, non avrebbe dubbi: trasformerebbe gli Stati Uniti in una federazione in cui a ogni singola razza o etnia assegnerebbe un territorio, applicando deterrenti per ostacolare la creazione di coppie miste.

Però non comanda lui.

Per questo ritiene che sia tempo di imbracciare il fucile e chiarire le cose.

Le sue ultime parole sono:

> La mia morte è pressoché inevitabile. Se non sarò ucciso dalla polizia, probabilmente mi sparerà uno degli invasori.

Venire catturato sarebbe peggio che morire, perché mi darebbero comunque la pena di morte. Molte persone credono che la battaglia per l'America sia perduta. Hanno torto. Questo è solo l'inizio. Sono onorato di mettermi alla testa di questa battaglia e di riscattare il mio Paese dalla distruzione.

Il risarcimento

Un'ondata di indignazione travolge il Paese.

A Ciudad Juárez e a El Paso vengono organizzate veglie, concerti, performance artistiche in memoria di chi è caduto sotto i colpi di Crusius. Davanti al Walmart, teatro del fatto di sangue, viene eretto un memoriale.

Donald Trump interviene subito, dichiarando «odioso e codardo» il gesto di Crusius. Ma c'è chi lo contesta, sostenendo che la strage è in qualche modo legata alle sue posizioni sui migranti messicani.

In capo a poche settimane il presidente tiene allora un discorso alla Casa Bianca, in cui afferma che gli Stati Uniti devono condannare il razzismo e il suprematismo bianco, definendoli «ideologie sinistre che vanno sconfitte», per concludere con un messaggio retorico: «L'odio non deve trovare spazio in America».

Forte di queste dichiarazioni, il 7 agosto Trump si presenta a El Paso, e se il sindaco accoglie lui e la first lady, la deputata del Texas si rifiuta di incontrarlo.

Un fatto di cronaca diviene quindi inevitabilmente un caso politico.

Il processo, davanti alla corte federale, inizia il 6 febbraio 2020, e Crusius è imputato di novanta capi d'accusa: gli vengono contestati gli omicidi e i tentati omicidi, con l'aggravante dell'aver agito sulla spinta dell'odio razziale.

La difesa punta sull'incapacità di intendere e volere, presentando una perizia in cui sostiene che il ragazzo è affetto sin dalla nascita da una severa disabilità, un disturbo che sconfina in uno stato paranoide, obbligandolo ad assumere con costanza una terapia con antipsicotici.

La strage sarebbe perciò dovuta alla follia del ragazzo, e non al profondo razzismo covato per molto tempo e riordinato nel manifesto.

Dopo un lungo rinvio dovuto alla pandemia di Covid, il punto di svolta arriva il 19 gennaio 2023, con un significativo gesto politico.

Quel giorno i pubblici ministeri federali annunciano che non avanzeranno la richiesta della pena di morte.

Una scelta maturata proprio da quei democratici che Crusius ritiene responsabili della rovina dell'America. Il procuratore generale Merrick Garland, nominato nel 2021 dal neoeletto presidente Joe Biden, è infatti convinto che la pena di morte non vada mai chiesta per reati federali, anche nei casi di estrema gravità. Per quanto ciò non influenzi la libertà di applicarla nei singoli Stati dove è prevista, come il Texas, il governo di fatto salva la vita a Crusius.

Nell'udienza dell'8 febbraio il ragazzo ammette le proprie responsabilità; il 5 e il 6 luglio sfilano i testimoni, i parenti, gli amici delle vittime, che descrivono l'orrore cui hanno assistito e la sofferenza che hanno provato.

Sono momenti drammatici, che tuttavia sembrano lasciare indifferente l'assassino.

Il 7 luglio Crusius viene riconosciuto colpevole di ciascuno dei capi d'accusa e condannato a novanta ergastoli, da scontarsi in successione.

Non ha, quindi, alcuna speranza di uscire dal carcere.

Su di lui pende comunque la minaccia dell'esecuzione, se il processo intentato dallo Stato del Texas dovesse culminare in una condanna a morte; e questo nonostante la strada tracciata dal governo federale.

Per limitare il rischio dell'iniezione letale, il 25 settembre 2023 Crusius ha trovato un accordo economico con la corte distrettuale del Texas occidentale per una «mozione congiunta di restituzione concordata», che prevede che l'assassino paghi un risarcimento ai parenti delle vittime.

La somma stabilita è di circa cinque milioni e mezzo di dollari, una cifra enorme, che comunque non riporterà in vita chi è morto per il delirio razzista di un ragazzo di ventun anni.

18
Cop's hate

La banconota falsa

Il 25 maggio 2020 sugli edifici di Minneapolis le bandiere americane sono appese a mezz'asta.

È il Memorial Day, il giorno in cui si ricordano i caduti in guerra, un momento di festa e di rimpianto.

George Floyd è in compagnia del suo amico Morries Hall, un ragazzone afroamericano con i dreadlock – le treccine – e qualche precedente con la giustizia.

Mangiano un panino insieme, comprano un cellulare, bevono qualcosa, parlano di musica.

George se ne intende; per anni ha coltivato il sogno di scrivere una hit di successo. Sarebbe stato un bel modo per cambiare una vita che girava a vuoto.

Morries invece non ha sogni, ma certezze: spaccia pasticche, e vorrebbe coinvolgere George. Mentre si spostano in auto, gli mostra un rotolo di banconote che tiene in tasca, interrotto dalle chiamate dei clienti.

Se solo volesse, potrebbe passargli qualche contatto, così risolverebbe i suoi problemi, almeno quelli di soldi.

Ma a George l'idea non piace, c'è già passato, e lascia cadere il discorso, proponendo all'amico di fare un salto al Cup Foods: è un posto dove va spesso e si sente a suo agio, anche con i pantaloni della tuta e la sola canottiera sopra i muscoli da palestra.

Dentro lo avvicina una sua ex, con cui scambia qualche parola, mentre compra un pacchetto di sigarette e degli snack. Paga con un biglietto da venti dollari, saluta Morries ed esce insieme a Chris, un ragazzo che lavora nel locale.

Niente di particolare, non fosse che per Martin, alla cassa, quella banconota ha qualcosa di strano. La osserva controluce, e gli sembra che il colore non sia quello giusto.

Per scrupolo, Martin chiama il suo responsabile, il quale gli conferma che è falsa e gli chiede chi gliel'abbia data. È stato George, risponde, ed è appena uscito; sta ancora seduto in macchina, al posto di guida del suo SUV Mercedes. Martin lo invita quindi a rientrare, perché c'è un problema con la banconota; probabilmente si è trattato di un errore. Ma George reagisce male, si arrabbia e si rifiuta di seguire il cassiere del Cup Foods.

Che alla fine si stanca di essere gentile, e chiama il 911.

Una decisione che spaventa Floyd, per due motivi: il primo è legato alla sua fedina penale, il secondo al fatto d'essere un afroamericano in un posto dove i poliziotti ci vanno giù pesanti con quelli del colore sbagliato.

Pensa allora che sia meglio andarsene, e si fruga in tasca cercando le chiavi, ma non riesce a trovarle, e più passa il tempo, più si agita. Sembra proprio un uomo che sta nascondendo qualcosa.

All'improvviso sente un rumore sordo. Qualcuno sta bussando al finestrino.

È un agente, che gli punta addosso la torcia e gli chiede se va tutto bene.

Hanno chiamato dal negozio perché c'è un problema con una banconota falsa.

Era sua?

E poi perché si comporta così, come se fosse ubriaco o drogato?

«*I can't breathe*»

L'agente che bussa al finestrino si chiama Thomas Lane.

È bianco, ha trentasette anni, una decina meno di George, e lavora in coppia con Alexander Kueng.

Da un anno sono diventati poliziotti insieme, e non disdegnano le maniere forti; solo qualche settimana prima, per esempio, hanno bloccato un delinquente tenendolo schiacciato a terra, nonostante faticasse a respirare.

Sono da poco passate le 8 di sera.

La luce della torcia colpisce George negli occhi, accecandolo.

Lane gli dice di tenere le mani bene in mostra, però George, abbagliato e spaventato, non reagisce.

Allora Lane picchia di nuovo con la torcia sul finestrino, stavolta più forte.

George si scusa e apre la portiera.

«Tieni bene in mostra le mani» gli ripete Lane.

Ma George, ancora, sembra non sentirlo, almeno fino a quando l'agente non estrae l'arma d'ordinanza.

Sono passati cinque minuti dall'arrivo della pattuglia.

Lane rimette la pistola nella fondina e strattona George, per farlo girare e ammanettarlo; poi interviene Kueng, che lo fa sedere sul marciapiede.

«Ti sei fatto di qualcosa?» gli domanda Lane.

George risponde di no, però Lane non è convinto e gli chiede perché si comporti così.

«Perché ho paura» gli risponde George, una paura che aumenta non appena gli dicono che è in arresto e che devono portarlo alla centrale.

Di nuovo lo strattonano e lo spingono a forza dentro l'auto.

Ha appena avuto il Covid e soffre di claustrofobia, per quello dice agli agenti «*I can't breathe*», non riesco a respirare.

Passano pochi minuti e arriva una seconda auto, con a bordo Derek Chauvin e il suo partner Tou Thao.

Derek solleva gli occhiali da sole sulla fronte e scende con aria tracotante. Tocca a lui, più alto in grado, farsi raccontare della banconota falsa e prendere il comando della situazione.

George viene quindi fatto uscire dall'auto e, per non farlo scappare, Chauvin gli preme un ginocchio sul collo, Kueng gli blocca il torso e Lane le gambe, mentre Thao osserva la scena lì vicino, in piedi.

Alle 8.20 George smette di agitarsi.

Un debole filo d'aria filtra dalla sua bocca, mentre sussurra: «Non riesco a respirare».

Con voce sempre più flebile, lo ripete sedici volte.

«Non riesco a respirare.»

Gli agenti gli restano addosso.

«Per favore» mormora George, e poi: «Mamma mia».

Chauvin e gli altri non si muovono, nemmeno quando un passante interviene a dirgli di smetterla, che ormai lo hanno immobilizzato. Non vedono che sta male?

Ma i poliziotti lo allontanano.

«Sto per morire» dice George.

«Rilassati» gli risponde Chauvin.

«Per favore, togli il ginocchio dal collo. Non riesco a respirare.»

Passano così due lunghissimi minuti prima che gli agenti chiamino un'ambulanza. George dice che gli fa male lo stomaco, gli fa male il collo, gli fa male tutto, eppure Chauvin non si sposta di un centimetro.

«Dell'acqua» chiede George.

Non gliela danno.

«Non uccidetemi» aggiunge, mentre il sangue inizia a colargli dal naso.

Attorno alla scena ora si è creato un capannello, e qualcuno grida agli agenti di mollare la presa e farlo sedere, perché si vede che soffre.

Thao risponde che, se continua a parlare, vuol dire che sta bene.

Chauvin intanto resta immobile, in quella tremenda posizione di dominio.

Altri tre minuti di supplizio, e George perde i sensi.

Ora la gente è veramente preoccupata, e anche arrabbiata.

Solo a questo punto Kueng prova a sentire le pulsazioni di George, e Lane chiede a Chauvin se non sia il caso di sollevare quell'uomo che rantola sull'asfalto.

Ma Chauvin risponde di no, e che è lui che comanda.

Nel momento in cui l'ambulanza giunge sul posto, George non reagisce più, e ancora Chauvin gli schiaccia il collo, prima che i paramedici intervengano a praticargli un massaggio cardiaco per ripartire subito con accesi i lampeggianti e le sirene.

A bordo dell'auto medica, George va in arresto cardiaco.

Quando arriva in ospedale, i medici lo dichiarano morto.

Sono le 21.25.

Vita di un nero

Con la sua morte insensata, George Perry Floyd si trasforma in un simbolo della lotta al razzismo, una vera e propria icona dei diritti umani.

I quarantasei anni in cui ha vissuto, tuttavia, non sono stati felici, e a nessuno sarebbe interessata la sua storia se non avesse avuto un epilogo tanto drammatico.

George nasce il 14 ottobre 1973, figlio di Larcenia, bracciante nei campi di tabacco del North Carolina, e di George Perry Floyd senior, musicista newyorkese.

Ha due sorelle maggiori e due fratelli minori, e nemmeno tre anni quando i genitori si separano.

Larcenia decide allora di trasferirsi con tutti i figli, e va a vivere a Houston, nel Texas.

Si sistema in un appartamento nel quartiere del Third Ward, esempio di edilizia popolare fatto di case modeste e dignitose, ma presto lasciate al degrado e all'abbandono.

È qui che George muove i suoi primi passi, mangiando sandwich di banana e maionese, sciacquando gli abiti nel lavandino perché non c'è la lavatrice, per poi asciugarli in forno.

Eppure è un bambino ambizioso.

A otto anni, quando gli chiedono cosa vuol fare da grande, risponde: «Il giudice della Corte suprema».

A stento, chi lo ascolta riesce a trattenere una risata amara.

Come può pensare di diventare un giudice della Corte suprema un bambino cresciuto nel quartiere nero più povero del Texas?

La scuola che frequenta è ben poco prestigiosa, nonostante gli sforzi di alcuni insegnanti; tra loro c'è chi lo incoraggia a dedicarsi allo sport, perché è diventato un ragazzone di quasi un metro e novanta e potrebbe sfondare nell'atletica, nel basket, o magari nel football.

Così abbandona l'idea di fare il giudice e inizia a sognare di giocare la finale del Super Bowl, di diventare una star dell'NBA, o di vincere una medaglia d'oro alle Olimpiadi.

Niente di tutto questo accade, ovviamente.

Lo scelgono per la squadra di football della scuola, ma i suoi voti scarsi gli impediscono di ottenere una borsa di studio.

Così nel 1997, a quattordici anni, abbandona i banchi e le aule; ma non smette di sognare, e questa volta ci riprova con la musica.

Diventa amico di un DJ e si dà al rap, col nome d'arte di Big Floyd.

I suoi testi mostrano una certa sensibilità, e parlano dei problemi e degli ostacoli che un ragazzo di colore si trova ad affrontare quando è ancora troppo giovane per arrendersi.

Ma da dove gli arriva la voglia di farcela, di avere successo, di far vedere agli altri le qualità che si porta dentro?

È probabile che sia un fatto ereditario, che parte del merito vada a un antenato della mamma che si chiamava Hillery Stewart, uno schiavo che alla fine dell'Ottocento si era comprato la libertà insieme a un pezzo di terra da coltivare.

Suscitando il fastidio dei latifondisti, non aveva avuto un gran successo, ma certo si era dato da fare.

C'è poi la questione dei sentimenti, e a George sembra d'avere vinto alla lotteria quando incontra Roxie, una donna energica e solare, che nel 2013 gli regala Gianna.

Gli anni passano, e George viaggia ormai per i quaranta. Si avvicina alla fede cristiana, e nel momento in cui il rapporto con la moglie si incrina, molla tutto e si trasferisce a Minneapolis.

Trova casa in una zona decorosa, che divide con un coinquilino, e inizia a lavorare come buttafuori; poi prende la patente per guidare i camion. Fa inoltre il volontario per aiutare chi, come lui in passato, ha problemi di droga.

È fiero di poter essere un esempio per la figlia, con cui mantiene i contatti e che ormai frequenta la scuola.

Ma, nel giro di poco tempo, tutto va a rotoli.

Il suo coinquilino muore di overdose, lasciandolo con tanti dubbi e sensi di colpa; poi tocca a sua madre ammalarsi gravemente, e nel febbraio 2020 la pandemia di Covid gli toglie anche il lavoro.

George si sente perseguitato da un destino avverso, punito per gli errori commessi nel passato.

I precedenti

La fedina penale di George, infatti, non è proprio immacolata.

In Texas ha lasciato un cattivo ricordo, ed è anche per questo che se n'è andato a Minneapolis.

I primi guai con la giustizia risalgono al 1996. Ha ventitré anni, e quella sera si sta fumando una canna insieme all'amico Travis mentre guarda una partita di basket in TV. Terminato l'incontro – ormai è quasi mezzanotte – i due decidono di prendere la vecchia Cadillac di Travis e di andare al negozietto lì vicino, dove comprano dolciumi, patatine, bibite, una vaschetta di gelato e dei sigari.

Non appena risalgono in macchina sbuca un'auto della polizia coi lampeggianti e le sirene, che fa segno a Travis di accostare.

Un agente si avvicina al suo finestrino, l'altro dalla parte di George.

I poliziotti domandano cosa stiano facendo e non serve a nulla raccontare la verità, perché nemmeno la stanno ad ascoltare.

Li fanno scendere dall'auto, li ammanettano e poi li fanno sdraiare pancia a terra sull'asfalto, piantandogli le suole delle scarpe nella schiena, mentre chiamano rinforzi.

Arrivano altri due agenti che iniziano a perquisire la Cadillac, rovesciando patatine e dolciumi, salse e birra, spaccando l'autoradio per estrarla dal cruscotto, senza trovare nulla.

Alla fine li fanno rialzare e gli dicono che possono risalire in macchina e andarsene.

In realtà, George ha corso un bel rischio.

Buona parte dei giovani del quartiere si mantiene spacciando, ed è capitato anche a lui di farlo, perché i soldi gli fanno comodo.

Ma non ha la furbizia necessaria, tanto che nel 1997 finisce a offrire una dose di crack a un agente in borghese che, ovviamente, lo arresta.

Si fa sei mesi, e nella piccola cella del carcere lo pigliano i primi attacchi di panico e quelle crisi di claustrofobia che, anni dopo, l'avrebbero portato a implorare Chauvin e gli altri agenti ripetendo infinite volte: «*I can't breathe*».

Quando esce, all'inizio del 1998, George è cambiato, psicologicamente distrutto, perché sa che quel precedente l'ha segnato per sempre.

Se prima la polizia lo guardava con sospetto per il solo fatto di vivere nel ghetto nero del Third Ward, ora darà per scontato che qualunque cosa faccia sarà qualcosa di illegale.

Possiamo chiamarla «la profezia che si autoavvera», sta di fatto che nell'ottobre 2002 George Floyd viene di nuovo fermato per spaccio.

Succede in un momento in cui è particolarmente vulnerabile, perché hanno trovato suo padre accasciato sul volante, morto d'infarto mentre guidava nel North Carolina. Gli pare che le disgrazie capitino tutte a lui, e non capisce perché; in fondo crede d'essere una brava persona.

Agli attacchi di panico si aggiungono le crisi di pianto, la continua spossatezza, l'insonnia e un implacabile senso di colpa, che gli sussurra nel cervello che, a quasi trent'anni, non ha saputo combinare nulla.

Quando ne parla con qualcuno, non nasconde d'essere depresso. Ma non racconta di sentire delle voci, le voci degli amici del Third Ward che non ci sono più.

Gli agenti di pattuglia nel quartiere lo tengono d'occhio, fino a quando notano uno strano andirivieni. Ci sono persone che lo raggiungono mentre si trova nel cortile vicino a casa. Parlottano un po', gli passano qualcosa; poi lui si avvicina a una veranda lì nei pressi, prende qualcos'altro e glielo consegna.

Dopo un quarto d'ora, gli agenti decidono d'aver visto abbastanza. Scendono dalla macchina, fermano George e vanno a controllare la veranda.

Di nuovo qualche bustina di crack.

George protesta. Sostiene che i poliziotti non hanno prove, non gli hanno trovato della droga addosso, e la roba vicino alla veranda non è sua. Poi aggiunge d'essere stato arrestato solo perché è nero.

Il giudice non è d'accordo, ma non lo ritiene un criminale incallito, e nonostante abbia un precedente, lo condanna soltanto a otto mesi.

Al suo ingresso in carcere parla della depressione, delle crisi, tuttavia non interessa a nessuno se sta male. Inutile dire che non gli viene prescritto nulla, né una psicoterapia né farmaci.

La seconda volta dietro le sbarre mina per sempre l'animo di George.

Una terza condanna, la più importante, arriva nel 2007, e questa volta è una brutta storia, perché gli contestano il reato di rapina aggravata.

Secondo l'accusa, avrebbe fatto irruzione in casa di una donna, puntandole contro la pistola mentre i suoi complici facevano razzia; c'è pure l'aggravante di averla minacciata davanti ai suoi bambini.

Di nuovo, George dice che non c'entra nulla. Gli investigatori sono arrivati a lui dopo mesi dal fatto, e solo perché l'auto con cui i rapinatori si sono allontanati è intestata a lui.

Viene allora sottoposto a un confronto, e alla donna, la vittima, sembra di riconoscerlo; però tentenna, non pare proprio sicura, ma per la polizia basta e avanza.

Ora la posizione di George è davvero difficile, perché nessuno dei complici è stato arrestato, e tutta la responsabilità del crimine viene addossata a lui, che incarna il sospettato perfetto: nero, grande e grosso, un uomo del ghetto con precedenti penali, per quanto piccoli.

Più che il riconoscimento conta il pregiudizio, con un giudice che questa volta pensa a una condanna esemplare, che funzioni da deterrente e rassicuri la comunità.

Per questo motivo gli amici e l'avvocato lo convincono che gli conviene patteggiare, perché finire davanti a una giuria vuol dire rischiare fino a quarant'anni di condanna.

D'altra parte l'accusa sa di non avere in mano prove certe contro George Floyd: il possesso di un'auto senza la dimostrazione che ci fosse lui a guidarla la sera della rapina, il riconoscimento da parte di una donna che non è certissima di ciò che ha visto, un'indagine che porta ad arrestare un unico sospettato parecchi mesi dopo il fatto.

Inizia così un patteggiamento, con il pubblico ministero che gli propone di dichiararsi colpevole in cambio di una condanna a vent'anni.

Significa tornare libero a cinquantaquattro.

George rifiuta, ma l'accusa non demorde.

Continua a offrirgli accordi con pene via via più lievi, finché, un giorno, dall'ufficio del procuratore non arriva l'ultima proposta: «Cinque anni. È la nostra offerta definitiva. Altrimenti si va a processo».

Cinque anni sono tanti, ma George è ancora giovane.

E per quanto non abbia mai smesso di dichiararsi innocente, il suo legale lo invita a fare due conti: con un po' di buona condotta, un po' di libertà vigilata, può uscire a trentasette anni, con ancora una vita davanti.

George accetta. Quando esce, anche la storia con Roxie è andata male, e allora decide che Houston non fa più per lui; meglio il Minnesota, duemila chilometri a nord, senza sapere che ci troverà la morte, travestita da poliziotto inginocchiato sul suo collo.

Derek Chauvin

Anche Derek Chauvin ha qualche scheletro nell'armadio.

Quando la sua strada incrocia quella di George Floyd è in forza al dipartimento di Polizia di Minneapolis da quasi vent'anni.

Vent'anni in cui per ben diciotto volte i cittadini hanno protestato per il suo comportamento arrogante e fin troppo «energico», e in almeno due occasioni le segnalazioni si sono tradotte in una lettera ufficiale di richiamo.

Chauvin è un po' più giovane di George. Nasce nel 1976 da una mamma casalinga e un papà impiegato, e a scuola non brilla.

Inizia a lavorare in un McDonald's, però non è il tipo di vita che fa per lui. Per questo si arruola nell'esercito, dove presta servizio dal 1996.

Nel 2001 entra a far parte del dipartimento di Polizia di Minneapolis, e gli danno anche due medaglie: una per aver sparato contro un tizio che minacciava di colpire lui e i suoi colleghi; l'altra per essere intervenuto in un brutto episodio di violenza domestica, sfondando la porta e, anche in questo caso, aprendo il fuoco sull'aggressore.

La disciplina gli piace, capisce che è la sua strada, e torna sui libri: nel 2006 prende la laurea in *Law Enforcement*, l'applicazione della legge da parte della polizia.

Improbabile fosse tra le materie di studio ma, a quanto pare, quella di immobilizzare gli arrestati inginocchiandosi su di loro è un'abitudine per Chauvin, e fare leva sul collo è la sua specialità.

Questo emerge dalle indagini sulla morte di George Floyd, che si fondano su testimonianze inattaccabili. Tutto l'episodio è stato ripreso col cellulare da un uomo seduto nell'auto parcheggiata dietro a quella di George, e da uno degli spettatori accorsi a osservare quella scena assurda e crudele.

Le immagini dell'agente che preme il ginocchio sul collo di George sono inequivocabili.

La mattina del 26 giugno il dipartimento di Polizia di Minneapolis emette un comunicato in difesa dei suoi agenti, ma dopo la diffusione in rete dei video è costretto a fare marcia indietro e a sospendere i quattro responsabili. E precisa che nei propri corsi di addestramento agli agenti viene spiegato come inginocchiarsi su un sospettato sia qualcosa di estremamente pericoloso.

Nella stessa giornata l'FBI annuncia che è stata aperta un'inchiesta federale, valutando l'accaduto come una priorità nazionale.

Il giorno dopo Kellie, la moglie di Chauvin, chiede il divorzio.

Lane, Kueng e Thao, accusati di concorso in omicidio, vengono rilasciati dietro cauzione in attesa del processo.

Chauvin ci riesce solo a inizio ottobre, dopo aver versato un deposito di un milione di dollari.

Il dibattimento, che vede lo Stato del Minnesota contro Derek Chauvin, inizia l'8 marzo 2021 e dura poco più di un mese.

Il 20 aprile la giuria dichiara Chauvin colpevole di omicidio di secondo grado, e gli infligge la pena di ventidue anni e mezzo di carcere.

È un momento storico per lo Stato dei diecimila laghi: prima di Derek Chauvin solo un agente ha subito una sanzione penale, ed è la prima volta in cui un poliziotto bianco viene condannato per aver aggredito un afroamericano.

Il legale di Chauvin, tuttavia, ritiene quella decisione troppo pesante e chiede un nuovo dibattimento, ma la sentenza resta immutata, così come viene rigettata la richiesta di ricorrere alla Corte suprema.

Nel dicembre 2021, prima che inizi il processo federale, Chauvin si dichiara colpevole di aver violato due diritti costituzionali di George Floyd: quello di non venire sottoposto a un utilizzo irragionevole della forza, e quello di non venire tratto in arresto senza debito procedimento legale.

La nuova sentenza parla di ventun anni, e il patteggiamento permette all'imputato di scontare contemporaneamente le due condanne; prevede inoltre che Chauvin sia trasferito da una prigione statale del Minnesota a una federale, dove dovrebbe essere maggiormente al sicuro.

Dovrebbe, perché nel novembre 2023, nel carcere di Tucson, in Arizona, viene aggredito a coltellate, e per questo ricoverato in gravi condizioni.

Quanto a Kueng, Lane e Thao, a loro va decisamente meglio; sono colpevoli, certamente, ma solo di non essere intervenuti a fermare Chauvin, e per loro la pena va da due a tre anni e mezzo.

Quando la polizia odia

L'odio scaricato dalla polizia contro cittadini inermi è il risultato del pregiudizio razziale, dell'abuso d'autorità e della convinzione che la divisa renda inattaccabili.

Ma con la morte di George Floyd le cose sembrano cambiare, anche grazie alla rinascita del movimento «Black Lives Matter», che significa la vita dei neri conta, è importante, fondato nel 2013.

Già il 26 maggio 2020 l'area metropolitana di Minneapolis è teatro di proteste, e presto le manifestazioni si allargano al resto degli Stati Uniti, e poi in ben sessanta Paesi di tutto il mondo, Italia compresa.

Ad alcuni degli attivisti viene in mente un gesto simbolico, ma drammaticamente efficace: si sdraiano proni sull'asfalto e restano così, immobili, per otto minuti e quarantasei interminabili secondi, il tempo che George ha passato con un ginocchio premuto sul collo mentre la vita lo abbandonava.

Però non tutte le proteste sono pacifiche, e capita che alcune stazioni di polizia vengano prese d'assalto e vandalizzate. Succede negli Stati dove il razzismo è più diffuso e i poliziotti abituati alla violenza gratuita, perché non stiamo parlando di agenti federali, che esercitano la loro autorità su tutto il Paese, bensì di forze dell'ordine locali, la cui giurisdizione è limitata, e affidata spesso a uomini inadeguati.

Una loro perfetta parodia è quella del capo della polizia di Springfield nella serie animata dei *Simpson*, il commissario Wiggum, Winchester nella versione italiana: un ufficiale pigro, corrotto, incapace di risolvere qualunque caso ed entusiasta nell'usare le armi senza che ce ne sia bisogno.

In realtà il problema degli eccessi della polizia è ben noto da tempo, e già nel 1994 il Congresso ha proposto la compilazione di un registro degli abusi di potere, ma l'iniziativa non ha avuto seguito. E questo nonostante le statistiche allarmanti, che parlano di centinaia di casi all'anno: morti causate direttamente, con l'uccisione di un sospettato ritenuto pericoloso; morti per suicidio, dopo umiliazioni e pestaggi; morti collaterali, come nel caso di George Floyd, per l'applicazione sconsiderata di una violenza non richiesta dal contesto.

Difficile poi che gli assassini siano oggetto d'indagine e di processo.

Nel 2019, l'anno precedente il delitto di Minneapolis, a fronte di 637 casi sospetti solo in 80 viene avviata un'inchiesta; i condannati sono una ventina, di cui quattro per omicidio volontario e gli altri per omicidio colposo.

Nel 2020 le vittime sono 463, in netto calo rispetto all'anno precedente, ma c'è poco da rallegrarsi, perché dipende dalle restrizioni del Covid; tant'è vero che nel 2023 il numero schizza a un impressionante 854.

Nel conteggio c'è il caso di una mamma di due bimbi incinta del terzo figlio, e che ha appena ventun anni.

Succede il 24 agosto 2023, fuori da un negozio di alimentari di Blendon Township, in Ohio, e tutto viene ripreso dalle body cam degli agenti che intervengono.

Si vede un poliziotto che si avvicina a un'auto, chiedendo alla giovane di scendere; tuttavia la macchina scatta in avanti, forse per l'agitazione della donna, qualcosa che non sapremo mai. L'agente le chiede di fermarsi, e in una frazione di secondo le spara.

Un unico proiettile.

Cercano di estrarla dal finestrino, mentre un medico presente per caso tenta di rianimarla, ma non può fare nulla, né per lei, né per la creatura che portava in grembo.

Mentre il capo della polizia della città parla del fatto come di una terribile tragedia, un portavoce del sindacato delle forze dell'ordine non trova nulla di meglio che affermare che «le richieste di accusare l'agente, prima che l'indagine sia completata, sono premature».

19
Robert Dear

Planned Parenthood

L'edificio è anonimo e si affaccia sul Centennial Boulevard, una lunga strada ad alto scorrimento alla periferia di Colorado Springs, città che per gli Stati Uniti è abbastanza grande, contando circa mezzo milione di abitanti.

Fa molto freddo quel 27 novembre 2015, lo si capisce dallo strato di neve ghiacciata interrotto qua e là dalle impronte di chi ha lasciato la corsia per parcheggiare davanti al palazzo.

Lo stabile ospita una clinica della catena Planned Parenthood, una struttura privata che fornisce consulenza e assistenza su riproduzione, sessualità e questioni correlate.

La sede principale è a New York, ma la Planned Parenthood ha filiali in tutti gli Stati Uniti, con oltre seicento cliniche, e la sua storia inizia nel 1916, poco prima che gli USA decidano di partecipare alla Prima guerra mondiale.

La fondano due sorelle, Margaret Sanger e Ethel Bryne, che scelgono di usare il cognome dei rispettivi mariti, e che insieme all'amica Fania Mindell vogliono aiutare le donne ad affrontare la sessualità in modo consapevole.

Ma oltre a distribuire opuscoli su gravidanza e malattie veneree, Margaret, Ethel e Fania dispensano consigli sul controllo delle nascite, e permettono in forma sicura la pratica dell'aborto.

Così vengono arrestate; tuttavia, anziché risolvere un problema, il fatto scatena una battaglia legale e segna una svolta storica.

Da un lato, infatti, l'opinione pubblica viene sensibilizzata sul tema, spesso ignorato per pudore o ipocrisia. Dall'altro, il giudice d'Appello, giustificando l'operato delle tre donne, apre la strada a nuove leggi sul controllo delle nascite.

Alla Planned Parenthood, che tradotto significa «genitorialità pianificata», si deve perciò un grande passo culturale e politico, un passo che da allora non smette di scatenare polemiche, portando favorevoli e contrari su posizioni estreme e inconciliabili.

Anche perché, già dalle origini, c'è un aspetto controverso, che riguarda i rapporti tra la fondatrice, Margaret Sanger, e la Società americana di eugenetica.

Certo, con il suo impegno alla Planned vuol conferire maggiore libertà alla donna, ma una parte del suo programma sembra porsi il problema di selezionare i neonati in base al loro essere «*fit*», ovvero adatti alla vita.

Le lontane origini della Planned Parenthood ne hanno fatto, nel corso del tempo, un punto di riferimento per chi, negli Stati Uniti, vuole interrompere una gravidanza.

E, allo stesso tempo, un bersaglio di chi è contrario all'aborto, per motivi etici o religiosi.

Non fa eccezione la sede di Colorado Springs, spesso al centro di accese contestazioni.

Ma a turbare la città, nell'autunno del 2015, non sono le proteste dei manifestanti *pro-life*.

È la mattina di sabato 31 ottobre quando la polizia riceve una chiamata al 911: in una strada del centro, Prospect

Street, si aggira un uomo che si chiama Noah Harpham, ha trentatré anni e imbraccia un fucile AR-15.

Harpham vede passare un tizio in bicicletta che non ha mai visto, e gli si avvicina con l'arma spianata.

L'uomo lo implora di non farlo, di non ucciderlo, ma Harpham non ha pietà.

Poi si volta di scatto e inizia a correre.

E non appena sulla sua strada incontra due donne sedute sotto un porticato, punta loro il fucile addosso e spara.

La polizia arriva in pochi minuti, e nello scontro a fuoco Noah rimane sull'asfalto.

I media parlano di raptus, di follia, perché il movente non si capisce, e non lo si scoprirà mai.

Non passa nemmeno un mese, e la città ripiomba nell'incubo.

È il 27 novembre, e questa volta c'è un motivo preciso e dichiarato dietro la strage: l'odio per le donne che abortiscono.

E per chi le aiuta a farlo.

La strage di Colorado Springs

Sono le 11.38 del mattino.

Una voce terrorizzata segnala al centralino della polizia la presenza di un soggetto armato all'interno della clinica Planned Parenthood.

L'uomo è alto e ben piazzato; ha i capelli grigi scarmigliati, una folta barba bianca e uno sguardo freddo, glaciale.

Indossa una tuta mimetica, di quelle per andare a caccia, si chiama Robert Lewis Dear junior e dice di essere un guerriero, di combattere in favore dei bambini.

Lascia la macchina davanti alla clinica e, una volta sceso, inizia subito a far fuoco. Mira a un uomo che, come lui, ha appena parcheggiato, e lo ferisce gravemente; strisciando, la vittima cerca di allontanarsi e Dear lo insegue, pronto a finirlo.

Ma quando vede che s'infila in un negozio lascia perdere, e torna sui suoi passi.

Il suo obiettivo non è uccidere quel tizio.

Il suo obiettivo è entrare nella clinica della Planned Parenthood.

In pochi minuti arrivano gli agenti della SWAT, le teste di cuoio che si occupano di azioni ad alto rischio, come il contrasto al terrorismo interno o i crimini con ostaggi.

Pochi minuti che però bastano a Dear per seminare terrore e morte.

Ke'Arre M. Stewart, un giovane afroamericano che ha servito il suo Paese combattendo in Iraq, sta uscendo dalla clinica perché deve fare una telefonata, e all'interno non c'è campo.

Dear lo incrocia e gli spara.

Colpito, Ke'Arre ha la prontezza e il coraggio di rientrare e dare l'allarme, uno sforzo che gli costa la vita.

Mentre i pazienti e il personale della Planned Parenthood cercano un riparo o una via di fuga, Dear avanza implacabile.

Prende di mira Ozy Licano, un sessantenne dalla chioma candida con la passione della musica; suona in una rock band chiamata The Spankers, gli sculacciatori.

Dear solleva il fucile, lo punta dritto alla sua testa, ma lo manca per pochissimo.

Jennifer Markovsky ha trentacinque anni, uno sguardo limpido e un sorriso contagioso; non ha bisogno della clinica, c'è venuta per accompagnare un'amica.

Il killer non lo sa, e comunque non gli importerebbe: per lui, chiunque sia in quel posto è colpevole, è un assassino di bambini.

Appena sente il rumore dei colpi, Jennifer si nasconde in una stanza, cercando di non far rumore.

L'uomo non si accorge di lei, però è arrabbiato per tutta quella gente che scappa, perché gli sembra di non riuscire più a controllare la situazione.

Così spara una raffica di proiettili contro i muri.

Una pallottola perfora il tramezzo e raggiunge Jennifer, uccidendola sul colpo.

Lascia una figlia di due anni.

A casa di Ke'Arre sono in due le bambine che non vedranno più il loro padre, una di undici e una di cinque anni.

Dear urla parole senza senso mentre continua a premere il grilletto, ora mirando a chi cerca di entrare nella clinica.

Fra i primi agenti a farlo c'è Garrett Swasey, poco più di quarant'anni. Il poliziotto apre il fuoco per rispondere al killer, tuttavia resta a terra, terza vittima dell'assassino.

La SWAT riesce infine a entrare nell'edificio sfondando l'ingresso con un cingolato. Gli agenti mettono in sicurezza chi fino a quel momento non era riuscito ad allontanarsi e stringono d'assedio Dear, che continua a sparare e a nascondersi.

Passano cinque ore prima che decida di arrendersi.

Ma ancora non è finita, perché è già successo che questo tipo di criminali non si sia limitato a usare armi da fuoco e abbia piazzato anche delle bombe sulla scena.

Intervengono così gli artificieri, che non trovano nulla nella clinica, tuttavia scoprono che Dear ha caricato sull'auto parecchie bombole di propano, con il proposito di farle esplodere sparandoci contro.

Bisogna aspettare le 9 di sera prima che il sindaco di Colorado Springs dichiari che la situazione è sotto controllo, che l'emergenza si è conclusa con l'arresto dell'unico responsabile.

Robert Lewis Dear junior è in custodia, pronto a spiegare i motivi del suo gesto.

Lo fa con una frase che è un proclama: «*No more baby parts*», basta pezzetti di bambini.

Odiare chi abortisce

Ma cosa intende Dear quando parla di «pezzetti di bambini»?

Tutto è cominciato qualche anno prima, quando nella rete degli antiabortisti iniziano a circolare dei video. A produrli è il Center for Medical Progress, un'organizzazione i cui scopi sono esattamente l'opposto di quelli della Planned Parenthood: limitare quanto possibile il numero di aborti, riconoscere la dignità umana dei feti e convincere le future madri a portare a termine la gravidanza.

Dietro al lavoro del Center for Medical Progress c'è ovviamente una strategia; i video coprono un periodo di quasi tre anni, e vengono pubblicati a cadenze regolari, una settimana dopo l'altra, così da creare sempre più scalpore.

In una registrazione, alcuni dipendenti della Planned Parenthood propongono di cambiare le tecniche abortive per mantenere intatti gli organi del feto, così da poterli smerciare.

In un altro contributo, tecnici della clinica dichiarano di aver ricevuto indicazioni per incoraggiare le donne a firmare i formulari per la cessione dei feti a scopi di ricerca.

Ulteriori video suggeriscono che Planned Parenthood abbia venduto tessuto fetale tratto da donne che non hanno mai sottoscritto una liberatoria.

Certo, le clip sono a dir poco controverse.

Anzi, secondo il «Wall Street Journal» si tratta di falsi grossolani: per sostenerlo, il quotidiano sottolinea i salti nel montaggio, che creano un insieme incoerente e poco credibile.

Il Center for Medical Progress si difende argomentando

che quelle diffuse sono solo una versione sintetica delle testimonianze, mentre le originali, lunghe e complete, non presentano alterazioni.

In realtà, anche queste sembrano il frutto di un montaggio, di un lavoro di taglia e cuci che lascia parecchi dubbi sulla loro attendibilità.

Ma in un'America polarizzata fra *pro-choice* e *pro-life*, tra abortisti e antiabortisti, la diffusione dei video getta benzina su un fuoco pronto a divampare.

La questione diventa presto politica, col tentativo di alcuni deputati repubblicani di tagliare le sovvenzioni pubbliche a chi si occupa di controllo delle nascite.

La proposta non passa, e porta a un ulteriore inasprimento dello scontro, con i *pro-life* che sentono d'essere circondati dai nemici: da un lato gli abortisti senza scrupoli, capaci di vendere «pezzetti di bambini» alle strutture di ricerca; dall'altro i politici, che continuano a finanziarli con i soldi dei contribuenti.

Ovviamente conta poco per loro che dalle indagini non emerga alcuna prova che la Planned Parenthood abbia venduto tessuto fetale, limitandosi a consegnarlo gratuitamente agli enti di ricerca, e sempre nel rispetto della legge.

Anzi, il fatto che l'inchiesta sia condotta da una commissione parlamentare rende ancora più esasperati i *pro-life*, che vedono la corruzione ovunque.

Vista la diffusione delle cliniche Planned Parenthood il caso si estende a un gran numero di Stati, come la Florida, il Texas, il Missouri, e poi l'Ohio, il Kansas, la Georgia, il Mississippi, la Louisiana, il South Carolina.

E, naturalmente, il Colorado.

Ce n'è abbastanza perché lo scandalo assuma una portata federale, dilagando da costa a costa.

Ma non accade.

Curiosamente, il primo a scagionare le cliniche è proprio un repubblicano, Mike Pence, che un anno e mezzo dopo sarà nominato vicepresidente nell'amministrazione Trump.

Il 30 luglio 2015 Pence annuncia che dagli accertamenti condotti nel suo Stato, l'Indiana, non sono emerse prove delle accuse addotte dal Center for Medical Progress.

Il caso inizia a sgonfiarsi rapidamente, ed è un altro repubblicano, il deputato Jason Chaffetz, a riferire che l'indagine del Congresso non ha trovato nulla che possa supportare le denunce.

E questo vuol dire che gli Stati Uniti possono stare tranquilli: la Planned Parenthood agisce nella piena legalità.

Le parole del deputato sono dell'8 ottobre 2015, poco più di un mese prima della strage.

Ma, sotto sotto, qualche dubbio rimane.

Per esempio, si mormora che in Florida possano avere effettuato aborti dopo il terzo mese, senza i requisiti previsti dalla legge.

In ogni caso la Planned Parenthood respinge le accuse, e la questione resta in sospeso.

L'orrore e lo sdegno per i «pezzetti di bambini» venduti ai centri di ricerca, la scelta di non sospendere i finanziamenti pubblici ai *pro-choice*, la convinzione che la politica abbia insabbiato le indagini, la certezza che la Planned Parenthood si muova al di fuori della legge, come nel caso degli aborti tardivi in Florida: tutto si fa strada nella mente di Robert Dear, che sente montare un odio senza freni.

E quando, la mattina del 31 ottobre 2015, Colorado Springs vive la tragedia dei crimini di Noah Harpham, Dear ha un'intuizione: contro un male estremo come l'aborto c'è un solo rimedio.

Lasciare che l'odio fluisca inarrestabile, imbracciare il fucile e sparare.

Tuttavia, a differenza di Harpham, Dear non intende portarsi nella tomba i motivi che lo hanno spinto a uccidere, ma vuole gridarli al mondo, perché tutti sappiano finalmente la verità.

Ovviamente, la sua verità.

Robert Dear

A rigore, per la legge americana Robert Dear è solo il «sospettato» autore della strage di Colorado Springs, e così rimarrà fino alla fine del processo e alla lettura della sentenza.

Certo, il suo profilo corrisponde perfettamente a quello di un uomo accecato dall'odio ideologico che, per prevenire ciò che ritiene un delitto, non esita a commetterne un altro.

Quando uccide, Robert ha cinquantasette anni.

È nato a Charleston, in South Carolina, ed è cresciuto nel Kentucky. È un tipo solitario, che rifugge la compagnia, al punto che sceglie di abitare in luoghi isolati e impervi.

Per qualche anno vive in North Carolina, sulla costa orientale. La sua dimora è costituita da un capanno di due stanze, dove le sole concessioni alla comodità sembrano essere un tetto di alluminio e una porticina bianca all'ingresso, cui si accede salendo tre gradini piuttosto malconci.

Dentro non c'è elettricità né acqua corrente.

A qualche metro di distanza campeggia un cartello con su scritto: VIETATO ENTRARE.

Con lui vive un cane dall'aspetto malconcio. È la sua unica compagnia. Alla gente dei dintorni, Dear rivolge a malapena la parola, e sempre in modo sgarbato. Del resto, non sembra avere molto da dire. Secondo alcuni dei vicini è lievemente ritardato; i più, comunque, lo ritengono innocuo.

Il solo sfizio che si concede è farsi il bagno nudo in una

tinozza all'aperto, obbligando il padrone del terreno confinante a piazzare una staccionata, per risparmiarsi lo spettacolo.

Come si mantenga non è chiaro.

Ma ogni volta che gli capita di avere più cibo di quanto gliene occorra, ha l'abitudine di andare a nasconderlo nei boschi vicini. Come ad averne sempre pronta una scorta, nel caso fosse costretto a fuggire.

Divorzia dalla prima moglie, Barbara, nel 1993.

Pamela, con cui si risposa, lo lascia nel 2000, dopo averlo denunciato per una brutta storia di violenza domestica. Accade quando Dear, dopo l'ennesimo litigio, le prende le chiavi e la chiude fuori di casa. E nel momento in cui Pam cerca di passare dalla finestra, Dear la spinge giù dal davanzale.

Le donne non sembrano interessargli, tanto che nel suo passato, oltre alle mogli, racconta soltanto di una ragazza che gli piaceva, una ragazza che ha chiamato la polizia dopo aver scoperto che la spiava, nascosto tra le siepi.

Poi però, a sorpresa, dice di avere una fidanzata in Colorado.

Per lei si sarebbe trasferito a Hartsel, una quarantina di abitanti in tutto a un paio d'ore da Denver, dove ha comprato un pezzo di terra per costruirci la loro casa. Ma poi i soldi non sono bastati.

Una delle poche cose che lo animano sembra essere la politica, tanto da spingerlo a vincere l'isolamento e a distribuire volantini contro Obama.

Nelle rare occasioni in cui si trova a scambiare qualche parola si dichiara fortemente antiabortista; eppure niente lascia presagire l'odio che sta covando, un odio pronto a esplodere.

Di sicuro non sospetta nulla chi gli vende un fucile AK-47.

Certo, se qualcuno avesse indagato sui suoi precedenti, qualche dubbio gli sarebbe venuto. Nel 1991 è stato fermato con in tasca un coltellaccio, e a casa la polizia gli ha trovato una pistola detenuta illegalmente.

Il suo fascicolo parla poi di una serie di piccoli reati, per lo più legati alla guida.

Un'accusa per violenza su animali cade per mancanza di prove, mentre nel 2004 viene denunciato perché ha minacciato di picchiare un vicino, reo, a suo dire, di avergli invaso la proprietà.

Quanto alla religione, si professa un cristiano evangelico; segue in modo molto rozzo la dottrina della predestinazione, convinto che si vada in Paradiso per la fede, e non per le opere.

Insomma, sarebbe Dio a scegliere, ancor prima della nascita, se una persona si salverà o sarà condannata, donando un credo saldo a chi è predestinato al Paradiso.

Per lui la faccenda è chiara: «Poiché sono certo del fatto che sarò salvato, posso fare quello che mi pare».

È poi ossessionato dall'apocalisse, e su Internet lancia richiami minacciosi pieni di lettere in stampatello:

> Convertitevi a GESÙ oppure brucerete all'Inferno. SVEGLIATEVI PECCATORI, SALVATEVI, MORIRETE E I VERMI MANGERANNO LA VOSTRA CARNE, ALMENO LA VOSTRA ANIMA VA DA QUALCHE PARTE.

Dietro l'attacco alla Planned Parenthood c'è anche questo, l'interpretazione aberrante di una fede distorta.

Chi attacca i *pro-choice*, non importa con quanta violenza, sta solo svolgendo «il lavoro di Dio».

La Army of God

Se Robert Dear ha degli eroi da ammirare, questi sono i membri della Army of God, che si dichiara l'esercito di Dio ma che in realtà è un'organizzazione terroristica di fondamentalisti cristiani.

Già nello stemma, la Army of God anticipa la propria propensione alla lotta, con una spada e una croce disposte a X, su cui campeggia un elmo in stile medievale da cui parte un bel paio d'ali.

Il suo motto fa riferimento alla Bibbia, ai *Proverbi* 24, 10-12, il passo che dice: «Se ti avvilisci nel giorno della sventura, ben poca è la tua forza. Libera quelli che sono condotti alla morte e salva quelli che sono trascinati al supplizio».

Condotti alla morte e trascinati al supplizio, per la Army of God, sono i bambini in procinto di essere abortiti.

L'atto di fondazione del gruppo è del 1982, e coincide con il rapimento del dottor Hector Zevallos e di sua moglie. Zevallos ha la colpa di praticare aborti, ma una volta catturato, i sequestratori non sanno cosa farsene, e dopo otto giorni lo rilasciano senza avergli torto un capello.

Purtroppo, col passare degli anni le imprese della Army of God si fanno ben più pericolose.

A partire dal 1985 i suoi adepti iniziano a piazzare bombe in diverse cliniche: a Washington, in Virginia, poi ad Atlanta.

Inviano lettere minatorie a Harry Blackmun, giudice in pensione che, in qualità di membro della Corte suprema, ha redatto le motivazioni della «Roe contro Wade», la sentenza che nel 1973 ha riconosciuto il diritto all'aborto su tutto il territorio americano.

Nel 2001, l'anno dell'attentato alle Torri Gemelle e del timore per il terrorismo islamico, la Army of God crea il panico spedendo lettere all'antrace a circa trecento esponenti *pro-choice*; o almeno così c'è scritto dentro le buste, perché dalle analisi risulta che si tratta di una polvere del tutto innocua.

Nel 1993 Shelley Shannon, una seguace del gruppo, cerca di uccidere George Tillier, medico che esercita in una delle poche cliniche dov'è consentito praticare interruzioni oltre il termine.

L'attacco fallisce, ma il povero Tillier perderà comunque la vita quindici anni dopo, e sempre per mano di un antiabortista.

Un discorso a parte merita Paul Jennings Hill, un ex sacerdote presbiteriano, scomunicato nel 1993 per i suoi interventi televisivi in cui attacca violentemente i *pro-choice*.

Privato dell'appoggio religioso, Hill deve pur mantenersi, perciò trova un posto in una società di servizi per concessionarie auto; fornisce riparazioni, pulizie, decorazioni per l'abitacolo e per la carrozzeria.

La sua ossessione, però, resta sempre la lotta all'aborto.

L'impiego non lo impegna più di tanto e l'orario è flessibile; quindi può partecipare e organizzare sit-in e manifestazioni, ma le sue posizioni, sempre più radicali, finiscono per irritare i clienti, che scelgono di rivolgersi altrove.

Gli Stati Uniti hanno appena attraversato un lungo periodo a guida repubblicana, da Reagan a Bush senior, per voltare pagina e affidarsi al democratico Bill Clinton.

Un passaggio che crea non pochi turbamenti, e che il clima sia teso lo testimonia il fatto che John Britton, uno dei medici del Ladies Center di Pensacola, in Florida, sia solito spostarsi con una guardia del corpo, il colonnello Barrett, un militare in pensione.

Paul Hill arriva al Ladies Center il 29 luglio 1994.

Imbraccia un fucile a pompa, un Mossberg 500A calibro 12, e quando vede uscire i due uomini gli si avvicina e li fredda.

Nella sparatoria resta ferita anche la moglie del dottor Britton, ma a Hill non interessa fare altre vittime.

Sente di aver compiuto il proprio dovere uccidendo il medico abortista, allora posa il fucile a terra e attende che la polizia arrivi e lo porti via in manette.

In Florida vige la pena capitale, e per Hill la condanna a morte è inevitabile: il verdetto arriva già il 6 dicembre 1994, a poco più di quattro mesi dal duplice omicidio.

Respinti i successivi appelli automaticamente previsti dalla legge, l'assassino rinuncia a ogni altro ricorso e trascorre nove anni nel braccio della morte, fino al 3 settembre 2003.

Anche in questo caso, c'entra la politica.

A firmare il nulla osta per l'esecuzione è infatti Jeb Bush, governatore repubblicano della Florida e fratello del presidente George W. Bush.

A un anno dalle elezioni per il secondo mandato, per i repubblicani è meglio mostrarsi inflessibili, prendendo le distanze da chi ha scelto di usare la violenza per sostenere le proprie ragioni.

In attesa dell'iniezione letale, Hill non mostra alcun segno di pentimento, e lo ribadisce nella sua ultima dichiarazione: «Se credete che l'aborto sia una forza letale, dovreste opporvi a questa forza facendo ciò che è necessario per fermarla. Possa Dio aiutarvi a proteggere i bambini non ancora nati nello stesso modo in cui vorreste essere protetti voi».

Il processo

Sicuramente Robert Dear, grande ammiratore della Army of God, conosce anche il loro manuale, il cui titolo potrebbe essere *Uccidere gli uccisori. Come eliminare chi pratica aborti.*

Negli otto capitoli del libro viene spiegato nei dettagli

come attaccare ospedali e medici che praticano l'aborto, e in senso più ampio tutti coloro che si dichiarino *pro-choice*.

Leggendolo, Dear si sente un membro onorario della Army of God, e quando si presenta in mimetica alla clinica di Colorado Springs è convinto d'essere un soldato di Dio.

Non che sia proprio lucido, tant'è che durante l'interrogatorio dà risposte confuse, a tratti deliranti; ma ciò che emerge chiaramente è la matrice ideologica del gesto, e che la scelta di colpire la struttura di Colorado Springs non è stata affatto casuale.

Robert, infatti, poco pratico del posto, si è rivolto a più passanti per avere indicazioni precise mentre guidava la sua auto carica di armi ed esplosivi.

I processi a suo carico sono due, perché a contestargli le accuse è prima il governo del Colorado, poi quello degli Stati Uniti d'America.

Il procedimento prende avvio il 30 novembre 2015, pochi giorni dopo la strage, e Dear vi partecipa in collegamento video dal carcere della contea di El Paso.

Gli viene contestato un numero spropositato di reati, 179, e in particolare l'omicidio, ma alla lettura dei capi d'imputazione Dear inizia a urlare, con lo sguardo allucinato: «Non c'è bisogno di un processo, sono colpevole! Sono il guerriero dei bambini! Proteggete i bambini!».

E non si ferma più, accusando la Planned Parenthood di uccidere i bambini, sostenendo che il dibattimento è truccato perché perfino il suo difensore, un avvocato d'ufficio, è d'accordo con la clinica abortista per incastrarlo.

Non vuole un legale e rifiuta di sottoporsi a una perizia, perché teme lo costringano a prendere degli psicofarmaci, pillole che lo inducano a dire quello che la giuria si aspetta.

Di fatto, è lui stesso a chiamare in causa gli psichiatri, quando invoca il diritto costituzionale a difendersi da solo.

Il giudice non può che sottoporlo a un esame, per capire se sia abbastanza stabile da potersi rappresentare, anche perché la posta in gioco è la sua stessa vita.

Nel maggio 2016, dopo una serie di colloqui con gli esperti, si accerta che Robert Dear non è in grado di partecipare a un processo.

È affetto da un disturbo delirante di tipo persecutorio, che gli impedisce di cogliere adeguatamente le dinamiche di un dibattimento.

Il giudice dispone l'interruzione del procedimento, e che nel frattempo Dear sia internato nell'ospedale psichiatrico di Pueblo, una settantina di chilometri a sud di Colorado Springs.

Passano così tre anni e, mentre Dear è ricoverato, nel dicembre 2019 inizia il processo federale.

Nella causa «Stati Uniti contro Robert Dear», oltre alle accuse di omicidio e tentato omicidio, all'imputato si contesta di aver violato per ben sessantacinque volte la cosiddetta FACE, la legge che proibisce l'uso della forza fisica per impedire l'accesso a un servizio sanitario, o dell'intimidazione per ostacolare l'esercizio del primo emendamento, quello che garantisce la libertà d'espressione.

La FACE è una norma approvata nel 1994, proprio nell'anno dei delitti di Paul Jennings Hill al Ladies Center di Pensacola, nel pieno della tensione fra *pro-life* e *pro-choice*, e nel passaggio dalla leadership repubblicana a quella democratica.

Clinton l'ha firmata con la chiara volontà di salvaguardare tanto l'azione delle cliniche quanto la libera manifestazione delle convinzioni religiose.

Insomma, è una legge che cerca di trovare un punto di compromesso fra i *pro-life* e i *pro-choice*.

Il fatto che Dear sia accusato di averla infranta dimostra che il suo, pur non venendo esplicitamente dichiarato come un crimine dell'odio, è comunque un atto di violenza maturato dall'ostilità nei confronti di una categoria, i medici che praticano aborti, e di chi lavora al loro fianco.

Tradotto in tribunale a Denver per la seduta preliminare, ancora una volta Dear perde il controllo.

Contesta d'essere stato rinchiuso in un «manicomio» per tre anni, e insiste per essere regolarmente processato.

La Corte non solo respinge le richieste, ma nel settembre 2022 dispone che sia forzatamente sottoposto a terapie farmacologiche, dato che Dear le ha sempre rifiutate, convinto che si tratti di un tentativo di praticargli una «lobotomia chimica».

Eppure ne avrebbe bisogno: nelle sue ultime dichiarazioni sostiene che l'ex presidente Obama sia l'Anticristo, che le infermiere dell'ospedale psichiatrico di El Paso siano streghe, e che una sparatoria di massa compiuta nel frattempo da uno squilibrato a Las Vegas sia legata a un complotto massonico.

La situazione, al momento, è sospesa.

È chiaro che Dear voglia fare del proprio processo un evento mediatico, la testimonianza delle posizioni *pro-life*.

Ed è anche chiaro come la giustizia americana non possa lasciar cadere un processo per un delitto premeditato nel contesto di un tema di enorme rilevanza sociale, né trattare come un delinquente comune un soggetto dagli evidenti e comprovati problemi psichici.

Così le cause, a otto anni dalla prima udienza in Colorado, sono ancora bloccate, in attesa di colpi di scena che al momento sono difficili da prevedere.

È probabile che Dear voglia essere condannato, anche alla pena capitale, per dimostrare di essere un martire antiabortista, come Paul Jennings Hill prima di lui.

E voglia morire con l'onore di avere combattuto nell'esercito di Dio.

20
L'odio perfetto

Il fascino del male

Si chiama *Apocalypse Now*, e pur essendo uno dei film più celebri dedicati alla guerra, parla soprattutto del male e della follia, incarnati dal disertore Walter Kurtz, contrapposti al bene e alla ragione del capitano Benjamin Willard, l'uomo incaricato di ucciderlo.

Dopo traversate, agguati, elicotteri e napalm, alla fine i due si incontrano, e il colonnello Kurtz sa di non avere scampo; allora regala al suo assassino un ultimo racconto, un episodio dove l'odio si è trasformato in orrore, e l'orrore in forza.

Una forza sovrumana, quasi mistica.

Faceva parte delle forze speciali ed era andato in un accampamento a vaccinare i bambini contro la polio.

Si erano appena allontanati quando un vecchio li aveva raggiunti di corsa, in lacrime, così sconvolto da non riuscire a parlare.

Il motivo Kurtz l'aveva subito scoperto: i vietcong erano tornati, e avevano tagliato il braccio vaccinato a tutti i piccoli. Stavano lì ammassate, un mucchio di piccole braccia, e lui si era messo a piangere, non sapeva cosa fare, voleva cavarsi i denti di bocca.

> Poi mi sono reso conto, come fossi stato colpito, colpito da un diamante, una pallottola di diamante in piena fronte, e ho pensato... Mio Dio, che genio c'è in questo, che genio, che volontà per far questo. Perfetto, genuino, completo, cristallino, puro. E così mi resi conto che loro erano più forti di noi perché loro la sopportavano, questi non erano mostri, erano uomini. Quadri addestrati. Uomini che combattevano col cuore, che hanno famiglia, che fanno figli, che sono pieni d'amore ma che... ma che avevano la forza... la forza di far questo. Se io avessi dieci divisioni di questi uomini, i nostri problemi qui si risolverebbero molto rapidamente. Bisogna avere uomini con un senso morale, e che allo stesso tempo siano capaci di utilizzare i loro primordiali istinti di uccidere senza emozioni, senza passione, senza discernimento... senza discernimento, perché è il voler giudicare che ci sconfigge.

Le parole del colonnello Kurtz sono agghiaccianti, perché raccontano di un fatto orribile, e perché lasciano intuire l'indicibile fascino del lato oscuro.

Quella perversa attrazione che ha preso un medico e lo ha trasformato in uno dei peggiori criminali della storia: il dottor Josef Mengele.

Storia di un mostro

Il dottor Mengele non sarebbe esistito senza le teorie sulla razza e le pratiche dell'eugenetica sposate da Adolf Hitler.

In particolare, l'eugenetica nazista punta sulla cancellazione di quelle che chiama «vite di nessun valore»: le vite dei malati mentali e dei disabili, degli zingari e degli ebrei. A tutti loro dev'essere impedito di riprodursi, per non contaminare il popolo «sano» con i propri geni difettosi.

E se all'inizio il sistema preferito per raggiungere lo scopo è la sterilizzazione, presto si passa all'eutanasia e allo sterminio, metodi più rapidi, radicali ed economici.

In Germania, la *Legge per la prevenzione della nascita di persone affette da malattie ereditarie* viene promulgata il 14 luglio 1933, dieci anni prima che Mengele arrivi al campo di Auschwitz.

Nato nel marzo 1911, primogenito di una famiglia della buona borghesia bavarese, è un bambino e poi un ragazzo socievole e studioso.

La svolta avviene a vent'anni, quando decide di aderire a un gruppo nazionalista di veterani di guerra; le sue posizioni di estrema destra lo portano poi nelle SA, il primo gruppo paramilitare nazista, e nel 1938, con in tasca la tessera del partito, viene accolto tra le fila delle SS.

Si laurea in Antropologia, quindi in Medicina, studiando alle università di Bonn, Vienna e Francoforte, dove entra a far parte dell'Istituto per la biologia ereditaria e per l'igiene razziale.

Una spinta alla carriera gli arriva con i sei mesi di servizio militare nel reggimento di fanteria leggera del Tirolo, e poi con i tre anni passati con un'unità delle SS.

Impegnato come medico della divisione Wiking in un'azione in Russia, viene ferito e congedato con quattro medaglie, tra cui le croci di ferro di prima e seconda classe e una promozione a capitano.

Va parecchio fiero delle sue onorificenze, e dovunque vada non fa che mostrarle.

Ricercatore attento, nei rapporti dei suoi superiori viene descritto come un ufficiale assolutamente fidato, ideologicamente saldo nel portare il suo prezioso contributo all'antropologia, facendo uso dei «materiali scientificamente disponibili».

La selezione del dottor Mengele

I «materiali scientificamente disponibili» li ottiene partendo dalla selezione, anzi, possiamo dire che per la gran parte degli internati è proprio lui che si occupa del processo della selezione.

Il dottore è sempre presente, spesso da solo, sulla banchina dove si fermano i convogli carichi di deportati.

Lo chiamano l'angelo bianco, per via del camice immacolato, anche se di angelico non ha nulla, tranne l'aspetto.

Biondo, attraente e dal portamento eretto, Mengele agita il suo frustino mentre dedica pochi secondi ai corpi smunti e alle facce atterrite: camminando avanti e indietro, come si divertisse, comanda secco «a sinistra», oppure «a destra», condannando subito alla camera a gas o regalando qualche illusione.

Il suo apparente distacco cede però il passo a esplosioni di rabbia, tanto improvvise quanto violente.

Come quella volta in cui una madre non vuole separarsi dalla figlia, che è ancora una ragazzina.

Graffia e morde il soldato delle SS, che cerca di trascinarla via, e allora Mengele estrae la pistola e spara alle due donne. Poi, irritato da tutta la faccenda, manda alla camera a gas l'intero convoglio, compreso chi aveva già destinato ai campi di concentramento.

Anche nei blocchi dell'ospedale continua il suo lavoro di selezione, mentre fischietta arie di Wagner e Strauss.

Ha un'ossessione per la pulizia e la perfezione, tanto da condannare a morte per una vecchia cicatrice, o anche solo per i segni dell'acne o di una passata varicella.

Compiaciuto del ruolo di dispensatore di morte, Mengele fa di tutto per alimentarlo, anche con atti di spietata teatralità, come quando traccia sul muro del blocco dei bambini una linea orizzontale a un'altezza di un metro e mezzo, eliminando tutti quelli di statura inferiore.

Da narcisista maligno, si diverte poi a disorientare: a volte indossa i panni del salvatore, risparmiando prigionieri solo per capriccio, per poi tornare alla sua vera natura.

Non si limita ad affidare le vittime ai suoi collaboratori, ma spesso interviene direttamente, iniettando nelle vene dei malcapitati una dose letale di fenolo, sparando o gettando i più piccoli direttamente nei forni crematori.

Il tutto con un misto di distacco ed efficienza.

Irma Grese, l'amante di Mengele

Tra il 1933 e il 1945 i nazisti organizzano migliaia di strutture di detenzione, in gran parte campi di concentramento; il più vasto e tristemente celebre è quello di Auschwitz, operativo dal 14 giugno 1940.

Ed è tra i laboratori pseudoscientifici e i forni di Auschwitz che si muove, a proprio agio, una ragazza di circa vent'anni. Il suo nome è Irma Grese, detta «la iena», e per qualche tempo è l'amante di Mengele, prima che le chiedano di occuparsi di Bergen-Belsen.

Ma affermare che Irma debba tutto al dottore significherebbe sminuire di gran lunga il suo profilo: gli orrori di cui è capace li fantastica da sé, e li mette in atto senza renderne conto a nessuno.

E poi Mengele non è nemmeno l'unico medico nazista con cui abbia rapporti, così come le capita di divertirsi con deportati di entrambi i sessi, eliminandoli dopo averne tratto piacere.

Irma nasce il 7 ottobre 1923 in un villaggio del Nord della Germania.

La sua è una famiglia numerosa, e lei una bimba timida e

insicura. Tratti che peggiorano non appena la madre, stanca dei tradimenti del marito, decide di suicidarsi ingoiando una dose letale di acido cloridrico.

Irma ha dodici anni, e quando il padre si risposa con una vedova con prole, in casa finiscono per vivere una decina di figli.

La mettono in un angolo, e anche a scuola la prendono di mira, motivo per cui decide di lasciarsi tutto alle spalle, parenti e compagni.

Trova un lavoro da bracciante, poi fa la commessa in un negozio e a quindici anni la assumono in un ospedale come inserviente per due anni, ma non riesce a entrare nella scuola per infermiere.

Incapace nei rapporti e maldestra nel lavoro, trova la sua dimensione nel partito nazionalsocialista, iscrivendosi alla Lega delle ragazze tedesche, dove le insegnano la superiorità della razza ariana e l'odio contro gli ebrei.

Ma se alle donne non è permesso entrare nelle SS, agli uomini è proibito lavorare nelle prigioni femminili, così il suo primo incarico di rilievo è quello di sorvegliante nel carcere di Ravensbrück.

Irma ne è fiera, tanto da superare le vecchie ruggini e correre dal padre a comunicargli la bella notizia.

Tuttavia l'uomo, convinto antinazista, la mette alla porta, intimandole di non ripresentarsi mai più.

Irma lo prende in parola, però prima lo denuncia come traditore e lo fa internare a vita.

A Ravensbrück Irma trova una maestra d'eccezione, Dorothea Binz, che verrà condannata per crimini contro l'umanità e impiccata a Hamelin il 2 maggio 1947; da lei eredita la passione per il sadismo e l'arte della tortura, abilità in cui eccelle e che le fanno guadagnare il trasferimento ad Auschwitz, dove ha il compito di badare a più di trentamila donne segregate, con il pieno potere di eliminare chiunque la ostacoli o semplicemente le dia noia.

La storia con il dottor Mengele, attratto da quella giovane e bionda valchiria, contribuisce a conferirle un potere illimitato.

Di lei abbiamo racconti raccapriccianti, come quando scatena una coppia di molossi affamati a sbranare un paio di detenute lente a obbedire.

Una delle sue sevizie preferite consiste nel ferire i seni delle prigioniere, soprattutto di quelle che, a suo giudizio, sono più belle e con forme migliori delle sue. E una volta che le lesioni s'infettano, procede ad asportare le carni senza anestesia.

Inutile indulgere in ulteriori dettagli: quanto raccontato sin qui è già sufficiente per comprendere il personaggio.

Nel 1945, con l'avanzata delle truppe sovietiche, Irma viene trasferita a Bergen-Belsen, il campo dove trova la morte Anna Frank, e la sua crudeltà non viene meno.

A mettere fine alle sue imprese è l'arrivo delle truppe inglesi nel lager; i soldati britannici ci trovano tredicimila cadaveri e sessantamila sopravvissuti, un quarto dei quali morirà poco dopo la liberazione.

Irma Grese, ventidue anni, viene catturata insieme al direttore del campo, Josef Kramer, e a una trentina di collaboratori, e portata a processo nella vicina città di Lünenburg.

Quando, dopo una serie di terribili testimonianze, le chiedono se non abbia una coscienza, Irma risponde di no, che la sua coscienza è, o meglio era, Adolf Hitler.

Il 17 novembre 1945 arriva per tutti gli imputati la condanna a morte tramite impiccagione, e la sera prima dell'esecuzione ciascuno dei carnefici viene pesato, per non sbagliare nella scelta della corda giusta, rischiando che si spezzi.

La mattina del 13 dicembre il boia Albert Pierrepoint la preleva dalla sua cella, le lega i polsi e la porta fino al patibolo.

Ci vogliono sette gradini per raggiungere il cappio, e lei li percorre con passo rapido.

La sua ultima parola è «*Schnell!*», presto, come a dire: sbrigatevi.

Viene accontentata.

I «bambini di Auschwitz»

Facciamo un passo indietro e riprendiamo la storia di Josef Mengele in uno dei suoi capitoli più drammatici, quello dei «bambini di Auschwitz»: così passano alla storia i piccoli selezionati per gli esperimenti medici del dottor Mengele tra il maggio 1943 e il gennaio 1945.

Sono soprattutto gemelli, e alla fine del conflitto, su circa tremila deportati, ne rimangono in vita solo duecento.

Freddo e indifferente nell'uccidere, Mengele si accende di passione nel condurre le sue ricerche, il vero motivo per cui ha scelto di lavorare ad Auschwitz.

Il suo mentore è Otmar von Verschuer, direttore dell'ufficio genetico del Terzo Reich, voluto da Hitler per stabilire e rafforzare la purezza della razza ariana.

È Verschuer a indicare a Mengele le regole di una corretta indagine scientifica. Per il professore di Francoforte è assolutamente necessario avere a disposizione una serie di gemelli scelti a caso, con e senza difetti ereditari. Solo così è possibile ottenere una valutazione completa e attendibile dell'ereditarietà, e la misura del danno prodotto da influenze avverse.

Mengele non si limita a impartire l'ordine di ricerca dei gemelli in arrivo coi convogli, ma si occupa personalmente di scovarli nel fiume di disgraziati scaricati sulle banchine.

Una volta individuati, li inserisce in un percorso, organizzato in più sedi; oltre all'edificio principale, occupato da tutti i sanitari delle SS, può contare su altre stanze nel lager maschile, in quello femminile e nella struttura riservata agli zingari.

I gemelli, per lo più bambini, vengono marchiati con un numero, a cui si aggiunge la sigla ZW, che sta per *Zwillinge*, gemelli, appunto.

Rispetto agli altri hanno qualche privilegio, come quello di poter indossare i propri indumenti e spesso di conservare i capelli.

Gli viene anche concesso di giocare all'aria aperta e di non essere impiegati in alcun lavoro, ma sono pur sempre oggetto d'esperimento, così ogni giorno vengono misurati, gli vengono iniettate sostanze caustiche, germi della tubercolosi e del tifo, e rimossi organi senza anestesia.

E quando uno dei gemelli muore, l'altro viene ucciso con una siringa di fenolo nel cuore, per poi finire entrambi sul tavolo delle autopsie, per verificare analogie o discrepanze.

L'eterocromia e i nani

Tra gli interessi non meno macabri di Mengele ci sono poi i casi di eterocromia, quelli in cui il colore delle due iridi di un soggetto è differente.

Si tratta ovviamente di un'anomalia genetica, ma il medico va oltre: vuole stabilire se esista un metodo per metterci mano, per trasformarle da scure in azzurre.

Priva di qualunque fondamento scientifico, la pratica di iniettare del blu di metilene direttamente negli occhi dei malcapitati non produce altro che la cecità permanente.

Bambini, gemelli, occhi... poi anche i nani.

E qui la storia di Mengele si intreccia con quella di una strana compagnia di attori e saltimbanchi, già famosi in tutta Europa a partire dagli anni Trenta: la famiglia Ovitz.

Si fanno chiamare «la Lilliput Troupe», e si illudono di sfuggire per sempre alle leggi razziali, visto che sui documenti non è indicata la loro origine ebraica.

Invece, mentre si esibiscono in Ungheria finiscono nelle maglie della Gestapo, e in una notte di maggio 1944 fanno il loro ingresso nel campo di Auschwitz.

Sono in dieci, di cui solo due di statura normale, e appena Mengele viene a saperlo si precipita per interrogarli. Quando termina gli brillano gli occhi per l'eccitazione, e dispone siano trattati con garbo.

Li sistema in una baracca, li nutre a sufficienza, gli fa avere indumenti decorosi e lenzuola personali.

Anche a loro toccano esami, iniezioni e radiografie, fino al giorno in cui Mengele li avvisa che l'indomani sarebbero andati insieme a fare una bellissima gita.

Per gli Ovitz la notizia è terribile: sono certi che sia arrivata la fine, che le attenzioni ricevute e le loro vite si concluderanno insieme in un forno crematorio.

Ma il dottore li tranquillizza: devono solo esibirsi davanti ad alcuni personaggi importanti, e per questo consegna loro abiti e profumi.

E così accade.

Denudati, Mengele li mostra come la prova di una degenerazione inarrestabile, che muove dalla razza ebraica per arrivare a un popolo di storpi e nani.

Solo un rappresentante degli Ovitz perde la vita, nel tentativo di fuggire dal campo; tutti gli altri sopravvivono. Lasciano il lager con la liberazione da parte dei sovietici, il 27 gennaio 1945, e dopo qualche anno trascorso nel villaggio natio, in Transilvania, nel 1949 si trasferiscono a Haifa, in Israele.

L'ultima della famiglia a mancare è Perla, che si spegne nel 2001, all'età di ottant'anni.

È lei a raccontare l'epopea degli Ovitz, una storia che conclude con una frase emblematica:

«Mi sono salvata per grazia del diavolo.»

La fuga del diavolo

Quando il Reich cade, l'ultimo ordine del diavolo è quello di mandare a morte i gemelli su cui sta ancora conducendo i suoi esperimenti.

Ma non ce n'è il tempo, e non ci sono più nemmeno le scorte di gas.

A questo punto, è probabile che il medico si liberi dell'uniforme nazista per indossarne una da soldato, unendosi a uno dei tanti battaglioni in ritirata.

Viene quindi arrestato e internato in un campo di prigionia americano, tuttavia riesce a passare inosservato per via di un particolare: non ha mai voluto tatuarsi il gruppo sanguigno sotto l'ascella, come abitudine di tutte le SS.

Trova lavoro a Rosenheim, dove resta per qualche anno, e lì riceve le visite della moglie Irene, che non lo ha mai voluto seguire ad Auschwitz, pur dandogli un figlio, Rolf.

Preoccupato d'essere scoperto, entra in contatto con l'organizzazione ODESSA, che garantisce vie clandestine di fuga ai criminali di guerra; giunge così a Termeno, in Alto Adige, indirizzato dal vicario della diocesi di Bressanone per ricevere nuovi documenti d'identità.

E, infatti, di lì a poco presenta a Genova una domanda di espatrio come profugo della Croce Rossa, allegando una carta d'identità italiana rilasciata a nome di Helmut Gregor, nato il 6 agosto 1911 a Termeno, provincia di Bolzano.

Anche questa volta tutto sembra regolare, e nel 1949 Mengele raggiunge Buenos Aires a bordo del transatlantico *North King*.

Dieci anni più tardi è ormai tanto sicuro della propria copertura che torna a Günzburg, la sua città natale, per assistere ai funerali del padre.

Tuttavia il 7 agosto di quell'anno, il 1959, viene scoperto, e il ministero della Giustizia della Germania Est chiede sia arrestato ed estradato.

Per Mengele è il momento di fuggire in Paraguay, dove il governo è retto dal compiacente Alfredo Stroessner, militare di origine bavarese, che non solo lo accoglie e gli concede la cittadinanza con il nome di José Mengele, ma fa approvare una legge che ne impedisce l'estradizione.

L'arresto di Eichmann, un altro funzionario del Reich, lo spinge a cambiare il nome in Fritz Fischer e a trovare rifugio in una fazenda di proprietà dell'ex criminale nazista Alban Kughe.

Nel novembre 1969 Hans Wiesener, cacciatore di nazisti, lo raggiunge e lo avvicina, sottovalutando quanto sia ancora pericolosa la cerchia dei suoi amici.

Pochi giorni dopo, infatti, viene raggiunto da una scarica letale di proiettili, un omicidio che passa sotto silenzio grazie all'intervento del presidente Stroessner.

A questo punto, però, succedono due cose: viene messa una taglia sulla sua testa pari a tre milioni di dollari, e nel contempo il governo tedesco impone al Paraguay la consegna del criminale, pena la chiusura del debito accumulato, una sanzione economica insostenibile per il Paese sudamericano.

Al dottore non resta che tornare in Argentina, ospite di una fattoria gestita da due sorelle ungheresi, in cui trascorre sedici anni. Nel primo periodo utilizza un nome falso, ma poi riprende la sua vera identità, tanto da comparire perfino sull'elenco telefonico come Josef Mengele.

Di nuovo in fuga, Mengele è accolto nella casa di Liselotte Bossert, nello Stato di San Paolo del Brasile.

Ed è lì, nell'oceano che lambisce le case di Embu das Artes, che il 7 febbraio 1979 il criminale nazista viene colpito da un infarto e annega.

Sepolto nel cimitero di Nostra Signora del Rosario, sulla sua tomba non c'è una croce, e nemmeno una lapide; solo un nome fittizio, Wolfgang Gerhard, cinquantatré anni.

Devono passare altri otto anni per scoprire che il dottor Mengele ha smesso di fuggire; e anche di vivere.

Ma chi gli ha dato la caccia per una vita ancora non ci crede, e allora c'è bisogno di riesumare il corpo, seppellito scalzo e nella posizione dell'attenti.

Una prima nota parla dei postumi di una vecchia frattura, uguale a quella che il dottor Mengele aveva riportato nel 1943, in un incidente automobilistico.

Prove ulteriori emergono dalla valutazione odontoiatrica e da una perizia calligrafica su alcuni scritti rinvenuti accanto ai resti.

Alla fine, gli specialisti scrivono:

> Possiamo affermare con obbiettività che i resti mortali da noi esaminati presentano delle forti ed evidenti somiglianze con il criminale nazista. Solo se il corpo fosse stato esumato qualche tempo prima, tutto sarebbe stato più facile.

Ancora non sanno che di lì a pochi anni avrebbero avuto uno strumento determinante per le identificazioni: il DNA.

La conferma definitiva della morte del medico nazista arriva così il 5 aprile 1995.

Quanto ai suoi resti, vengono messi a disposizione degli studenti di medicina dell'università, decisione di cui, probabilmente, non sarebbe stato soddisfatto.

Conclusioni

I crimini dell'odio sono legati a più ragioni: individuali e sociali, innate e apprese.

Per questo non esiste un'unica ricetta per prevenirli e combatterli.

Il tema non è nuovo, ma negli ultimi anni sembra di assistere a un'epidemia, probabilmente legata al contesto di grande incertezza in cui viviamo.

Rabbia e impotenza trovano una risposta semplice e diretta negli slogan urlati – e scanditi da insulti gratuiti e personali – nelle piazze o sui media, o nella violenza agita tra le mura domestiche.

D'altro canto, cosa c'è di più efficace che ridurre tutto a dicotomie? Al bene e al male, all'uomo e alla donna, al bianco e al nero, al cristiano e al musulmano, all'italiano e allo straniero?

In un dibattito, chiunque tenti di approfondire e argomentare viene subito zittito, e tacciato di confondere le acque con pretesti e sofismi.

Ecco così imporsi i professionisti del populismo, che sanno bene come l'odio possa essere sconfitto soltanto con l'ascolto e l'attenzione reciproca, che le soluzioni stanno nel costruire insieme, e non nel distruggere.

Ma, pur sapendolo, sono disposti a sacrificare tutto in cambio del facile consenso e del potere che regala.

Un'ultima suggestione.

Immaginiamo che qualcuno ponga una domanda all'apparenza scontata, chiedendo quale sia l'opposto dell'odio. Sono certo che la gran parte degli intervistati risponderebbe: «L'amore».

Una strada, non certo l'unica e nemmeno troppo recente, punta invece in un'altra direzione, quella della tolleranza.

Quella tolleranza cui Voltaire ha dedicato un testo, pubblicato nel 1763 a seguito di un fatto di cronaca, l'ingiusta esecuzione di un protestante motivata dall'intolleranza religiosa.

Dice il filosofo:

> Non è necessaria una grande arte né un'eloquenza ricercata per provare che i cristiani devono tollerarsi gli uni con gli altri. Mi spingo più lontano: vi dico che bisogna considerare tutti gli uomini come fratelli.
>
> Come! Mio fratello il turco? Mio fratello il cinese? L'ebreo? Il siamese? Proprio così: non siamo forse tutti figli dello stesso Padre e creature dello stesso Dio?
>
> Ma questi popoli ci disprezzano, essi ci trattano da idolatri!
>
> Ebbene, dirò loro che hanno del tutto torto: «Questo piccolo globo, che non è che un punto, ruota nello spazio, come tanti altri globi; noi siamo sperduti in tanta immensità. L'uomo, alto circa cinque piedi, è poca cosa nella creazione».
>
> Uno di questi esseri impercettibili dice a qualcuno dei suoi vicini, nell'Arabia o nella terra dei Cafri: «Ascoltatemi, perché il Dio di tutti questi mondi mi ha illuminato: ci sono novecento milioni di piccole formiche come noi sulla Terra, ma non c'è che il mio formicaio a essere caro a Dio; tutti gli

altri Egli li ha in orrore fin dall'eternità; solo il mio formicaio sarà beato, e tutti gli altri saranno in eterno dannati».

I miei interlocutori allora mi domanderebbero chi è il folle che ha affermato questa stupidaggine.

Sarei costretto a rispondere:

«Voi stessi.»

Indice

Questo libro è stampato fabbricato da Grafica Veneta S.p.A.
con un processo di stampa e rilegatura certificato 100% carbon neutral
in accordo con PAS 2060 BSI

Finito di stampare nel mese di febbraio 2024
per conto di RCS MediaGroup S.p.A.
da Grafica Veneta S.p.A., Trebaseleghe (PD)
Printed in Italy